Werner Güth

Markt- und Preistheorie

Mit 28 Abbildungen

Springer-Verlag Berlin Heidelberg GmbH

Prof. Dr. WERNER GÜTH
Humbold-Universität zu Berlin
Wirtschaftswissenschaftliche Fakultät
Institut für Wirtschaftstheorie
Spandauer Straße 1
D-10178 Berlin

ISBN 978-3-540-58324-0   ISBN 978-3-642-57888-5 (eBook)
DOI 10.1007/978-3-642-57888-5

Dieses Werk ist urheberrechtlich geschützt. Die dadurch begründeten Rechte, insbesondere die der Übersetzung, des Nachdruckes, des Vortrags, der Entnahme von Abbildungen und Tabellen, der Funksendungen, der Mikroverfilmung oder der Vervielfältigung auf anderen Wegen und der Speicherung in Datenverarbeitungsanlagen, bleiben, auch bei nur auszugsweiser Verwertung, vorbehalten. Eine Vervielfältigung dieses Werkes oder von Teilen dieses Werkes ist auch im Einzelfall nur in den Grenzen der gesetzlichen Bestimmungen des Urheberrechtsgesetzes der Bundesrepublik Deutschland vom 9. September 1965 in der Fassung vom 24. Juni 1985 zulässig. Sie ist grundsätzlich vergütungspflichtig. Zuwiderhandlungen unterliegen den Strafbestimmungen des Urheberrechtsgesetzes.

© Springer-Verlag Berlin Heidelberg 1994
Ursprünglich erschienen bei Springer-Verlag Berlin Heidelberg New York Tokyo 2004

Die Wiedergabe von Gebrauchsnamen, Handelsnamen, Warenbezeichnungen usw. in diesem Werk berechtigt auch ohne besondere Kennzeichnung nicht zu der Annahme, daß solche Namen im Sinne der Warenzeichen- und Markenschutz-Gesetzgebung als frei zu betrachten wären und daher von jedermann benutzt werden dürften.

42/2202-543210 – Gedruckt auf säurefreiem Papier

Vorwort

Ziel dieser Einführung ist es, die (spiel)theoretischen Methoden der Markt- und Preistheorie in einer Weise vorzustellen, die den LeserInnen die selbständige Modellierung mehr oder minder facettenreicher Marktentscheidungsprobleme und deren Lösung ermöglicht. Diesem Anliegen entsprechend wird wenig Wert auf Existenzaussagen gelegt. Stattdessen werden einfache Marktmodelle betrachtet, für die sich die Lösungen relativ elegant konstruktiv ableiten lassen.

Es wird bewußt darauf verzichtet, die nahezu unüberschaubare Vielfalt oligopoltheoretischer Exerzitien darzustellen, auf denen die stürmische Entwicklung der theoretischen Industrieökonomik basiert. Mit dem hier vorgestellten Instrumentarium kann man diese Analysen nachvollziehen und, was mir noch wichtiger erscheint, die zugrundeliegenden Probleme häufig auch in anderer Form modellmäßig abbilden und untersuchen.

Ausführlich werden hingegen die bekanntesten traditionellen Marktlösungskonzepte vorgestellt, die das Denken der Ökonomen entscheidend beeinflußt haben. Ihre Prüfung auf wechselseitige Konsistenz wird zeigen, daß ihre Unterschiede auf marktinstitutionelle Aspekte zurückgeführt werden können. Generell erweist sich dieses Lehrbuch als methodisch konsistent in dem Sinne, daß nur ein einziger Gleichgewichtsbegriff verwendet wird. Für die Ableitungen sind nur elementare Mathematikkenntnisse erforderlich. Auf diese müssen die LeserInnen jedoch häufig zurückgreifen.

Dank schulde ich Frau Waltraud Kraft, die das Manuskript sorgfältig geschrieben hat. Herrn Diplom-Volkswirt Steffen Huck verdanke ich viele inhaltliche und stilistische Verbesserungen. Seine Begeisterung für die Wirtschaftstheorie und sein Engagement haben mir geholfen.

Berlin, im Mai 1994

Werner Güth

Inhaltsverzeichnis

0	**Einleitung**	**1**
	0.1 Eine knappe Inhaltsübersicht	3
	0.2 Das Problem der Marktabgrenzung	5
	0.3 Klassifikation von Märkten	12
	0.4 Zur spieltheoretischen Methodik	15
1	**Die traditionellen Marktlösungen**	**20**
	1.1 Das Angebotsmonopol	22
	1.2 Preiswettbewerb auf homogenen Märkten	28
	1.3 Mengenpolitik auf homogenen Märkten	31
	1.3.1 Die Cournot–Lösung	32
	1.3.2 Die von Stackelberg–Lösungen	38
	1.3.3 Die vollständige Konkurrenz	46
	1.3.4 Preisführerschaft	50
	1.4 Heterogene Märkte	52
	1.4.1 Das heterogene Duopol	55
	1.4.2 Oligopolmärkte	63
	1.4.3 Die "Tangentenlösung" der monopolistischen Konkurrenz	65
2	**Konzeptionelle Vereinheitlichung traditioneller Marktlösungen durch die Spieltheorie**	**72**
	2.1 Das teilspielperfekte Gleichgewicht	72
	2.2 Marktklassifikation gemäß Anbieterzahl und Heterogenitätsgrad	75
	2.3 Cournot– versus von Stackelberg–Lösung	78
	2.4 Preis– versus Mengenpolitik auf homogenen Märkten	80
	2.5 Das heterogene Oligopol als generische Marktform	83
	2.5.1 Das Marktmodell	84
	2.5.2 Der Gleichgewichtspunkt	85
	2.5.3 Sonderformen des heterogenen Oligopols	87
	2.5.4 Fazit	91
	2.6 Mengenpolitik als verkürzende Analyse mehrstufiger Marktentscheidungsprozesse	92
	2.6.1 Kurzfristige Kapazitätsschranken	94
	2.6.2 Der Kapazitätswettbewerb	96
	2.6.3 Der Grenzfall der Homogenität	101

3	**Monopolspiele**	103
	3.1 Das einfache Monopolspiel	104
	3.2 Monopolistisches Angebot erschöpfbarer Ressourcen	106
	3.3 Dauerhafte Monopole	111
	3.3.1 Der Fall $T = 2$	112
	3.3.2 Der Fall $T = 3$	116
	3.3.3 Der allgemeine Fall $T < \infty$	118
	3.3.4 Der Grenzübergang $T \to \infty$ (Die Coase–Vermutung)	120
	3.4 Intrapersonale strategische Konflikte	123
	3.5 Informative Werbung auf Monopolmärkten	131
	3.5.1 Das Dilemma des Monopolisten ohne Preisreklame	132
	3.5.2 Das Marktverhalten bei Preisreklame	134
	3.6 Patentrennen als Weg zur Monopolsituation	136
4	**Homogene Oligopolmärkte**	141
	4.1 Das Marktergebnis bei vollständiger Konkurrenz	141
	4.2 Die Bürde der Preisführerschaft	146
	4.3 Markteintritt bei unvollständiger Information über die Nachfrage	156
	4.4 Kartellbildung	168
5	**Heterogene Oligopolmärkte**	175
	5.1 Verkaufspreise und Werbeausgaben als absatz–politische Instrumente	176
	5.2 Erfahrungsprodukte	181
	5.3 Markenartikel und Reputationseffekte	191
	5.4 Produktstandards und Preiswettbewerb	200
6	**Märkte für unteilbare Güter**	204
	6.1 Auktionen und Ausschreibungen	204
	6.2 Preis=Zweithöchstgebot – Eine axiomatische Charakterisierung	208
	6.3 Wer zieht welche Preisregel vor?	215
	6.4 Anreize zur Kartellbildung	230

6.5	Zur Bildung stabiler Kartelle	234
	6.5.1 Beschränkung der Regeln durch Axiome	236
	6.5.2 Kartellbildung ohne Außenseiter	241
	6.5.3 Kartelle mit Außenseitern	242
6.6	Abhängigkeit der wahren Werte	243
6.7	Fazit und Ausblick	252

7 Verhandlungen als strategische Spiele 258

7.1	Verhandlungstheorie als Anwendungsgebiet der Spieltheorie – Die nichtkooperative Theorie der Verhandlungen	259
7.2	Die kooperativen Konzepte	261
7.3	Einige einfache Verhandlungsspiele	264
	7.3.1 Ultimatives Verhandeln	265
	7.3.2 Alternierende Forderungen bei schrumpfenden Kuchen	267
	7.3.3 Verhandeln durch unabhängige Festlegung von (Mindest)Ansprüchen	274
	7.3.4 Unabhängige Forderungen bei unvollständiger Information	282
7.4	Ein Signaling–Verhandlungsspiel	286
	7.4.1 Zum Begriff der signaling–(Verhandlungs)Spiele	287
	7.4.2 Einstellungsverhandlungen bei unbekannter Qualität des Arbeitnehmers	289
	7.4.3 Die Gleichgewichtsvielfalt im ungestörten Spiel	290
	7.4.4 Uniform perfekte Gleichgewichte	293
	7.4.5 Die Formationsstruktur der gestörten Spiele	297
7.5	Zur behavioristischen Spiel– und Verhandlungstheorie	300

8 Bestandsaufnahme und Bewertung der normativen Markt– und Preistheorie 304

Literaturverzeichnis 310

Index 317

0. Einleitung

Während die Theorie der Marktwirtschaft (vgl. GÜTH, 1992) den gesamten ökonomischen Bereich einer Volkswirtschaft betrachtet, sollen hier nur sehr kleine Teilbereiche untersucht werden. Statt der **Totalanalyse** der Marktwirtschaftstheorie, werden wir daher **Partialanalyse** betreiben, die von vielen ökonomischen Zusammenhängen abstrahiert, um bestimmten ökonomischen Betätigungen besondere Aufmerksamkeit widmen zu können.

Die Begriffe 'Totalanalyse' und 'Partialanalyse' sind natürlich relativ, denn wir werden uns stets auf das ökonomische Verhalten beschränken. Da sich in aller Regel ökonomisches und nicht–ökonomisches Verhalten wechselseitig beeinflussen, impliziert die Beschränkung auf ökonomisches Verhalten schon einen partialanalytischen Charakter. Man kann die neuerdings zu beobachtende Anwendung ökonomischer Theorien auf Probleme, die bislang als 'unökonomisch' galten (vgl. BECKER, 1976, FREY, 1990), als einen Versuch interpretieren, die Nachteile der partialanalytischen Beschränkung auf ökonomisches Verhalten zu überwinden. Allerdings ist fraglich, ob man hier überhaupt von ökonomischen Theorien reden sollte. In der Regel wird lediglich von individueller Entscheidungsrationalität ausgegangen. Die Theorie individuell rationalen Verhaltens, die häufig in Entscheidungs– und Spieltheorie unterteilt wird, ist jedoch nicht speziell ökonomisch, auch wenn sie vor allem in den Wirtschaftswissenschaften eine zentrale Rolle spielt.

Eine wesentliche Beschränkung dieser Einführung besteht darin, daß wir stets von individueller Rationalität ausgehen werden. Die **Rationalitätshypothese** besagt, daß die ökonomischen Entscheider über unbegrenzte analytische Kapazitäten verfügen und daß ihre Fähigkeiten, Informationen aufzunehmen, zu speichern und zu verarbeiten, unbeschränkt sind. Da Menschen diesen Ansprüchen niemals genügen werden, können wir allenfalls in sehr einfach strukturierten Situationen hoffen, daß menschliche Entscheider ihr Verhalten in ähnlicher Form determinieren, wie es die Rationalitätshypothese impliziert. Wir wollen die Kontroverse um die Rationalitätshypothese, die vor allem in der experimentellen Wirtschaftsforschung (vgl. die Überblicksartikel von SELTEN, 1979, und GÜTH und TIETZ, 1990, sowie das *Handbook of Experimental Economics*, 1994, Hrsg. KAGEL und ROTH) und in der ökonomischen Psychologie (vgl. das *Handbook of Economic Psychology*, 1988, Hrsg. VAN RAAIJ, VAN VELDHOVEN und WÄRNERYD) ausgetragen wird, hier nicht weiter vertiefen. Es sollte nur deutlich werden, daß wir nicht behaupten, daß ökonomische Entscheider, sei es in der wirtschaftlichen Praxis, sei es in einer experimentellen Situation, genau dieselben, teilweise komplizierten Überlegungen anstellen, wie man sie benötigt, um das individuell rationale Verhalten abzuleiten.

In den folgenden Abschnitten dieser Einleitung beschreiben wir zunächst in knapper Form den Inhalt der späteren Kapitel. Danach wird diskutiert, nach welchen Kriterien man Teilbereiche ökonomischen Verhaltens isolieren sollte, um sie partialanalytisch erörtern zu können. Da wir Teilbereiche isolieren wollen, die man üblicherweise als Märkte beschreibt, sprechen wir hier von der Marktabgrenzungsproblematik. Ferner wird erörtert, ob überhaupt und – wenn ja – nach welchen Kriterien Märkte klassifizierbar sind. Insbesondere werden wir verdeutlichen, daß eine unterschiedliche Eingruppierung zweier Märkte nach marktinstitutionellen Aspekten keine methodischen Konsequenzen hat, wenn man von der Rationalitätshypothese ausgeht. Abschließend wird kurz auf die zentrale Rolle der Spieltheorie für die Markt– und Preistheorie eingegangen, die auf Grund des Rationalitätspostulats nicht überraschen sollte.

0.1 Eine knappe Inhaltsübersicht

Nachdem wir in Kapitel 1 die traditionellen Marktlösungen darstellen, zeigen wir im nachfolgenden Kapitel 2, daß die meisten der traditionellen Marktlösungen sich methodisch konsistent rechtfertigen lassen, d.h. die verschiedenen Konzepte können auf verschiedene institutionelle Aspekte von Märkten zurückgeführt werden, die gemäß der einheitlichen Methodik der nichtkooperativen Spieltheorie analysierbar sind. Da auch in den weiteren Kapiteln der Arbeit stets die nichtkooperative Spieltheorie angewandt wird, erweist sich die gesamte Einführung in diesem Sinne als methodisch konsistent.

Kapitel 3 befaßt sich mit "Monopolspielen". Hiermit soll angedeutet werden, daß eine monopolistische Angebotsstruktur wegen der Interaktion mit der Nachfrageseite und der verschiedenen lokalen Interessensituationen bei mehrfachen Entscheidungen weder strategische Erwägungen noch Angebotskonkurrenz ausschließt. Ein Monopolist, der in verschiedenen Situationen entscheiden muß, kann aus einer lokalen Interessensituation heraus durchaus Entscheidungen treffen, die ihm aus übergeordneter Sicht schaden.

Die engere Oligopoltheorie, die sich mit Märkten mit mehr oder minder vielen Anbietern befaßt und die im Kapitel 1 schon in weiten Bereichen dargelegt wurde, wird in Kapitel 4 (für homogene Märkte) und im Kapitel 5 (für heterogene Märkte) nochmals aufgegriffen werden. Hierbei werden besondere marktinstitutionelle Aspekte wie zum Beispiel die Anbieterkooperation auf homogenen Märkten und weitere absatzpolitische Variable wie Werbeausgaben für heterogene Märkte berücksichtigt und mit der Methodik der nichtkooperativen Spieltheorie analysiert.

Märkte mit unteilbaren Gütern, wie sie in Kapitel 6 betrachtet werden, sind zum Beispiel Auktionen und Ausschreibungen, wobei im ersten Fall die unteilbaren Güter verkauft werden sollen, (d.h. die Bieter sind Nachfrager), während sie im zweiten Fall gekauft werden sollen (d.h. die Bieter sind Anbieter). Glücklicherweise reicht es aus, nur eine dieser beiden Formen zu analysieren, da man die analogen Ergebnisse für die andere Marktform einfach durch Vertauschen der Marktseiten erhält. In Kapitel 5 werden darum nur Auktionen betrachtet, deren Regeln durch grundlegende ordnungspolitische Axiome zunächst eingeengt werden und dann – unter vereinfachenden Modellannahmen – spieltheoretisch untersucht werden. Obwohl das Kapitel sehr rechenintensiv ist, demonstriert es in überzeugender Weise, wie mit Hilfe der spieltheoretischen Methodik überaus wichtige ordnungspolitische Probleme (man denke an die Ausschreibungsregeln der sogenannten Öffentlichen Hand) einer gründlichen Analyse unterzogen werden können. Auch in diesem Kapitel werden marktinstitutionelle Variationen wie zum Beispiel die Unterschiede von private und common value–Auktionen sowie Bieterkartelle modelliert und hinsichtlich ihrer Auswirkungen untersucht.

Kapitel 7 widmet sich der Verhandlungstheorie, da Märkte – abgesehen von extremen Organisationsformen wie etwa Börsen – darauf basieren, daß die Tauschpartner durch Verhandlungen ihre Tauschaktivitäten verabreden. Ausgehend von den einfachen ultimativen Verhandlungen werden zunehmend komplexere Verhandlungsmodelle vorgestellt und in ihrer Begründbarkeit diskutiert. Mit Hilfe einiger einfacher Anwendungen, zum Beispiel auf das Problem der Einstellung eines Arbeitnehmers mit nicht genau bekannter Qualifikation, wird vorgeführt, wie man das Verhandlungsverhalten durch mehr oder minder anspruchsvolle Konzepte der Spieltheorie ableiten kann.

Im abschließenden Kapitel 8 werden die Vor- und Nachteile einer an der nichtkooperativen Spieltheorie ausgerichteten Markt- und Preistheorie noch einmal zusammengefaßt und alternative Forschungstraditionen kurz aufgezeigt. Obwohl eine normativ ausgerichtete Markt- und Preistheorie nicht die naiven Hoffnungen erfüllen kann, daß man mit ihrer Hilfe das Verhalten auf realen Märkten erklärt, erfüllt sie doch bedeutsame Funktionen in der Wirtschaftstheorie, die traditionell der normativen oder präskriptiven Fragestellung große Aufmerksamkeit gewidmet hat. Für eine normative Markt- und Preistheorie kann natürlich nicht auf methodische Konsistenz verzichtet werden. Die Einführung beweist hoffentlich, daß diese Konsistenz durch die spieltheoretische Methodik erreichbar ist.

0.2 Das Problem der Marktabgrenzung

Tauschaktivitäten, zwischen denen starke Abhängigkeiten bestehen, werden üblicherweise als einem Markt zugehörig betrachtet. Die Abgrenzung eines Marktes wird also letztlich durch die Reaktionsweise der ökonomischen Agenten (wie Haushalte, Unternehmen, öffentliche Körperschaften) bestimmt und kann sich im Zeitablauf durchaus ändern. So kann ein Haushalt durchaus mit dem Problem konfrontiert sein, zwischen der Anschaffung eines Personenkraftwagens und einer Urlaubsreise auswählen zu müssen. Würde dies für sehr viele Haushalte zutreffen, so müßte man die beiden Güter "Personenkraftwagen" und "Urlaubsreisen" ein und demselben Markt zuordnen, da zwischen diesen beiden Gütern starke Substitutionsbeziehungen bestehen.

Das Beispiel verdeutlicht, daß man nicht auf Grund vordergründiger Kriterien, wie etwa der Produktbezeichnung, Märkte abgrenzen sollte, sondern mittels Kriterien, die die Stärke der Abhängigkeiten zwischen den Wirtschaftsgütern erfassen. Der Grund hierfür ist, daß Partialanalyse ausgewählter ökonomischer Aktivitäten nur dann annähernd richtig das Marktgeschehen erfassen und erklären kann, wenn auf Grund der partialanalytischen Beschränkung nur relativ unbedeutsame Abhängigkeiten vernachlässigt werden.

Es ist unseres Erachtens aussichtslos, nach einem allgemeingültigen Kriterium zur Abgrenzung von Märkten zu suchen. Wie weit oder wie eng ein Markt definiert werden sollte, kann durchaus vom Untersuchungszweck abhängen. Will man zum Beispiel überprüfen, ob eine gerade erfolgte, drastische Erhöhung des Heizölpreises auf kooperative Absprachen der Anbieter zurückzuführen ist, so kann man für die kurzfristige Analyse durchaus von einem Heizölmarkt ausgehen. Auf Grund der hohen Umrüstkosten, die anfallen, wenn man seine Heizung von Öl auf andere Energieträger umstellt, werden die Nachfrager nur mit den nachgefragten Energiemengen auf die Preiserhöhung reagieren, aber nicht auf andere Energiequellen zurückgreifen. Langfristig wäre jedoch der Heizölmarkt unter Umständen zu eng definiert, da bei Ersatz oder aufwendiger Reparatur einer Heizung das Argument der Umrüstkosten hinfällig werden kann, d.h. es werden weitaus mehr Nachfrager bereit sein, von einer Energiequelle auf eine andere umzurüsten. Will man also langfristig die Ausbeutung der Nachfrager durch überhöhte Heizölpreise verhindern, so kann man sich eventuell darauf verlassen, daß durch den Wettbewerb der Heizölanbieter mit Anbietern anderer Energieträger auf dem 'Energiemarkt' kooperative Absprachen der Heizölanbieter allein wirkungslos sind.

Wir können daher nur beispielhaft darlegen, wie man Märkte mit dem Ziel abgrenzen kann, nur relativ unbedeutsame Abhängigkeiten im Rahmen der Partialanalyse zu vernachlässigen. Eine Mindestanforderung für derartige Kriterien ist natürlich, daß die Marktabgrenzung nicht von der willkürlichen Festlegung der Meßeinheiten für die ökonomischen Variablen abhängt. Ein dimensionsfreies Maß, das dies erlaubt, sind die sogenannten **Elastizitäten** (vgl. zum Begriff der Elastizität auch GÜTH, 1992b). Ist

$$y = f(x_1,...,x_n)$$

eine Funktion der (unabhängigen) Variablen $x_1,...,x_n$ mit $n \geq 1$, so wird

$$\epsilon_{y,x_i} = \frac{\partial y(x_1,...,x_n)}{\partial x_i} : \frac{y(x_1,...,x_n)}{x_i} = \frac{\frac{\partial y(x_1,...,x_n)}{y(x_1,...,x_n)}}{\frac{\partial x_i}{x_i}}$$

als die Elastizität von y bezüglich x_i an der Stelle $(x_1,...,x_n)$ bezeichnet. Offenbar mißt ϵ_{y,x_i} die relative Änderung von y, die durch eine relative Änderung von x_i verursacht wird. Da hier relative Veränderungen verglichen werden, beeinflussen die Einheiten, in denen die Variablen y and x_i gemessen werden, nicht den Wert der Elastizität ϵ_{y,x_i} an der Stelle $(x_1,...,x_n)$.

Im allgemeinen können ökonomische Aktivitäten von sehr vielfältigen anderen ökonomischen Variablen abhängen. So geht man in der wirtschaftspolitischen Diskussion oft von einer Signalwirkung bestimmter Entscheidungen, zum Beispiel der Tarifbeschlüsse für den öffentlichen Dienst, auf andere Branchen aus, die sich nicht durch ökonomische Strukturbeziehungen validieren lassen. Es ist zumindest fragwürdig, ob derartige Signalwirkungen mit der Rationalitätshypothese vereinbar sind. Wir werden deshalb nur Abhängigkeiten auf Grund ökonomischer Strukturbeziehungen für die Marktabgrenzung diskutieren. Derartige Strukturbeziehungen können nun sowohl zwischen Anbietern ähnlicher Güter, den Nachfragern dieser Güter und natürlich zwischen Anbietern und Nachfragern bestehen. Obwohl sich auch durch wechselseitige Beziehungen auf den Beschaffungsmärkten bedeutsame Abhängigkeiten der Anbieter untereinander ergeben können, hat man traditionell den Abhängigkeiten der Anbieter via Nachfrageverhalten die größte Aufmerksamkeit gewidmet. Ein Maß für diese Form der Abhängigkeit via Nachfrageverhalten ist die **Kreuzpreiselastizität der Nachfrage**. Mit p_i (≥ 0) sei der Verkaufspreis des Anbieters $i = 1,...,n$ (≥ 2) und mit x_i (≥ 0) die beim Anbieter i nachgefragte Menge bezeichnet. Im allgemeinen kann die nachgefragte Menge x_i von jeder Komponente des Preisvektors $p = (p_1,...,p_n)$ abhängen, d.h. wir müssen von Nachfragefunktionen in Form

$$x_i(p) = f_i(p_1,...,p_n)$$

für $i = 1,...,n$ ausgehen. Die Abhängigkeit des Anbieters i vom Anbieter j ($\neq i$) via Nachfrageverhalten kann dann durch die Kreuzpreiselastizität der Nachfrage

$$\epsilon_{x_i,p_j} = \epsilon_{x_i,p_j}(p) = \frac{\frac{\partial x_i(p)}{x_i(p)}}{\frac{\partial p_j}{p_j}} = \frac{\partial x_i(p)}{\partial p_j} : \frac{x_i(p)}{p_j}$$

gemessen werden, die für jeden Preisvektor $p = (p_1,...,p_n)$ angibt, wie sich relative Änderungen des Preises p_j in relativen Änderungen der Nachfragemenge x_i auswirken.

Wir haben implizit unterstellt, daß alle Anbieter nur genau ein Produkt anbieten und daß die Preise die wesentlichen absatzpolitischen Instrumente darstellen. Bei Mehrproduktunternehmen wäre vorab zu klären, ob man generell an der Abhängigkeit verschiedener Anbieter oder nur an Abhängigkeiten bezüglich bestimmter Entscheidungen interessiert ist. Im ersten Fall würde man dann von Abhängigkeit zweier Anbieter k und l ausgehen, wenn sich ein Produkt i des Anbieters k und ein Produkt j des Anbieters l finden läßt, für die der Absolutwert $|\epsilon_{x_i,p_j}|$ der Kreuzpreiselastizität hinreichend groß ist. Mit zunehmender Diversifizierung der Produktsortimente könnte dies dazu führen, daß man Konzerne als Wettbewerber betrachtet, obwohl sie nur mit wenigen Produkten ihrer weit gefächerten Sortimente um die Gunst derselben Nachfrager konkurrieren. Man wird daher nur die Produkte i und j als zu einem Markt gehörend betrachten, für die die Kreuzpreiselastizität eine Abhängigkeit andeutet.

Sind weitere absatzpolitische Instrumente wesentlich, so genügt die Kreuzpreiselastizität der Nachfrage nicht zur Marktabgrenzung, sondern es müssen weitere Kreuzelastizitäten, wie zum Beispiel die Kreuzwerbeelastizitäten der Nachfrage und dergleichen, einbezogen werden. Da wir später Märkte mit zusätzlichen absatzpolitischen Instrumenten analysieren werden, soll hier nur auf die Möglichkeiten hingewiesen werden, weitere Kreuzelastizitäten zur Abgrenzung von Märkten einzusetzen.

Selbst wenn alle in Frage kommenden Anbieter Einproduktunternehmen sind und die Verkaufspreise die einzig wesentlichen absatzpolitischen Instrumente darstellen, ist zunächst noch offen, wie man mit Hilfe der Kreuzpreiselastizitäten der Nachfrage Märkte voneinander abgrenzt. Zuerst wäre zu überlegen, ob man Fälle positiver Kreuzpreiselastizitäten ϵ_{x_i, p_j}, d.h. **substitutionaler Güter**, anders betrachten soll als die Fälle negativer Kreuzpreiselastizitäten, d.h. **komplementärer Güter**. Da wir hier nur darauf abstellen wollen, ob wesentliche Abhängigkeiten unberücksichtigt bleiben, sollen substitutionale und komplementäre Güter in dem Sinne gleich behandelt werden, daß der Absolutwert $|\epsilon_{x_i, p_j}|$ der Kreuzpreiselastizität einen gewissen positiven Schwellenwert $\bar{\epsilon}$ nicht übersteigen soll. Das Problem, den Schwellenwert $\bar{\epsilon}$ festzulegen, läßt sich in allgemeiner Form kaum überzeugend lösen und sollte bei Kenntnis der Verteilung der absoluten Kreuzpreiselastizitäten nach pragmatischen Kriterien entschieden werden.

Aber auch damit sind nicht alle Fragen beantwortet. So könnte man von einer engen Definition eines Marktes ausgehen, die verlangt, daß für alle Güterpaare i und j auf diesem Markt beide absoluten Kreuzpreiselastizitäten $|\epsilon_{x_i,p_j}|$ und $|\epsilon_{x_j,p_i}|$ den Schwellenwert $\bar{\epsilon}$ überschreiten. Eine sehr weite Definition des Marktes würde hingegen für alle Güterpaare i und j nur verlangen, daß man eine Güterkette $k_0 = i, k_1,...,k_{m-1}$, $k_m = j$ finden kann, so daß für alle benachbarten Güterpaare k' und k' + 1 in der Güterkette mindestens eine der beiden absoluten Kreuzpreiselastizitäten $|\epsilon_{x_{k'},p_{k'+1}}|$ und $|\epsilon_{x_{k'+1},p_{k'}}|$ größer als $\bar{\epsilon}$ ist. Zwischen diesen Extremen gibt es offenbar Mischformen, wie sie in der Tabelle 0.2.1 erfaßt sind.

	einseitige Abhängigkeit: $|\epsilon_{x_{k'+1},p_{k'}}| > \bar{\epsilon}$ oder $|\epsilon_{x_{k'},p_{k'+1}}| > \bar{\epsilon}$	wechselseitige Abhängigkeit: $|\epsilon_{x_{k'+1},p_{k'}}| > \bar{\epsilon}$ und $|\epsilon_{x_{k'},p_{k'+1}}| > \bar{\epsilon}$
direkte Verknüpfung m = 1	Mischform einseitig, aber direkt abhängiger Anbieter	enger Markt
indirekte Verknüpfung zulässig m ≥ 1	weiter Markt	Mischform indirekt, aber wechselseitig abhängiger Anbieter

Tabelle 0.2.1: Die möglichen Marktdefinitionen gemäß den Kriterien einseitiger und wechselseitiger Abhängigkeit sowie direkter und indirekter Verknüpfung

Im Fall von m = 1 sprechen wir von **direkter Verknüpfung zweier Marktgüter** i und j, während Abhängigkeiten via nichttrivialer Güterketten mit m > 1 als indirekte

Verknüpfung der Marktgüter i und j bezeichnet wird. Müssen beide (nur eine der beiden) absoluten Kreuzpreiselastiziäten den Schwellenwert $\bar{\epsilon}$ überschreiten, so sprechen wir von **wechselseitiger (einseitiger) Abhängigkeit** der benachbarten Güter in der Güterkette.

Es lassen sich natürlich zu den Mischformen der Tabelle 0.2.1 weitere Mischformen finden, wenn man zuläßt, daß der Schwellenwert $\bar{\epsilon}$ von der Länge in der Güterkette abhängt. So könnte man zum Beispiel fordern, daß $\bar{\epsilon}$ mit m ansteigt. Offenbar kann das Kriterium direkter Verknüpfung dann dadurch erfaßt werden, daß man $\bar{\epsilon}$ für alle m > 1 unerreichbar hoch festlegt und nur für m = 1 einen realistischen Schwellenwert $\bar{\epsilon}$ fixiert.

Es hat sich gezeigt, daß das Problem der Marktabgrenzung zumindest theoretisch nicht in allgemeingültiger Form gelöst werden kann, wenn man von Radikallösungen eines allumfassenden Marktes, zum Beispiel im Sinne von $\bar{\epsilon} = 0$, oder genereller Einproduktmärkte, zum Beispiel im Sinne von $\bar{\epsilon} = +\infty$, absieht. Bei Kenntnis der Kreuzpreiselastizitäten können Märkte oft pragmatisch abgegrenzt werden. Hierfür wird man häufig weitaus mehr Kreuzpreiselastizitäten erheben müssen, als es der Anzahl der Güterpaare auf dem letztlich ausgewählten Markt entspricht.

Obwohl wir das Problem der Marktabgrenzung nicht befriedigend lösen konnten, werden wir im weiteren Verlauf dieser Einführung von wohl abgegrenzten Märkten ausgehen. Man kann hoffen, daß die empirische Wettbewerbstheorie und Industrieökonomik dieses Problem in vielen Fällen rein pragmatisch, aber dennoch zufriedenstellend lösen kann. Dies entbindet uns jedoch nicht von der Verpflichtung, einer vorgegebenen Abgrenzung von Märkten skeptisch zu begegnen und sich der explizit oder implizit verwandten Kriterien zur Marktabgrenzung bewußt zu sein. Die Abgrenzung von Märkten ist eine übliche Praxis, deren theoretische Basis jedoch überaus fragwürdig ist und für lange Zeit wohl auch bleiben wird.

0.3 Klassifikation von Märkten

In vielen traditionellen Darstellungen der Markt- und Preistheorie werden Märkte nach marktinstitutionellen Aspekten klassifiziert. So spricht man zum Beispiel von einem Monopol, Duopol, Oligopol oder Polypol, wenn es auf der betrachteten Marktseite nur einen, zwei, wenige bzw. viele Wettbewerber gibt. Da man eine derartige Unterscheidung für beide Marktseiten vornehmen kann, ergibt sich ein zweifaktorielles Design, wie es in der Tabelle 0.3.1 verdeutlicht wird. Obwohl wir gelegentlich auf Bezeichnungsweisen wie Monopol, Duopol, Oligopol und Polypol zurückgreifen werden, versagen wir es uns, für alle 16 Felder der Tabelle 0.3.1 Marktnamen zu erfinden.

Zahl der Anbieter \ Zahl der Nachfrager	eins	zwei	wenige	viele
eins				
zwei				
wenige				
viele				

Tabelle 0.3.1: Marktklassifikation gemäß der Anzahl der Anbieter und Nachfrager auf dem Markt

Häufig werden Märkte auch nach der Austauschbarkeit der auf dem Markt gehandelten Produkte klassifiziert, wie sie von den potentiellen Nachfragern beurteilt wird. Sind die Produkte in der Sicht der Nachfrager beliebig austauschbar, d.h. perfekte Substitute, so spricht man von einem **homogenen Markt**. Andernfalls wird ein Markt als **heterogen** bezeichnet. In dieser Einführung werden wir dafür plädieren, einen homogenen Markt als Grenzfall heterogener Märkte zu betrachten und zu analysieren. Statt der Zweiteilung in homogene und heterogene Märkte sollte man daher generell heterogene Märkte unterstellen, die sich jedoch im Heterogenitätsgrad ihrer Produkte unterscheiden können.

Eine weitere Unterscheidung von Märkten, die sich auch in der Untergliederung der Kapitel dieser Einführung wiederfindet, ist diejenige in Märkte mit vollständiger und solche mit **unvollständiger Information**. Während auf Märkten mit unvollständiger Information nicht alle Wettbewerber alle marktrelevanten Größen kennen, existieren auf Märkten mit vollständiger Information keine solchen Informationsdefizite.

Die Liste marktinstitutioneller Aspekte, anhand derer sich Märkte klassifizieren lassen, ließe sich nahezu beliebig verlängern. So könnte man Märkte gemäß Strukturmerkmalen der Marktentscheidungsprozesse (zum Beispiel in Märkte mit simultanen oder sequentiellen Entscheidungen), den auf dem Markt eingesetzten absatzpolitischen Instrumenten (zum Beispiel in Märkte mit und ohne Werbemaßnahmen) und/oder gemäß den Eintrittsschranken für neue Wettbewerber (zum Beispiel in offene und geschlossene Märkte) unterteilen. In den späteren Kapiteln werden wir versuchen, die Bedeutsamkeit dieser Strukturmerkmale zu verdeutlichen.

Auch wir werden gelegentlich Märkte gemäß marktinstitutionellen Kriterien klassifizieren, da wir gewissen marktinstitutionellen Aspekten, wie zum Beispiel der unvollständigen Information, besondere Aufmerksamkeit widmen wollen. Wir lehnen es jedoch ab, für bestimmte Märkte ad hoc Lösungskonzepte zu entwickeln, wie es früher in der Markt- und Preistheorie üblich war. Wir werden auf die ad hoc-Begründungen der bekanntesten traditionellen Marktlösungen kurz eingehen, aber auch zeigen, daß sie sich bei adäquater Berücksichtigung marktinstitutioneller Aspekte aus einem einzigen Verhaltenskonzept in konsistenter Form ableiten lassen.

Wissenschaftlicher Fortschritt erfordert es oft, gewisse marktinstitutionelle Aspekte zunächst isoliert zu betrachten, um dann für komplexere Marktsituationen die Konsequenzen verschiedener interagierender Strukturmerkmale abschätzen zu können. Unseres Erachtens ist dies der Grund dafür, daß wir weiterhin Märkte auf Grund marktinstitutioneller Kriterien klassifizieren werden, obwohl derartige Märkte keine besonderen konzeptionellen Erwägungen erfordern, wenn man von der Rationalitätshypothese ausgeht.

Wir werden Märkte also nur klassifizieren, um spezielle marktinstitutionelle Aspekte isoliert zu betrachten und um die Implikationen der möglichen Ausprägungen derartiger Strukturmerkmale zu erarbeiten. Da das individuell rationale Entscheidungsverhalten allgemeingültig für alle ökonomischen und nicht-ökonomischen Entscheidungssituationen definiert werden sollte, sind bei Unterstellung der Rationalitätshypothese ad hoc-Lösungen für bestimmte Marktsituationen abzulehnen. Zumindest früher war dies ein wesentlicher Grund dafür, Märkte zu klassifizieren. Erst durch die Verwendung der Spieltheorie ist eine konsistente Behandlung aller Märkte im Rahmen der Rationalitätshypothese möglich und damit die traditionelle Begründung für die Klassifikation von Märkten hinfällig geworden.

0.4 Zur spieltheoretischen Methodik

Märkte sind Tauschsituationen, d.h. sie beschreiben soziale Entscheidungssituationen, in denen mindestens zwei ökonomische Agenten interagieren. Es ist die Aufgabe der Spieltheorie, das individuell rationale Verhalten in sozialen Entscheidungssituationen zu definieren. Dies verdeutlicht, daß mit der Rationalitätshypothese die Anwendung der Spieltheorie unumgänglich wird, und erklärt, warum viele Einführungen zur Markt- und Preistheorie auch eine knappe Einführung in die Spieltheorie enthalten (vgl. zum Beispiel KRELLE, 1976 a und b, KREPS, 1990, TIROLE, 1988, und VARIAN, 1991).

Obwohl auch hier die Spieltheorie zugrundegelegt wird, verzichten wir auf eine gesonderte Darstellung der wichtigsten spieltheoretischen Darstellungsformen und Lösungskonzepte. Stattdessen werden die von uns verwandten spieltheoretischen Instrumente dann vorgestellt, wenn wir sie zum ersten Mal benötigen. Dies hat den Vorteil, daß man gleich anhand einer konkreten Marktsituation den Sinn und die Anwendbarkeit der spieltheoretischen Ideen beurteilen kann. Selektive Darstellungen der spieltheoretischen Methodik können leicht zu Fehlurteilen über die Aufgaben und Methoden der Spieltheorie verleiten. Wir verweisen daher lieber auf unsere systematische Einführung in die Spieltheorie (GÜTH, 1992a), die auch vielfältige (Bei)Spiele aus dem Bereich der Markt- und Preistheorie enthält.

Wir verwenden die Spieltheorie zur Analyse von Märkten, da wir uns gemäß der Rationalitätshypothese darauf beschränken werden, Tauschverhalten zwischen unbeschränkt rationalen ökonomischen Agenten zu betrachten. Es ist natürlich darüberhinaus notwendig, die strategische Interaktion auf Märkten aus verhaltenstheoretischer Sicht zu analysieren, d.h. deskriptive Theorien zu entwerfen, die das wirkliche Marktverhalten vorhersagen. Es wurde schon daraufhingewiesen, daß sich die experimentelle Wirtschaftsforschung und die ökonomische Psychologie sowie ihre Teildisziplinen wie etwa die psychologische Konsumentenforschung oder die Organisationspsychologie diesem Ziel widmen.

Grundsätzlich abzulehnen ist jedoch die Ansicht, daß man zwar von individueller Rationalität im Sinne der Entscheidungstheorie, d.h. vom sogenannten homo oeconomicus ausgehen kann, jedoch die spieltheoretischen Rationalitätserfordernisse als zu weitgehend betrachtet. Sachverhalte, wie etwa die begrenzte Rationalität menschlicher Entscheider, die den deskriptiven Aussagegehalt der Spieltheorie als zweifelhaft erscheinen lassen, implizieren unweigerlich analoge Zweifel am Aussagegehalt von Erklärungen, die individuelle Entscheidungsrationalität im Sinne des homo oeconomicus unterstellen. Es bleibt damit nur die Alternative, Märkte entweder verhaltenswissenschaftlich oder spieltheoretisch zu analysieren, je nachdem, ob man am wirklichen oder am rationalen Marktverhalten interessiert ist.

Wer so rigoros zwischen der verhaltenstheoretischen und spieltheoretischen Analyse von Märkten unterscheidet, muß sich natürlich fragen lassen, welchen Sinn spieltheoretische Marktstudien überhaupt haben. Unseres Erachtens sind Menschen originär daran interessiert, das rationale Verhalten in allen Lebenslagen zu erfahren. Wenn wir mit einem Puzzle konfrontiert sind, fragen wir uns häufig nicht, weshalb wir die Lösung nicht finden (meist ist man schlicht zu dumm), sondern wie die Lösung aussieht oder zumindest, wie man sie bestimmen sollte.

Weiterhin liefert das Rationalverhalten einen wichtigen Orientierungspunkt für die Einschätzung und Beurteilung deskriptiver Markttheorien. Viele verhaltenswissenschaftliche Ansätze (vgl. die "Anomalies" von THALER und Koautoren, 1987) definieren sich quasi mittels einer Abweichung vom Rationalverhalten, während andere wie zum Beispiel die Anspruchsanpassungstheorie (vgl. zum Beispiel SAUERMANN und SELTEN, 1962, sowie die Beiträge in TIETZ, 1983) den Optimierungsgedanken grundlegend ablehnen und Rationalitätserfordernisse durch Modelle menschlicher Kognition und Erfahrungsauswertung ersetzen.

Während das rationale Verhalten nur von Strukturmerkmalen des Marktes abhängen kann, muß dies nicht notwendig für das wirkliche Marktverhalten zutreffen (vgl. zum Beispiel die von SELTEN, 1979, geschilderten Präsentationseffekte). Eine gegebene Marktstruktur kann daher mit sehr vielen Marktverhaltensweisen und damit auch Marktergebnissen einhergehen, was Marktordnungspolitik basierend auf verhaltenswissenschaftlichen Theorien erschweren bzw. sogar praktisch ausschließen kann. Um Marktordnungspolitik überhaupt theoretisch absichern zu können, wird daher oft die Marktordnung angestrebt, die gemäß der Rationalitätshypothese zu den besten Marktergebnissen führt. So wird zum Beispiel die Marktwirtschaft mit Privateigentum an Konsumgütern und Produktionsmitteln und eigenverantwortlichen, dezentralen Entscheidungen häufig mit dem Hinweis gerechtfertigt, daß gemäß dem Grundtheorem der Wohlfahrtsökonomik alle Konkurrenzallokationen effizient sind (vgl. GÜTH, 1992b). Auch in dieser Einführung werden wir beispielhaft vorführen, wie man, vom Rationalverhalten aller Agenten ausgehend, Marktordnungspolitik theoretisch absichern kann. Man muß sich aber stets bewußt sein, daß die Ziele der Marktordnungspolitik total verfehlt werden können, wenn das wirkliche Marktverhalten systematisch vom Rationalverhalten abweicht.

Verhaltenstheoretisch können sich umgekehrt natürlich Ansatzpunkte für Marktpolitik oder Industriepolitik ergeben, die bei Rationalverhalten nicht existent wären. So besagen Präsentationseffekte, daß das Marktverhalten von der reinen Darstellung (framing) ein und derselben Situation abhängen kann. Falls das framing marktpolitisch beeinflußbar ist, kann man daher unter Umständen das Marktergebnis ändern, ohne die Struktur des Marktes zu tangieren. Häufig lassen sich Appelle (zum Beispiel der Regierung oder des Kartellamtes) als Maßnahmen interpretieren, die auf nichts anderes als framing abzielen.

Die Rationalitätshypothese wird gelegentlich als evolutionär stabiles Verhalten (die survival of the fittest–Hypothese) begründet. Die Grundidee hierbei ist, daß auf Märkten ein steter Ablösungs– und Verdrängungswettbewerb stattfindet, in dem sich letztlich das rationale Verhalten durchsetzen sollte. Da sich Marktstrukturen im Vergleich zu der Genstruktur der Menschen überaus schnell verändern, kann man hierbei nicht auf genetische Evolution wie in der Evolutionsbiologie zurückgreifen (vgl. MAYNARD SMITH und PRICE, 1973, und SELTEN, 1983, sowie die Beiträge in SELTEN, 1991). Stattdessen wäre von einer Vorstellung kultureller Evolution auszugehen (vgl. CAVALLI SFORZA und FELDMANN, 1981, sowie BOYD und RICHERSON, 1985), die auf einer Theorie der Entstehung von Erneuerungen (Mutation) und deren Verbreitung durch Imitation und Lernen (Diffussion) basieren sollte.

Es ist allerdings fraglich, ob die stabilen Endzustände derartiger Evolutionsprozesse stets Marktergebnisse zeitigen werden, wie sie sich aus der Rationalitätshypothese ableiten lassen. Das Beispiel von NELSON und WINTER (1982) könnte sich eher als Ausnahme, denn als Regel erweisen. Zumindest kann man die Rationalitätshypothese nicht einfach als evolutionär stabiles Verhalten rechtfertigen, ohne die Evolutionsdynamik der Märkte präzisiert und analysiert zu haben. Ob eine bestimmte Mutante (zum Beispiel ein konkreter Produkttyp oder ein Produktionsverfahren) optimal angepaßt ist oder nicht, hängt ferner typischerweise von der vorgegebenen

Populationszusammensetzung (zum Beispiel von den auf dem Markt angebotenen sonstigen Produkten oder den sonst eingesetzten Produktionsverfahren) ab. So kann sich ein neues Produkt als durchschlagender Erfolg erweisen, wenn komplementäre Wirtschaftsgüter vorhanden sind (die den Gebrauch des neuen Produkts attraktiv erscheinen lassen), während das Fehlen solcher Güter eine an und für sich kreative Produktinnovation zum Flop verdammen kann.

1. Die traditionellen Marktlösungen

In diesem Kapitel werden die bekanntesten traditionellen Marktlösungen vorgestellt, die wir im darauffolgenden Kapitel auch spieltheoretisch rechtfertigen werden. Zunächst sollen die verschiedenen ad hoc-Konzepte jedoch traditionell begründet werden. Wir schließen uns dabei der üblichen Beschränkung auf die sogenannten Anbietermärkte an, die das Nachfrageverhalten durch die Rahmenbedingungen des Marktes, zum Beispiel in Form von exogen vorgegebenen Nachfragefunktionen erfassen.

Anbieterzahl \ Heterogenitätsgrad	homogen	heterogen
viele	Mengenkonkurrenz / Preiskonkurrenz	monopolistische Konkurrenz
wenige	Mengenoligopol / Preisoligopol	heterogenes Oligopol
zwei	Mengenduopol / Preisduopol	heterogenes Duopol
einer	Angebotsmonopol	

Tabelle 1.1: Die den traditionellen Lösungen zugrundeliegenden Marktformen

In der Tabelle 1.1 haben wir die Marktformen aufgelistet, die den traditionellen Marktlösungen zugrundeliegen. Die Marktformen unterscheiden sich nach der Zahl der Anbieter auf dem Markt, dem Heterogenitätsgrad, wobei nur die Formen **homogen** und **heterogen** zugelassen sind, sowie bei homogenen Produkten danach, ob die Absatzmenge oder der Verkaufspreis die absatzpolitische Instrumentvariable darstellt. Im Falle eines einzigen Anbieters ist eine Unterscheidung nach dem Homogenitätsgrad offensichtlich sinnlos. Auf heterogenen Märkten – allerdings nicht nur auf diesen, wie noch zu sehen sein wird – ist Mengenpolitik kaum vorstellbar.

In den folgenden Abschnitten dieses Kapitels werden wir für die in Tabelle 1.1 erfaßten Marktformen die traditionellen Lösungen diskutieren, wobei wir gelegentlich – zum Beispiel bei der Preiskonkurrenz auf homogenem Markt – mehrere Marktformen zusammenfassend behandeln werden.

Während auf der Angebotsseite des Marktes gemäß Tabelle 1.1 nach der Zahl der Anbieter differenziert wird, verzichten wir auf eine analoge Unterscheidung für die Nachfrageseite (vgl. Tabelle 0.3.1). Stattdessen werden wir stets davon ausgehen, daß das Nachfrageverhalten durch **Nachfragefunktionen** beschrieben werden kann, die für alle möglichen Konstellationen der absatzpolitischen Instrumente die Nachfragemengen der einzelnen Anbieter festlegen. Alle traditionellen Marktlösungen lassen sich in einfacher Form auf die Marktsituationen übertragen, die entstehen, wenn man die Annahmen über Anbieter- und Nachfragerverhalten vertauscht, d.h. quasi die Marktseiten vertauscht. Das Anbieterverhalten wäre dann durch **Angebotsfunktionen** zu beschreiben, die für alle Konstellationen der beschaffungspolitischen Instrumentvariablen angeben, welche Mengen den Nachfragern angeboten werden.

Die Marktformen der Tabelle 0.3.1, gemäß denen auf beiden Marktseiten höchstens wenige Wettbewerber vorhanden sind, wurden von der traditionellen Markt- und Preistheorie üblicherweise vernachlässigt. Da die Spieltheorie allgemein für alle sozialen Konfliktsituationen anwendbar ist und nicht auf ad hoc-Verhaltensannahmen für bestimmte Marktsituationen beruht, lassen sich auch solche Marktsituationen einbeziehen, ohne weitere spezielle Verhaltensannahmen formulieren zu müssen.

Wir werden die traditionellen Marktlösungen im folgenden anhand einfacher Modellsituationen vorstellen. Dies hat den Vorteil, daß auch die typische Art, diese Marktlösungen abzuleiten, vorgestellt wird und daß man die Abhängigkeit des

Marktergebnis von den Strukturmerkmalen des Marktes diskutieren kann. Alternativ hätte man möglichst allgemeine Klassen von Märkten definieren können, für die die traditionellen Marktlösungen wohldefiniert sind. Man hätte dann Existenz– und Eindeutigkeitstheoreme beweisen müssen, was wir nur für sehr spezielle Klassen von Marktsituationen tun werden, und zwar einfach dadurch, daß wir die Marktlösungen konstruktiv ableiten.

1.1 Das Angebotsmonopol

Das Verhalten der Nachfrager, denen der Angebotsmonopolist als einziger Anbieter gegenübersteht, sei durch die Nachfragefunktion

$$X(p) = \alpha - \beta p \quad \text{mit} \quad \alpha > 0 \quad \text{und} \quad \beta > 0$$

beschrieben. $p (\geq 0)$ ist der Verkaufspreis und $X(p)$ die nachgefragte Menge. Für Preise p mit $\alpha - \beta p < 0$ gehen wir natürlich davon aus, daß die Nachfragemenge $X(p)$ gleich Null ist. In Abbildung 1.1.1 haben wir die inverse Nachfragefunktion $p = \frac{\alpha}{\beta} - \frac{1}{\beta} X$ graphisch veranschaulicht. Der kleinste Preis $p = \alpha/\beta$ mit $X(p) = 0$ wird **Prohibitivpreis** genannt. $X(0) = \alpha$ heißt **Sättigungsmenge** der Nachfragefunktion $X(p)$.

Die Kostenfunktion des Anbieters sei linear, d.h.

$$K(X) = \bar{C} + c X \quad \text{mit} \quad \bar{C} \geq 0 \quad \text{und} \quad \frac{\alpha}{\beta} > c \geq 0 \, .$$

Die sogenannten Fixkosten $\bar{C}$ sind unabhängig von der Produktions– und Verkaufs–

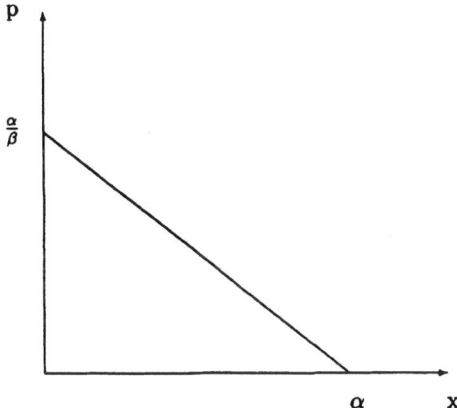

Abbildung 1.1.1

menge X. Für die konstanten Grenzkosten $K'(X) = c$ unterstellen wir $c < \frac{\alpha}{\beta}$, da sonst ein Angebot nicht lohnen würde, d.h. kein Gütertausch stattfinden würde.

Der Gewinn G(p) des Monopolisten ist die Differenz zwischen den Verkaufserlösen p·X(p) und den Produktionskosten K(X(p)). Die Gewinnfunktion legt G(p) wie folgt für alle Preise p mit $0 \leq p \leq \alpha/\beta$ fest:

$$G(p) = p(\alpha-\beta p) - \bar{C} - c(\alpha-\beta p)$$

Bevor wir die Lösung des Angebotsmonopols ableiten, wollen wir zunächst zeigen, wie man einen Markt durch geeignete Renormierung von Geld- und Mengeneinheit parameterarm beschreiben kann. Wir werden häufiger auf parameterarme Modellbeschreibungen zurückgreifen, da sie die Berechnung der Marktlösungen erleichtern und auch die wirklich entscheidenden Strukturgrößen verdeutlichen.

Statt des Preises selbst wollen wir zunächst vom Deckungsbeitrag $\bar{p} = p - c$ pro Stück ausgehen. Mit Hilfe von p̃ kann G(p) wie folgt ausgedrückt werden:

$$G(\tilde{p}) + \bar{C} = \tilde{p}(\alpha - \beta c - \beta \tilde{p})$$

Renormiert man die Geldeinheit und Mengeneinheit derart, daß die Sättigungsmenge der Nachfragefunktion $\tilde{X}(0) = \alpha - \beta c$ und ihr Prohibitivpreis $(\alpha-\beta c)/\beta$ gleich 1 sind, d.h. $\alpha - \beta c = 1 = \beta$, so erhält man für die neuen Meßeinheiten die standardisierte Gewinnfunktion

$$\hat{G}(\hat{p}) = \hat{p}(1-\hat{p}),$$

die über keinen frei wählbaren Parameter mehr verfügt. Alle Angebotsmonopolmärkte mit linearer Nachfrage und linearen Kosten sind daher faktisch äquivalent und können mit dem standardisierten Monopolmarkt mit der Gewinnfunktion $\hat{G}(\hat{p})$ identifiziert werden.

Aus $\hat{G}'(\hat{p}) = 1 - 2\hat{p} = 0$ und $\hat{G}''(\hat{p}) = -2 < 0$ ergibt sich der gewinnmaximale Preis oder Monopolpreis $\hat{p}^* = \frac{1}{2}$ und der Monopolgewinn $\hat{G}(\hat{p}^*) = 1/4$. Für die ursprüngliche Gewinnfunktion G(p) hätte sich der Monopolpreis $p^* = (\alpha+\beta c)/2\beta$ und der Monopolgewinn

$$G(p^*) = \frac{(\alpha-\beta c)^2}{4\beta} - \bar{C}$$

ergeben. Einsetzen der Renormierungsbedingung $\alpha - \beta c = 1 = \beta$ in $G(p^*)$ ergibt

$$G(p^*) + \bar{C} = \frac{1}{4} = \hat{G}(\hat{p}^*),$$

wie nicht anders zu erwarten.

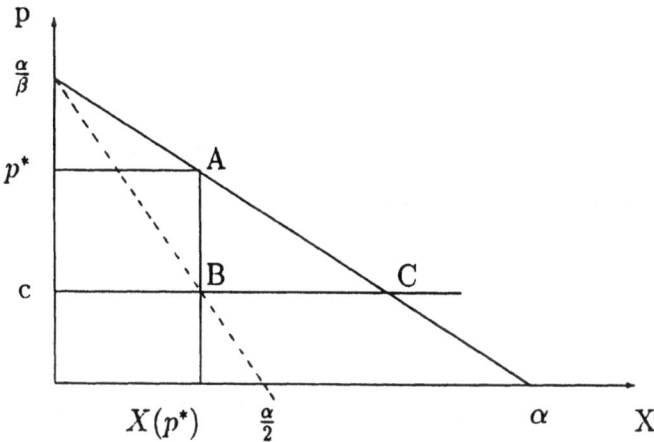

Abbildung 1.1.2

In Abbildung 1.1.2 haben wir die Monopollösung graphisch für die ursprüngliche Gewinnfunktion G(p) verdeutlicht. Mit Hilfe der inversen Nachfragefunktion

$$p(X) = \frac{\alpha}{\beta} - \frac{1}{\beta} X$$

kann man die Verkaufserlöse

$$E(X) = X \cdot p(X) = X \cdot \left[\frac{\alpha}{\beta} - \frac{1}{\beta} X \right]$$

und dementsprechend auch den Gewinn in der Form

$$G(X) = X \left[\frac{\alpha}{\beta} - \frac{1}{\beta} X \right] - \bar{C} - c X$$

als Funktion der Verkaufsmenge beschreiben.

Die Funktion E(X) wird Erlösfunktion bzw. in der graphischen Darstellung Erlöskurve genannt. Die gestrichelt gezeichnete Gerade in Abbildung 1.1.2 ist die Grenzerlöskurve

$$E'(X) = \frac{\alpha}{\beta} - \frac{2}{\beta} X ,$$

die die Ordinatenachse ebenfalls im Prohibitpreis α/β schneidet, aber doppelt so steil wie die inverse Nachfragekurve $p = \frac{\alpha}{\beta} - \frac{1}{\beta} X$ verläuft. Wegen

$$G'(X) = \frac{\alpha}{\beta} - \frac{2}{\beta} X - c = 0$$

liegt die gewinnmaximale Verkaufsmenge $X(p^*)$ dort, wo die Grenzerlösgerade die Grenzkostenkurve $K'(X) = c$ schneidet.

Der Gesamtdeckungsbeitrag $G(p^*) + \bar{C} = (\alpha-\beta c)^2/4\beta$ ist durch das Rechteck mit den Eckpunkten p^*,A,B und c gegeben. Dieser Betrag wird gelegentlich auch als **Produzentenrente** bezeichnet. Analog bezeichnet man das Dreieck mit den Eckpunkten $\alpha/\beta,p^*$ und A als **Konsumentenrente**. Wenn die Nachfragekurve den monetär bewerteten Grenznutzen der Güterversorgung angibt, so wird bei der gewinnmaximalen Menge $X(p^*)$ insgesamt ein Nutzen gestiftet, der der Größe des Trapezes mit den Eckpunkten α/β,A,$X(p^*)$ und dem Nullpunkt in Abbildung 1.1.2 entspricht. Da die Erlöse aber nur dem Rechteck mit den Ecken p^*,A,$X(p^*)$ und dem Nullpunkt entsprechen, erweist sich die Konsumentenrente als Überschuß des Nutzens der Güterversorgung über die Erlöse. Die Summe aus Produzenten− und Konsumentenrente kann man auch als **Wertschöpfung des Marktes** interpretieren. Häufig werden Märkte gemäß der durch sie gestifteten Wertschöpfung beurteilt.

Offenbar ist die Wertschöpfung des Marktes, das ist das Trapez mit den Ecken α/β, A, B und c, bei der Monopolmenge $X(p^*)$ nicht maximal, da die Wertschöpfung stets dann mit einer Mengenerhöhung zunimmt, wenn der Preis die Grenzkosten übersteigt. Die maximale Wertschöpfung wird daher im Punkt C erreicht, in dem die Nachfragekurve von der Grenzkostenkurve geschnitten wird. Allerdings besteht hier die Wertschöpfung ausschließlich aus Konsumentenrente, d.h. die Erhöhung der Wertschöpfung erfolgt zu Lasten des Anbieters. Die Nachfrager müßten daher dem Anbieter über den Preis hinaus finanzielle Anreize bieten, die Angebotsmenge über $X(p^*)$ hinaus zu erhöhen. Die Tatsache, daß die Menge $X(p^*)$ unter der Menge des Punktes C liegt, wird häufig als **Unterversorgung im Monopol** beschrieben.

Eine extreme Möglichkeit, den Punkt C zu realisieren, besteht in der vollständigen Abschöpfung der Konsumentenrente durch den Anbieter. Wäre der Anbieter in der Lage, jede (marginale) Einheit zu ihrem Reservationsnutzen, d.h. dem Preis, bei dem der Nachfrager zwischen Kauf und Nichtkauf indifferent ist, zu verkaufen, entspräche die Grenzerlöskurve der Nachfragekurve. Die Bedingung "Grenzerlös = Grenzkosten" für ein lokales Gewinnmaximum wäre also nur im Punkt C erfüllt. Allerdings bedingt eine derartige **vollständige Preisdiskriminierung**, daß die Nachfrager nicht untereinander tauschen können, d.h. den Ausschluß von Arbitragegeschäften. Preisdiskriminierung ist daher nur bei besonderen Gütern, wie zum Beispiel Dienstleistungen, zu erwarten. Ferner erscheint vollständige Preisdiskriminierung kaum durchsetzbar bzw. unmöglich, wenn die individuellen Reservationsnutzen nur den Nachfragern selbst bekannt sind.

In Abbildung 1.1.3 ist die Monopollösung auch im Diagramm mit der Erlöskurve E(X), der Kostenkurve K(X) und der Gewinnkurve G(X) verdeutlicht. Die Tangente an die Erlöskurve an der Stelle $X(p^*)$ verläuft parallel zur Kostenkurve K(X). Der vertikale Abstand von Erlös- und Kostenkurve, d.h. der Gewinn G(X), ist genau dort maximal. Die Gewinnkurve G(X) erreicht also bei $X(p^*)$ ihr Maximum.

Die Menge $\underline{X}$ ist die kleinste Menge im Bereich nichtnegativer Gewinne und wird manchmal als **break even–Punkt** bezeichnet. Ein gemeinnütziges Unternehmen, das an maximaler Güterversorgung unter der Nebenbedingung, daß keine Verluste entstehen, interessiert ist, würde die Menge $\bar{X}$ anstreben, die sich als die maximale Menge im Bereich nichtnegativer Gewinn erweist.

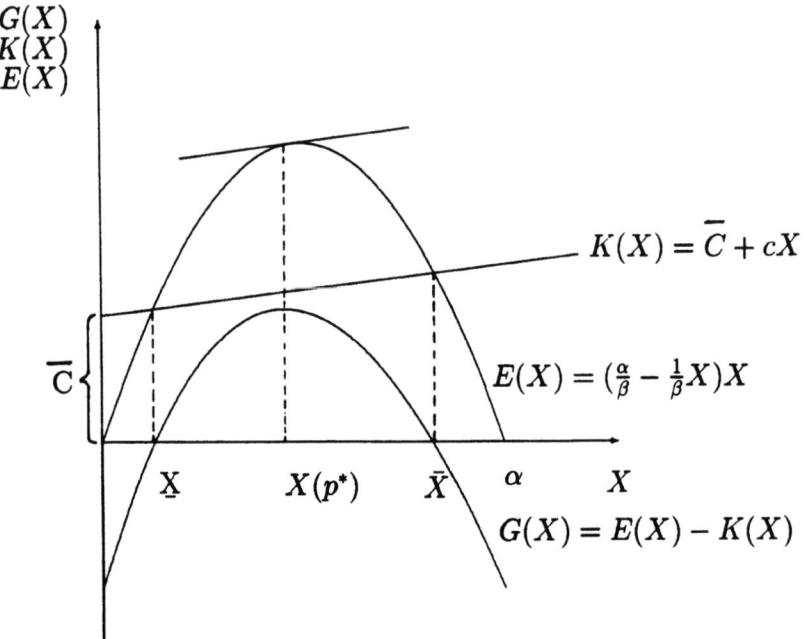

Abbildung 1.1.3

1.2 Preiswettbewerb auf homogenen Märkten

Wenn alle Produkte in der Sicht der Nachfrager homogen sind, d.h. perfekte Substitute darstellen, werden die Nachfrager nur bei dem Anbieter nachfragen, der den geringsten Preis setzt, sofern dieser die gesamte Nachfrage befriedigen kann. Bezeichnen wir mit p_i den Angebotspreis des Anbieters $i = 1,...,n$, wobei $n (\geq 2)$ die Anbieterzahl ist, so ergibt sich der Marktpreis als

$$\underline{p} = \min \{p_i : i = 1,...,n\}.$$

Wie beim Angebotsmonopol unterstellen wir die Nachfragefunktion $X(\underline{p}) = \alpha - \beta\,\underline{p}$ mit $\alpha, \beta > 0$ und lineare Kostenfunktionen der Form

$$K_i(x_i) = C_i + c_i\,x_i \quad \text{mit} \quad C_i \geq 0, \frac{\alpha}{\beta} > c_i \geq 0$$

für alle Anbieter $i = 1,...,n$. Damit schließen wir auch Kapazitätsschranken im Sinne von maximalen Produktions- und Verkaufsmengen aus. Wählen mehrere Anbieter den Marktpreis $\underline{p}$, so soll die Nachfragemenge $X(p)$ gleichmäßig auf die Anbieter i mit $p_i = \underline{p}$ aufgeteilt werden. Damit wird der Gewinn $G_i(p)$ des Anbieters $i = 1,...,n$ wie folgt durch den Vektor $p = (p_1,...,p_n)$ der individuellen Angebotspreise bestimmt:

$$G_i(p) = \begin{cases} -C_i & \text{für } p_i > \underline{p} \\ (p_i-c_i)\dfrac{X(\underline{p})}{m} - C_i & \text{für } p_i = \underline{p} \end{cases}$$

Hierbei bezeichnet m die Anzahl der Anbieter, die den Preis $\underline{p}$ gewählt haben.

Wir wollen zunächst den Spezialfall $c_i = c$ für $i = 1,...,n$ betrachten, in dem alle Anbieter die gleichen konstanten Grenzkosten aufweisen. Hierfür gilt das

Theorem: Falls $c_i = c$ für alle Anbieter $i = 1,...,n$ mit $n \geq 2$ gilt, ist der eindeutige Marktpreis durch $\underline{p} = c$ gegeben.

Beweis: Offenbar kommen Marktpreise $\underline{p} < c$ nicht in Frage, da sie negative Deckungsbeiträge implizieren. Bei Marktpreisen $\underline{p} > c$ können wir folgende Fälle unterscheiden, nämlich $m = n$ und $m < n$: Bei $m = n$ kann ein Anbieter die gesamte Nachfrage auf sich ziehen, indem er $\underline{p}$ minimal unterbietet. Wegen $m \geq 2$ ist dies stets lohnend. Bei $m < n$ kann ein Anbieter i mit $p_i > \underline{p}$ offenbar seine Position verbessern, indem er p minimal unterbietet. Wählen hingegen wenigstens zwei Anbieter i den Preis $p_i = c$, so kann sich keiner verbessern. ☐

Man beachte, daß wir den Beweis nicht nur für lineare Nachfragefunktionen erbracht haben. Das Theorem sagt aus, daß keiner der Anbieter einen positiven Deckungsbeitrag erwirtschaften kann, d.h. bei positiven Fixkosten C_i erleiden alle Anbieter Verluste. Damit ist zwar die Wertschöpfung maximal, aber langfristig kann eine derartige Situation nicht bestehen bleiben. Langfristig sind nämlich auch die Investitionsentscheidungen, die die Höhe der Fixkosten C_i festlegen, revidierbar, so daß ein Verlassen des Marktes und damit die Vermeidung der Fixkosten möglich wird.

Wir wollen kurz andeuten, was auf einem homogenen Markt mit Preiswettbewerb passiert, wenn die Anbieter den Markt jederzeit verlassen, aber auch jederzeit wieder in den Markt eintreten können. Wir unterstellen hierbei, daß mit erfolgtem Markteintritt die positiven Fixkosten anfallen und daß alle potentiellen Anbieter dieselben konstanten Grenzkosten c aufweisen. Gilt $n = 1$, so wird der einzige Anbieter offenbar den Monopolpreis $p^* = (\alpha + \beta c)/2\beta$ wählen. Tritt wenigstens ein weiterer Anbieter in den Markt ein, so sinkt der Marktpreis jedoch auf c und beide Anbieter erleiden Verluste in Höhe ihrer Fixkosten. Dies zeigt, daß kein potentieller Anbieter geneigt sein wird, als zweiter oder dritter oder ... Anbieter in den Markt einzutreten, d.h. Preiswettbewerb auf homogenem Markt zu gleichen und konstanten Grenzkosten, erweist sich als eine **natürliche Monopolsituation**.

Sind die Grenzkosten zwar konstant, aber unterschiedlich, so wird der Anbieter mit den geringsten Grenzkosten seinen Preis in Höhe des zweitniedrigsten Grenzkostenniveaus bzw. marginal darunter festlegen, sofern dieser Preis nicht den Monopolpreis p^* überschreitet, und andernfalls den Monopolpreis auswählen. Der kostengünstigste Anbieter kann seinen Kostenvorteil bzw. die Differenz zwischen Monopolpreis und seinen Grenzkosten als Deckungsbeitrag pro Stück voll durchsetzen. Im Vergleich zur Situation, in der alle Anbieter zu minimalen Grenzkosten produzieren, vermindert dies die Konsumentenrente und die Wertschöpfung, erhöht aber die Produzentenrente und den Gewinn des kostengünstigsten Anbieters. Den Fall nicht konstanter Grenzkosten werden wir im Rahmen der spieltheoretischen Rechtfertigung im nächsten Kapitel diskutieren.

Da die Marktanalyse allgemein für Märkte mit $n \geq 2$ Anbietern durchgeführt wurde, haben wir das Preisduopol, das Preisoligopol und die Preiskonkurrenz auf homogenen Märkten abgehandelt. In der Literatur wird der Preiswettbewerb auf homogenem Markt aufgrund der frühen Studien von BERTRAND (1883) auch als **Bertrand-Preiswettbewerb** bezeichnet. Bei begrenzten Produktionskapazitäten kann sich die Berechnung der Marktresultate bei Preiswettbewerb auf homogenen Märkten als sehr schwierig erweisen (vgl. ALLEN und HELLWIG, 1986, sowie KREPS und SCHEINKMAN, 1983, sowie die entsprechenden Hinweise im folgenden Kapitel).

Unseres Erachtens sollte man den Extremfall homogener Märkte nicht isoliert, sondern als Grenzfall heterogener Märkte mit abnehmendem Heterogenitätsgrad betrachten und analysieren. Damit würde Mengenwettbewerb auf homogenen Märkten, den wir als nächstes betrachten werden, offensichtlich unsinnig und die Unterscheidung von Preis- und Mengenwettbewerb auf homogenen Märkten überflüssig.

1.3 Mengenpolitik auf homogenen Märkten

Auch hier wollen wir alle Fälle $n \geq 2$ gemeinsam abhandeln. Wir unterstellen die gleiche Marktnachfragefunktion

$$p(X) = \frac{\alpha}{\beta} - \frac{1}{\beta} X \quad \text{mit} \quad \alpha > 0 \quad \text{und} \quad \beta > 0$$

wie im Monopol. Allerdings bezeichnet hierbei $X = X(p)$ die insgesamt verkaufte und angebotene Menge, d.h. X ist gemäß

$$X = x_i + \ldots + x_n$$

die Summe der individuellen Angebotsmengen x_i. Ferner fordern wir lineare Kostenfunktionen

$$K_i(x_i) = C_i + c_i x_i \quad \text{mit} \quad C_i \geq 0, \frac{\alpha}{\beta} > c_i \geq 0$$

für $i = 1,\ldots,n$. Die individuellen Verkaufsmengen x_i (≥ 0) der Anbieter $i = 1,\ldots,n$ sind nunmehr die absatzpolitischen Instrumente. Der Gewinn $G_i(x)$ des Anbieters $i = 1,\ldots,n$ in Abhängigkeit vom Vektor $x = (x_1,\ldots,x_n)$ der Verkaufsmengen ergibt sich gemäß

$$G_i(x) = \left[\frac{\alpha}{\beta} - c_i - \frac{X}{\beta} \right] x_i - C_i.$$

Im folgenden werden wir vor allem drei traditionelle Lösungen diskutieren, die von Mengenpolitik aller Anbieter ausgehen, nämlich die Cournot–Lösung, die COURNOT (1838) zunächst nur für den Spezialfall $n = 2$ analysiert hat, die von Stackelberg–Lösungen, die ebenfalls ursprünglich nur für $n = 2$ entwickelt wurden (von STACKELBERG, 1934), sowie die vollständige Konkurrenz.

1.3.1 Die Cournot–Lösung

Offensichtlich hängt der Gewinn $G_i(x)$ des Anbieters i nicht nur von seiner eigenen absatzpolitischen Entscheidung x_i, sondern auch von den Absatzmengen x_j aller seiner Konkurrenten j ($\neq$ i) ab. COURNOT (1838) hat diese Interaktionsproblematik ausgeklammert, indem er den Anbieter i davon ausgehen läßt, daß Veränderungen von x_i keine Veränderungen der Mengen x_j für j $\neq$ i herbeiführen. Rationalität besagt dann, daß man sich an die Mengen x_j mit j $\neq$ i optimal anpaßt. Aus

$$\frac{\partial G_i(x)}{\partial x_i} = \frac{\alpha}{\beta} - c_i - \frac{X}{\beta} - \frac{x_i}{\beta} = 0$$

und

$$\frac{\partial^2 G_i(x)}{\partial x_i^2} = -\frac{2}{\beta} < 0$$

ergibt sich die beste Antwort $\hat{x}_i$ auf die Mengen x_j mit j $\neq$ i als

$$\hat{x}_i = \left[\alpha - \beta c_i - \sum_{\substack{j \neq i \\ j=1}}^{n} x_j \right]/2 \text{ für } i = 1,...,n.$$

Die Funktion $\hat{x}_i$, die jeder Mengenkonstellation

$$x_{-i} = (x_1,...,x_{i-1},x_{i+1},...,x_n)$$

der Konkurrenten des i, die beste Antwort $\hat{x}_i$ auf x_{-i} zuordnet, nennen wir die **Reaktionsfunktion** des Anbieters i. In unserem Beispiel sind die Reaktionskurven linear. Für den Fall n = 2 haben wir die Reaktionskurven beider Anbieter im x_1,x_2–Diagramm der Abbildung 1.3.1 graphisch veranschaulicht.

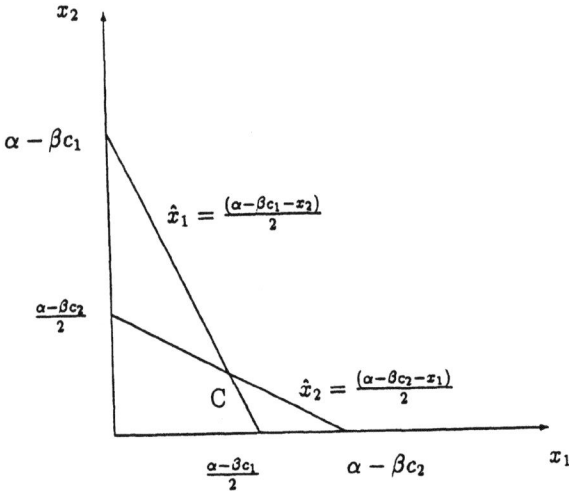

Abbildung 1.3.1.1

Dabei ist $x_2 = \alpha - \beta c_1$ die Menge des Anbieters 2, ab der Anbieter 1 den Markt verläßt, d.h. $x_1 = 0$ anbietet. $(\alpha - \beta c_1)/2$ ist die Monopolmenge des Anbieters 1, d.h. die Menge, die der 1 bei $x_2 = 0$ wählt. Unsere Zeichnung basiert auf den Annahmen

$$2(\alpha - \beta c_1) > \alpha - \beta c_2 \text{ und } 2(\alpha - \beta c_2) > \alpha - \beta c_1$$

bzw.

$$\frac{\alpha}{\beta} > 2c_1 - c_2 \text{ und } \frac{\alpha}{\beta} > 2c_2 - c_1 .$$

Inhaltlich besagen diese beiden Bedingungen, daß die Monopolpreise die Grenzkosten des jeweiligen Konkurrenten übersteigen. So ist zum Beispiel der Monopolpreis

$$p_1^M = \frac{\alpha}{\beta} - \frac{\alpha - \beta c_1}{2\beta}$$

des Anbieters 1 genau dann größer als c_2, falls die Bedingung $\frac{\alpha}{\beta} > 2c_2 - c_1$ erfüllt ist.

Basierend auf der Annahme, daß sich alle Anbieter optimal an die Mengen ihrer Wettbewerber anpassen, ergibt sich ein dynamischer Anpassungsprozeß, der im Beispiel der Abbildung 1.3.1 zum Schnittpunkt der beiden Reaktionskurven konvergiert. In der Abbildung 1.3.2 gehen wir von einer Anfangskonstellation x_1^0, x_2^0 der Angebotsmengen x_1 und x_2 aus, an die sich der Anbieter 1 zuerst anpassen soll, d.h. 1 wählt x_1^1, den

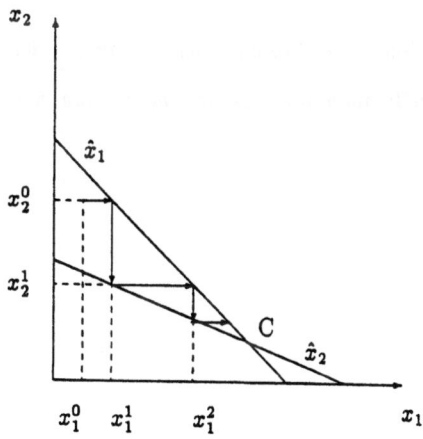

Abbildung 1.3.1.2

Punkt auf seiner Reaktionskurve $\hat{x}_1$ für $x_2 = x_2^0$. Anbieter 2 wiederum reagiert auf x_1^1 mit x_2^1, dem Punkt auf seiner Reaktionskurve $\hat{x}_2$ für $x_1 = x_1^1$ usw. Offensichtlich konvergiert dieser Prozeß azyklisch gegen C, den Schnittpunkt der Reaktionskurven $\hat{x}_1$ und $\hat{x}_2$ bzw. die sogenannte Cournot–Lösung (COURNOT, 1838).

Leider hat es sich gezeigt (vgl. THEOCHARIS, 1973), daß diese dynamische Rechtfertigung im Bereich n > 2 nicht notwendig zutrifft. Wir wollen daher die Cournot−Lösung nicht als stabiles Ergebnis eines dynamischen Anpassungsprozeßes interpretieren, sondern als Lösung des Systems der Reaktionsfunktionen $\hat{x}_i$ für i = 1,...,n. Man muß sich bei der dynamischen Interpretation auch fragen, ob die Mengen x_i^k für k = 0,1,2,..., an die sich der Konkurrent j ($\neq$ i) anpaßt, hypothetische oder reale Mengenentscheidungen sind. Im ersten Fall wäre zu spezifizieren, wie man sich an solche hypothetischen Mengenentscheidungen anpassen kann, im zweiten Fall wäre die Cournot−Lösung nur der langfristige Gleichgewichtszustand, der erst nach sehr vielen Anpassungsschritten erreicht wird.

Interpretiert man die Cournot−Lösung einfach als Lösung des Systems der Reaktionsfunktionen $\hat{x}_i$ für i = 1,...,n, so erhält man die Lösung, wenn man alle n Gleichungen

$$\hat{x}_i = \alpha - \beta c_i - X \quad \text{für } i = 1,...,n$$

aufaddiert:

$$\sum_{i=1}^{n} \hat{x}_i = n\alpha - \beta \sum_{i=1}^{n} c_i - nX .$$

Da $X = \sum_{i=1}^{n} \hat{x}_i$ gilt, erhält man die Cournot−Lösung $x = (x_1,...,x_n)$ mit

$$X = \frac{n\alpha - \beta \sum_{j=1}^{n} c_j}{n+1}$$

sowie

$$x_i = \frac{\alpha + \beta \left(\sum_{j=1}^{n} c_j - (n+1)c_i\right)}{n+1} \quad \text{für } i = 1,\ldots,n.$$

Im Fall n = 2 sind damit die Koordinaten des Punktes C der Abbildung 1.3.2 durch

$$x_1^c = \frac{\alpha + \beta (c_2 - 2c_1)}{3}$$

$$x_2^c = \frac{\alpha + \beta (c_1 - 2c_2)}{3}$$

bestimmt. Stimmen alle Grenzkosten überein, d.h. gilt $c_j = c$ für $j = 1,\ldots,n$, so erhält man

$$X = \frac{n}{n+1}(\alpha - \beta c),$$

$$x_i = \frac{\alpha - \beta c}{n+1} \quad \text{für } i = 1,\ldots,n$$

und

$$p(X) = \frac{\alpha + n\beta c}{(n+1)\beta}.$$

Gilt $c_j = c$ für $j = 1,\ldots,n$, so kann man wegen der Symmetrie ohne weiteres die Anbieterzahl n variieren. Wir wollen hier nur den Grenzübergang $n \to \infty$ untersuchen. Wegen

$$\lim_{n\to\infty} X = \alpha - \beta c$$

und

$$\lim_{n\to\infty} p(X) = c$$

wird das Ergebnis maximaler Wertschöpfung auf dem Markt mit $n \to \infty$ angestrebt. Da die Bedingung "Preis–Grenzkosten" auch bei vollständiger Konkurrenz zutrifft, kann vollständige Konkurrenz auch als Grenzfall der Cournot–Lösung begründet werden. Damit ist gezeigt, daß die Cournot–Lösung für beliebige Anbieterzahlen n im Bereich von $n = 1$ bis $n = \infty$ anwendbar ist und damit das gesamte Spektrum wettbewerblicher Auseinandersetzung zwischen monopolistischer Preisgestaltung (für $n = 1$) und vollständiger Konkurrenz (für $n \to \infty$) umfaßt.

1.3.2 Die von Stackelberg–Lösungen

Die von Stackelberg–Lösungen basieren auf einer willkürlich anmutenden Unterscheidung in sogenannte autonome und heteronome Anbieter (von STACKELBERG, 1934). Wir werden zunächst den Fall $n = 2$ diskutieren, den von STACKELBERG (1934) selbst betrachtet hat, um dann zu zeigen, daß sich diese Idee in vielfältiger Form auf den Bereich $n > 2$ übertragen läßt.

Statt abstrakt über die Begriffe "autonom" und "heteronom" nachzudenken, wollen wir einfach die von Stackelberg–Lösung für den Fall $n = 2$ bestimmen. Der autonome Anbieter – ohne Verlust an Allgemeinheit sei dies der Anbieter 2 – verhält sich gemäß seiner Reaktionsfunktion, d.h. Anbieter 2 paßt sich gemäß $\hat{x}_2$ an x_1 an. Dies wird vom heteronomen Anbieter 1 antizipiert, der darum die Menge x_1 wählt, die seinen Gewinn bei rationaler Antizipation der Anpassung des 2 an x_1 maximiert. Wegen

$$\hat{x}_2 = (\alpha - \beta c_2 - x_1)/2$$

ist der Gewinn des 1 durch

$$G_1(x_1) = \left[\frac{\alpha}{2\beta} - c_1 + \frac{c_2}{2} - \frac{x_1}{2\beta}\right] x_1 - C_1$$

allein von x_1 abhängig. Aus

$$G_1'(x_1) = \frac{\alpha}{2\beta} - c_1 + \frac{c_2}{2} - \frac{x_1}{\beta} = 0$$

$$G_1''(x_1) = -\frac{1}{\beta} < 0$$

folgt

$$x_1 = \frac{\alpha}{2} - \beta\left(c_1 - \frac{c_2}{2}\right)$$

und damit

$$x_2 = \frac{\alpha}{4} - \beta\left[\frac{3}{4}c_2 - \frac{c_1}{2}\right],$$

wobei wir natürlich unterstellen, daß beide Mengen positiv sind.

Im Fall $c_1 = c_2 = c$ ergibt sich

$$x_1 = \frac{1}{2}(\alpha - \beta c)$$

und

$$x_2 = \tfrac{1}{4}(\alpha-\beta c),$$

d.h. der heteronome Anbieter verkauft eine doppelt so große Menge wie der autonome Anbieter. Da

$$p = \frac{\alpha}{4\,\beta} + \tfrac{3}{4} c > c$$

wegen $\alpha/\beta > c$ gilt, ist ein Anbieter daran interessiert, die größere Menge zu verkaufen. Dies zeigt, daß ein Anbieter es vorziehen wird, heteronomer statt autonomer Anbieter bei Mengenpolitik auf homogenem Markt zu sein.

Ist $n > 2$, so kann man offenbar von allen Zahlen m mit $1 \leq m < n$ heteronomer Anbieter ausgehen. Während sich alle autonomen Anbieter $j = m + 1,...,n$ gemäß ihrer Reaktionsfunktion $\hat{x}_j$ verhalten, wird genau dieses Anpassungsverhalten von den heteronomen Anbietern $i = 1,...,m$ rational antizipiert. Wir wollen hier nur den Fall ansonsten symmetrischer Anbieter abhandeln, d.h. von der Annahme $c_j = c$ für $j = 1,...n$, also von gleichen Grenzkosten für alle n Anbieter ausgehen. Wegen

$$\hat{x}_j = \alpha-\beta c - \sum_{i=1}^{m} x_i - \sum_{l=m+1}^{n} x_l$$

ist das Verhalten der autonomen Anbieter nicht eindeutig durch den Vektor $(x_1,...,x_m)$ der Absatzmengen der heteronomen Anbieter bestimmt. Betrachtet man den Vektor $(x_1,...,x_m)$ als gegeben, so kann das Verhalten der autonomen Anbieter durch die Cournot–Lösung festgelegt werden, d.h. wir bestimmen die Lösung des Gleichungssystems

$$x_j = \alpha - \beta c - \sum_{i=1}^{m} x_i - \sum_{l=m+1}^{n} x_l \quad \text{für } j = m+1,...,n$$

mit den $n - m$ Unbekannten $x_{m+1},...,x_n$. Aus

$$\sum_{j=m+1}^{n} x_j = (n-m)(\alpha-\beta c) - (n-m)\sum_{i=1}^{m} x_i - (n-m)\sum_{l=m+1}^{n} x_l$$

folgt

$$\sum_{j=m+1}^{n} x_j = \frac{(n-m)(\alpha-\beta c - \sum_{i=1}^{m} x_i)}{n - m + 1}$$

und damit

$$x_j = \frac{\alpha - \beta c - \sum_{i=1}^{m} x_i}{n - m + 1} \quad \text{für } j = m+1,...,n .$$

Wird dieses Verhalten antizipiert, so ergibt sich

$$G_i(x_1,...,x_m) = \left[\frac{\alpha}{\beta} - c - \sum_{k=1}^{m} \frac{x_k}{\beta} - \frac{n-m}{n-m+1}\left[\frac{\alpha}{\beta} - c - \sum_{k=1}^{m} \frac{x_k}{\beta}\right]\right] x_i - C_i$$

als Gewinn für den heteronomen Anbieter $i = 1,...,m$. Da $G_i(x_1,...,x_m)$ von den Verkaufsmengen aller heteronomen Anbieter abhängt, wenden wir wiederum die Cournot–Lösung an, d.h. wir bestimmen die Lösung des Systems der Gleichungen

$$\frac{\partial G_i(x_1,...,x_m)}{\partial x_i} = 0 \quad \text{für } i = 1,...,m$$

mit den Unbekannten $x_1,...,x_m$. Aus

$$\frac{\partial\, G_i(x_1,...,x_m)}{\partial\, x_i} = \frac{1}{(n-m+1)\beta}\left[\alpha-\beta c - \sum_{k=1}^{m} x_k - x_i\right] = 0$$

sowie

$$\frac{\partial^2\, G_i(x_1,...,x_m)}{\partial\, x_i^2} = -\frac{2}{(n-m+1)\beta} < 0$$

folgt

$$x_i = \alpha - \beta c - \sum_{k=1}^{m} x_k \quad \text{für } i = 1,...,m,$$

d.h.

$$x_i = x_k \quad \text{für alle } i, k = 1,...,m \text{ und}$$

$$x_i = \frac{\alpha - \beta c}{m + 1} \quad \text{für } i = 1,...,m\;.$$

Einsetzen von x_i für $i = 1,...,m$ in die Gleichung x_j ergibt

$$x_j = \frac{\alpha - \beta c}{(m+1)(n-m+1)} \quad \text{für } j = m+1,...,n\;.$$

Damit verkauft ein heteronomer Anbieter $(n - m + 1)$ mal so viel wie ein autonomer Anbieter. Ist zum Beispiel m = 1, so verkauft der einzige heteronome Anbieter 1 genau n–mal so viel wie jeder der übrigen Anbieter.

Da wir nur autonome und heteronome Anbieter unterschieden haben und n > 2 gilt, basieren die gerade abgeleiteten von Stackelberg–Lösungen auf mehreren Anbietern gleicher Autonomiestufe. Konkret sind einerseits die m heteronomen und andererseits die n–m autonomen Anbieter gleichermaßen "autonom".

Man kann im Bereich n > 2 die von Stackelberg–Lösung des Falls n = 2 aber auch noch in anderer Form verallgemeinern. Statt lediglich autonome und heteronome Anbieter zu unterscheiden, kann man von verschiedenen Autonomiegraden in dem Sinne ausgehen, daß ein Anbieter einer höheren Autonomiestufe sich gewinnmaximal an die Entscheidungen aller Anbieter niedrigerer Autonomiestufen anzupassen hat. Statt dies in allgemeiner Form zu diskutieren, wollen wir einfach von n = 3 und zwei Autonomiestufen in dem Sinne ausgehen, daß Anbieter 2 autonomer als Anbieter 1 und 3 wiederum autonomer als Anbieter 2 ist. Da Anbieter 3 autonom ist und $\hat{x}_3 = \alpha - \beta c_3 - x_1 - x_2$ gilt, ergibt sich

$$G_2(x_1, x_2) = \left[\frac{\alpha}{\beta} - c_2 - \frac{x_1}{\beta} - \frac{x_2}{\beta} - \frac{\alpha - \beta c_3 - x_1 - x_2}{2\beta} \right] x_2 - C_2 ,$$

wobei x_1 als vorgegeben zu betrachten ist, da Anbieter 2 autonomer als Anbieter 1 ist. Aus

$$\frac{\partial G_2(x_1, x_2)}{\partial x_2} = \frac{\alpha}{2\beta} - c_2 + \frac{c_3}{2} - \frac{x_1}{2\beta} - \frac{x_2}{\beta} = 0$$

und

$$\frac{\partial^2 G_2(x_1, x_2)}{\partial x_2^2} = -\frac{1}{\beta} < 0$$

folgt

$$x_2 = \frac{\alpha}{2} - \beta c_2 + \frac{\beta c_3}{2} - \frac{x_1}{2}$$

und damit

$$x_3 = \frac{\alpha}{4} - \frac{3}{4}\beta c_3 + \frac{\beta}{2} c_2 - \frac{x_1}{4}.$$

Werden diese Entscheidungen von Anbieter 1 antizipiert, so ergibt sich

$$G_1(x_1) = \left[\frac{\alpha}{4\beta} - c_1 + \frac{c_2}{2} + \frac{c_3}{4} - \frac{x_1}{4\beta}\right] x_1 - C_1.$$

Wegen

$$G_1'(x_1) = \frac{\alpha}{4\beta} - c_1 + \frac{c_2}{2} + \frac{c_3}{4} - \frac{x_1}{2\beta} = 0$$

und

$$G_1''(x_1) = -\frac{1}{2\beta} < 0$$

erhalten wir

$$x_1 = \frac{\alpha}{2} - 2\beta c_1 + \beta c_2 + \frac{\beta c_3}{2}$$

$$x_2 = \frac{\alpha}{4} - \beta c_1 - \frac{3}{2}\beta c_2 + \frac{\beta c_3}{4}$$

$$x_3 = \frac{\alpha}{8} + \frac{\beta c_1}{2} + \frac{\beta c_2}{4} - \frac{7}{8}\beta c_3.$$

Sind alle Grenzkosten gleich Null, so produziert also der weniger autonome Anbieter doppelt so viel wie der Anbieter mit dem nächsthöheren Autonomiegrad, ein Resultat, daß sich für alle n($\geq$ 3) Anbieter mit j autonomer als i, falls i < j, verallgemeinern läßt. Gilt $c = c_1 = c_2 = c_3$, so ergibt sich

$$x_1 = \frac{\alpha - \beta c}{2}$$

$$x_2 = \frac{\alpha - \beta c}{4}$$

$$x_3 = \frac{\alpha - \beta c}{8}$$

bzw. generell

$$x_i = \frac{\alpha - \beta c}{2^i} \quad \text{für } i = 1,\ldots,n \,.$$

Die Vielfalt an von Stackelberg–Lösungen läßt sich im Bereich n > 4 noch erhöhen, wenn man von K Autonomiestufen mit 2 < K < n ausgeht, d.h. mehrere Anbieter gleicher Autonomiestufe zuläßt, wie es für die zunächst betrachtete Form der Verallgemeinerung im Bereich n > 3 unterstellt wurde.

Dies zeigt, daß die von Stackelberg–Lösung im Bereich n > 2 in vielfältiger Form verallgemeinert werden kann. Allerdings basieren die Verallgemeinerungen mit mehreren Anbietern gleicher Autonomiestufe darauf, daß man die Cournot–Lösung anwenden darf, um die interdependenten Entscheidungen der Anbieter gleicher Autonomiestufe abzuleiten. Insofern gibt es auch im Bereich n > 2 nur eine reine von Stackelberg–Lösung, nämlich diejenige, die mehrere Anbieter gleicher Autonomiestufe ausschließt.

1.3.3 Die vollständige Konkurrenz

Während die Cournot-Lösung davon ausgeht, daß eine Mengenänderung des Anbieters i auf dem Markt mit den Anbietern j = 1,...,n keine (Mengen)Reaktionen der Anbieter j ($\neq$ i) auslöst, unterstellt die Theorie vollständiger Konkurrenz, daß der für alle Anbieter gleiche Verkaufspreis nicht auf die Änderung der Verkaufsmenge x_i des Anbieters i reagiert. Zur Verdeutlichung betrachten wir den Markt mit der Nachfragefunktion

$$p(X) = \frac{\alpha}{\beta} - \frac{X}{\beta} \quad \text{mit } \alpha > 0 \text{ und } \beta > 0,$$

wobei $X = x_1 + ... + x_n$ die Gesamtangebotsmenge bezeichnet. Ferner gehen wir von der quadratischen Kostenfunktion

$$K_i(x_i) = C_i + c_i x_i + \frac{d_i}{2} x_i^2 \quad \text{mit } C_i \geq 0,\ 0 \leq c_i < \frac{\alpha}{\beta},\ d_i > 0,$$

für alle Anbieter i = 1,...,n aus.

Bei der Gewinndefinition ist es nun entscheidend, daß wir trotz der Nachfragefunktion p(X) den Verkaufspreis p des i als unabhängig von x_i betrachten. Dann ergibt sich

$$G_i(x_i) = p\, x_i - K_i(x_i) \quad \text{für } i = 1,...,n$$

als Gewinnfunktion, in die — wie es unsere Schreibweise $G_i(x_i)$ suggeriert — der Marktpreis p wie eine exogen vorgegebene Konstante eingeht.

Aus

$$G_i'(x_i) = p - K_i'(x_i) = 0$$

und

$$G_i''(x_i) = -K_i''(x_i) < 0$$

folgt, daß die Angebotsmenge durch den steigenden Ast der Grenzkostenkurve festgelegt wird. Häufig wird dies auch dadurch ausgedrückt, daß der steigende Bereich der Grenzkostenkurve die **individuelle Angebotskurve** des Anbieters i darstellt (vgl. hierzu auch GÜTH, 1992b, Abschnitt 4.4.3). Auf unserem speziellen Markt gilt konkret

$$G_i'(x) = p - c_i - d_i x_i = 0$$

sowie

$$G''(x_i) = -d_i < 0 ,$$

so daß die hinreichende Bedingung global erfüllt ist. Die individuelle Angebotsfunktion des Anbieters i ist also durch

$$x_i(p) = \frac{p - c_i}{d_i} \quad \text{für alle } i = 1,...,n$$

gegeben. Das Gesamtangebot bestimmt man durch Addition bzw. **Aggregation** der individuellen Angebotsmengen, d.h.

$$X(p) = \sum_{i=1}^{n} x_i(p) = p \sum_{i=1}^{n} d_i^{-1} - \sum_{i=1}^{n} \frac{c_i}{d_i}$$

ist die linear steigend verlaufende **Gesamtangebotskurve** $X(p)$.

Gemäß der Markträumungsbedingung "Gesamtangebot = Gesamtnachfrage" bzw.

$$p \sum_{i=1}^{n} d_i^{-1} - \sum_{i=1}^{n} \frac{c_i}{d_i} = \alpha - \beta p$$

ergibt sich dann der Konkurrenzpreis

$$p^c = \frac{\alpha + \sum_{i=1}^{n} \frac{c_i}{d_i}}{\beta + \sum_{i=1}^{n} d_i^{-1}},$$

der wiederum die individuellen Angebotsmengen

$$x_j(p^c) = \left[\frac{\alpha + \sum_{i=1}^{n} \frac{c_i}{d_i}}{\beta + \sum_{i=1}^{n} d_i^{-1}} - c_j \right] \Big/ d_j \text{ für } j = 1,\ldots,n$$

bei vollständiger Konkurrenz bestimmt. Hierbei unterstellen wir natürlich wieder implizit, daß die Bedingung $x_j(p^c) \geq 0$ für alle Anbieter $j = 1,\ldots,n$ erfüllt ist.

Im Spezialfall $c = c_i$ und $d = d_i$ für $i = 1,\ldots,n$, also gleicher Grenzkosten aller Anbieter ergibt sich

$$p^c = \frac{\alpha}{\beta} \frac{d + n\ c}{d + n} > c$$

wegen $c < \alpha/\beta$. Damit sind alle individuellen Angebotsmengen

$$x_i(p^c) = \frac{\alpha - \beta\ c}{n + \beta\ d} \quad \text{für } i = 1,\ldots,n$$

positiv. Für $n \to \infty$ ergibt sich

$$\lim_{n \to \infty} p^c = c \quad \text{und} \quad \lim_{n \to \infty} x_i(p^c) = 0\,,$$

d.h. der Preis konvergiert gegen die minimalen Grenzkosten $K_i'(0) = c$ und die individuellen Angebotsmengen dementsprechend gegen den Wert $x_i(p^c = c) = 0$, bei dem dieses Grenzkostenniveau erreicht wird.

Unsere Analyse hat gezeigt, daß das Marktergebnis bei vollständiger Konkurrenz für alle Anbieterzahlen n im Bereich $1 \leq n \leq \infty$ definiert werden kann. Allerdings werden die Marktergebnisse bei vollständiger Konkurrenz üblicherweise nur für Märkte vermutet, auf denen der Einfluß jedes Anbieters auf den Marktpreis vernachlässigbar gering ist. Konkretisieren könnte man diese Bedingung dadurch, daß bei Ausscheiden eines Anbieters aus dem Markt der Marktpreis sich kaum oder überhaupt nicht ändern soll. Im Fall identischer Grenzkosten aller Anbieter ergibt sich durch Ausscheiden eines Anbieters der negative Preiseffekt

$$p^c(n) - p^c(n-1) = -\frac{(\alpha - \beta\ c)\,d}{(n+\beta d)\,(n-1+\beta d)}\,,$$

der mit $n \to \infty$ gegen Null konvergiert. Strenggenommen ist mithin ein Anbieter nur dann vernachlässigbar, wenn es unendlich viele Anbieter gibt. Aber auch schon bei endlichen, aber großen Anbieterzahlen n ist der Preiseffekt, den ein einzelner Anbieter verursacht, kaum noch wahrnehmbar.

Die gewinnmaximale Anpassung an einen als unveränderlich angesehenen Preis, die dem Begriff der individuellen Angebotsfunktion $x_i(p)$ zugrundeliegt, wird häufig als **Mengenanpasserverhalten** bezeichnet. Mengenanpasserverhalten ist unvermeidbar, wenn die Preise vorbestimmt sind. So beruht das Mengenanpasserverhalten der Haushalte, die sich nutzenmaximal an die Verkaufspreise für Konsumgüter anpassen (vgl. GÜTH, 1992b), meist darauf, daß sie schon bei Betreten des Geschäfts mit vorbestimmten Preisen konfrontiert sind. Es ist weniger bedeutsam, ob ihr Einfluß auf die Gesamtnachfrage vernachlässigt werden kann.

1.3.4 Preisführerschaft

Auch Anbieter können auf eigene Preispolitik verzichten und sich an durch andere Anbieter vorbestimmte Preise gewinnmaximal anpassen. Bei **Preisführerschaft** antizipiert der Preisführer, hier der Anbieter i, zum Beispiel, daß alle Mitanbieter $j (\neq i)$ sich gewinnmaximal an den von ihm gesetzten Preis p anpassen. In unserem Beispiel verbleibt damit für den Anbieter i die Restnachfrage

$$x_i(p) = X(p) - \sum_{j \neq i} x_j(p) = \alpha - \beta p - \sum_{j \neq i} \frac{p - c_j}{d_j}.$$

Der Gewinn des Preisführers i in Abhängigkeit von p ist damit wie folgt definiert:

$$G_i(p) = p\, x_i(p) - c_i\, x_i(p) - \frac{d_i}{2}\left[x_i(p)\right]^2 - C_i$$

Aus

$$G'_i(p) = x_i(p) - \left[\beta + \sum_{j \neq i} d_j^{-1}\right] \left[p - c_i - d_i x_i(p)\right] = 0$$

und

$$G''_i(p) = -\left[\beta + \sum_{j \neq i} d_j^{-1}\right] \left[2 + d_i\left[\beta + \sum_{j \neq i} d_j^{-1}\right]\right] < 0$$

ergibt sich der für den Preisführer i optimale Preis als

$$p^F = \frac{c_i\left[\beta + \sum_{j \neq i} d_j^{-1}\right] + \left[\alpha + \sum_{j \neq i} \frac{c_j}{d_j}\right]\left[1 + \left[\beta + \sum_{j \neq i} d_j^{-1}\right] d_i\right]}{\left[\beta + \sum_{j \neq i} d_j^{-1}\right]\left[2 + \left[\beta + \sum_{j \neq i} d_j^{-1}\right] d_i\right]}.$$

Bei Preisführerschaft verhalten sich mithin alle Mitanbieter des Preisführers als Mengenanpasser. Da man beim Preis p^F lieber die gewinnmaximale Menge

$$x_i(p^F) = \frac{p^F - c_i}{d_i}$$

verkaufen würde als die daraus resultierende Restnachfrage $x_i(p^F)$, ist ein Anbieter nicht unbedingt daran interessiert, selbst Preisführer zu werden. Es ist daher ohne Zusatzannahmen nicht klar vorhersehbar, welcher Anbieter als Preisführer zu erwarten wäre (vgl. GÜTH, OCKENFELS und STEPHAN, 1989, die für homogene und heterogene Märkte analysieren, welcher Anbieter als Preisführer den höchsten Preis durchsetzen würde).

Die Preisführerschaft verdeutlicht, daß Mengenanpasserverhalten nicht notwendig als generelle Verhaltensweise aller Anbieter unterstellt werden muß und auch für Märkte mit wenigen Anbietern begründbar ist. GÜTH, OCKENFELS und STEPHAN (1989) weisen zum Beispiel nach, daß auch bei geringer Anbieterzahl n alle Anbieter daran interessiert sein können, Preiswettbewerb durch Preisführerschaft abzulösen.

1.4 Heterogene Märkte

Auf heterogenen Märkten werden Produkte gehandelt, die in der Sicht der Nachfrager nicht austauschbar sind. Diese Heterogenität kann zum Beispiel dadurch verursacht werden, daß die Produkte nicht am selben Ort oder zur selben Zeit verfügbar sind. Man spricht hier von Heterogenität auf Grund lokaler und zeitlicher Präferenzen. Wichtiger sind in der Regel jedoch Heterogenitäten auf Grund unterschiedlicher Beschaffenheit der gehandelten Güter, die wesentliche Gebrauchseigenschaften beeinflußt.

Sind alle Produkte aus der Sicht der Nachfrager verschieden, so kann man nur von der Nachfrage nach einem Produkt, aber nicht von der Marktnachfrage schlechthin sprechen. Jeder Anbieter ist mithin selbst dafür verantwortlich, Angebot und Nachfrage nach seinem Produkt auszugleichen. Typischerweise geschieht das derart, daß der Anbieter den Verkaufspreis festlegt, an den sich die Nachfrager dann anpassen.

Für alle Anbieter $i = 1,...,n$ (≥ 1) bezeichne p_i (≥ 0) den Verkaufspreis des Produkts des Anbieters i. Der Vektor

$$p = (p_1,...,p_n)$$

wird Preisvektor genannt. Durch die individuelle **Nachfragefunktion**

$$x_i : \mathbb{R}^n_+ \longrightarrow \mathbb{R}_+$$
$$p \longmapsto x_i(p)$$

des Anbieters $i = 1,...,n$ wird jedem Preisvektor p die beim Anbieter i nachgefragte Menge $x_i(p)$ seines Produkts zugeordnet. Sind die Kreuzpreiselastizitäten ϵ_{x_i,p_j} und ϵ_{x_j,p_i} für zwei unterschiedliche Güter i und j negativ, so sagen wir, daß die Produkte i und j **komplementär** sind. Bei positiven Kreuzpreiselastizitäten sprechen wir von **substitutionalen Produkten**. Im folgenden wollen wir von einfachen Nachfragefunktionen für substitutionale Produkte ausgehen, gemäß denen die individuellen Nachfragemengen linear von allen Preisen abhängen:

$$x_i(p) = \alpha_i - \beta_i p_i + \sum_{j \neq i} \gamma_i^j p_j \quad \text{für } i = 1,...,n$$

mit

$$\alpha_i > 0, \beta_i > \sum_{j \neq i} \gamma_i^j \text{ und } 0 < \gamma_i^j \text{ für } j \neq i,$$

wobei $j \neq i$ besagt, daß alle Anbieter $j = 1,...,n$ mit $j \neq i$ zu erfassen sind. Gemäß $\beta_i > 0$ nimmt die nachgefragte Menge $x_i(p)$ mit zunehmendem Verkaufspreis p_i ab; diese Eigenschaft wird häufig als **Nachfragegesetz** beschrieben. Wegen $\gamma_i^j > 0$ für $j \neq i$ und alle Produkte $i = 1,...,n$ sind alle Produkte Substitute. Durch die Bedingung

$$\beta_i > \sum_{j \neq i} \gamma_i^j$$

wird verhindert, daß durch gleich hohe Preiserhöhungen aller Anbieter beliebig hohe Erlöse auf dem Markt erzielt werden können. Um dies auszuschließen, muß die nachgefragte Menge $x_i(p)$ sinken, wenn alle Preise um eine Geldeinheit verteuert werden.

Die positiv lineare Abhängigkeit der Nachfragemenge $x_i(p)$ von einem Preis p_j mit $j \neq i$ ist natürlich nur sinnvoll, sofern $x_j(p)$ positiv ist. Wir unterstellen im folgenden implizit derartige Parameterbeschränkungen, daß für alle relevanten Preisvektoren p die nachgefragten Mengen $x_j(p)$ aller Anbieter $j = 1,...,n$ positiv sind.

Wenn wir von Kostenfunktionen der Form

$$K_i(x_i) = C_i + c_i x_i \quad \text{mit } C_i > 0 \text{ und } 0 \leq c_i < \alpha_i / \beta_i$$

für alle Anbieter $i = 1,...,n$ ausgehen, erhalten wir die individuellen Gewinnfunktionen

$$G_i(p) = p_i x_i(p) - K_i(x_i(p)) \quad \text{für } i = 1,...,n \ .$$

Gilt $n = 1$, so entspricht die Situation völlig derjenigen des Abschnitts 1.1, d.h. des Angebotsmonopols. Wir können uns daher auf den Bereich $n \geq 2$ beschränken. Wir werden zunächst den Spezialfall $n = 2$ diskutieren, für den wir wiederum zwischen der Cournot– und der von Stackelberg–Lösung unterscheiden werden, die sich ganz analog zum homogenen Markt auf den Bereich $n \geq 3$ übertragen lassen. Als Grenzfall großer Anbieterzahlen diskutieren wir die "Tangentenlösung" der monopolistischen Konkurrenz.

1.4.1 Das heterogene Duopol

Die notwendige Bedingung

$$\frac{\partial G_i(p)}{\partial p_i} = x_i(p) + p_i \frac{\partial x_i(p)}{\partial p_i} - K'_i[x_i(p)] \frac{\partial x_i(p)}{\partial p_i} = 0$$

für ein lokales Gewinnmaximum kann für unser konkretes Beispiel in der Form

$$\alpha_i + c_i \beta_i + \gamma_i^j p_j = 2 \beta_i p_i \quad \text{mit } i,j = 1,2 \text{ und } j \neq i$$

geschrieben werden. Wegen

$$\frac{\partial^2 G_i(p)}{\partial p_i^2} = -2 \beta_i < 0$$

sind daher durch

$$p_i(p_j) = \frac{\alpha_i}{2\beta_i} + \frac{c_i}{2} + \frac{\gamma_i^j}{2\beta_i} p_j \quad \text{für } i,j = 1,2 \text{ und } j \neq i$$

die linearen **Reaktionskurven** gegeben, wie sie in Abbildung 1.4.1 graphisch veranschaulicht sind. Durch die Reaktionsfunktion bzw. Reaktionskurve $p_i(p_j)$ wird jedem Preis p_j des Konkurrenten j der gewinnmaximale Preis $p_i(p_j)$ des Anbieters i zugeordnet.

In der Abbildung 1.4.1 gehen wir davon aus, daß die Reaktionskurve $p_2(p_1)$ flacher verläuft als die Reaktionskurve $p_1(p_2)$ des Anbieters 1. Dies erfordert, daß

$$\frac{\gamma_2^1}{2\,\beta_2} < \frac{2\,\beta_1}{\gamma_1^2} \quad \text{bzw.} \quad \gamma_2^1\,\gamma_1^2 < 4\,\beta_1\,\beta_2\,,$$

eine Bedingung, die wegen unserer Annahme

$$\beta_i > \sum_{j \neq i} \gamma_i^j \quad \text{für alle } i = 1,\ldots,n$$

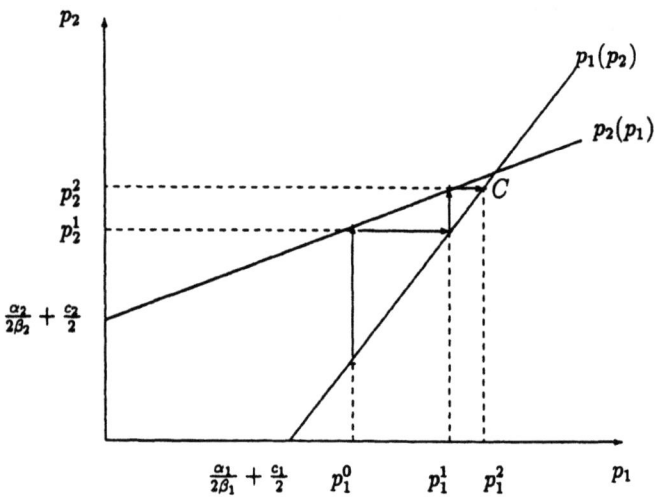

Abbildung 1.4.1.1

stets erfüllt ist. Der in Abbildung 1.4.1.1 eingezeichnete Schnittpunkt C der Reaktionskurven ist daher stets existent.

Wie im Fall des Duopols auf homogenem Markt ist die **Cournot–Lösung** durch den Schnittpunkt C der beiden Reaktionskurven gegeben, der als Ergebnis eines Anpassungsprozesses interpretiert werden kann, gemäß dem jeder Anbieter sich gewinnmaximal an den Preis seines Konkurrenten anpaßt. Gemäß dem in Abbildung 1.4.1 angedeuteten Anpassungsprozeß wird zunächst Anbieter 2 mit p_2^1 auf p_1^0 reagieren, Anbieter 1 antwortet auf p_2^1 mit p_1^1, worauf 2 mit p_2^2 reagiert, was den 1 zum Preis p_1^2 veranlaßt usw. Der Prozeß konvergiert zu C, da $p_2(p_1)$ flacher als $p_1(p_2)$ verläuft.

Analytisch kann man die Cournot–Lösung durch das folgende Gleichungssystem mit den Unbekannten p_1 und p_2 bestimmen:

$$p_2 = -\frac{\beta_1}{\gamma_1^2}\left[\frac{\alpha_1}{\beta_1} + c_1\right] + \frac{2\,\beta_1}{\gamma_1^2}p_1$$

$$p_2 = \frac{\alpha_2}{2\,\beta_2} + \frac{c_2}{2} + \frac{\gamma_2^1}{2\,\beta_2}p_1\;.$$

Gleichsetzen der beiden Gleichungen (der Reaktionskurven) ergibt

$$p_1 = \frac{\alpha_2\,\gamma_2 + 2\,\alpha_1\,\beta_2 + c_2\,\beta_2\,\gamma_1^2 + 2\,c_1\,\beta_1\,\beta_2}{4\,\beta_1\,\beta_2 - \gamma_2^1\,\gamma_1^2}$$

und damit auch

$$p_2 = \frac{\alpha_2}{2\,\beta_2} + \frac{c_2}{2} + \frac{\gamma_2^1\,[\alpha_2\,\gamma_2 + 2\,\alpha_1\,\beta_2 + c_2\,\beta_2\,\gamma_1^2 + 2\,c_1\,\beta_1\,\beta_2]}{2\,\beta_2[4\,\beta_1\,\beta_2 - \gamma_2^1\,\gamma_1^2]}$$

Die so bestimmten Preise sind die Koordinaten des Punkts C, d.h. der Cournot–Lösung für das heterogene Duopol.

Im Spezialfall völliger Symmetrie mit $\alpha = \alpha_1 = \alpha_2$, $\beta = \beta_1 = \beta_2$, $\gamma = \gamma_1^2 = \gamma_2^1$ und $c = c_1 = c_2$ gilt

$$p_1 = p_2 = \frac{\alpha + \beta}{2\beta - \gamma} \frac{c}{}$$

und

$$x_1(p) = x_2(p) = \frac{\beta}{2\beta - \gamma}(\alpha - (\beta - \gamma)c) .$$

Wegen $\alpha/\beta > c$ und $\beta > \gamma > 0$ sind daher die Verkaufsmengen beider Anbieter positiv.

Die von Stackelberg–Lösung für das heterogene Duopol unterscheidet wiederum zwischen einem heteronomen Anbieter – ohne Verlust an Allgemeinheit sei dies der Anbieter 1 – und einem autonomen Anbieter. Damit reagiert der Anbieter 2 auf den Preis p_1 gemäß seiner Reaktionsfunktion

$$p_2(p_1) = \frac{\alpha_2}{2\beta_2} + \frac{c_2}{2} + \frac{\gamma_2^1}{2\beta_2} p_1 .$$

Antizipation dieser Reaktionsweise des 2 durch den 1 impliziert die Gewinnfunktion

$$G_1(p_1) = (p_1 - c_1)\left[\alpha_1 + \gamma_1^2\left[\frac{\alpha_2}{2\beta_2} + \frac{c_2}{2}\right] - \left[\beta_1 - \frac{\gamma_1^2 \gamma_2^1}{2\beta_2}\right] p_1\right] - C_1 .$$

Aus

$$G_1'(p_1) = \alpha_1 + \gamma_1^2\left[\frac{\alpha_2}{2\beta_2} + \frac{c_2}{2}\right] + c_1\left[\beta_1 - \frac{\gamma_1^2\,\gamma_2^1}{2\beta_2}\right] - 2\left[\beta_1 - \frac{\gamma_1^2\,\gamma_2^1}{2\beta_2}\right]p_1 = 0$$

und

$$G''_1(p_1) = -2\left[\beta_1 - \frac{\gamma_1^2\,\gamma_2^1}{2\beta_2}\right] < 0$$

folgt

$$p_1 = \frac{\alpha_1 + \gamma_1^2\left[\frac{\alpha_2}{2\beta_2} + \frac{c_2}{2}\right] + c_1\left[\beta_1 - \frac{\gamma_1^2\,\gamma_2^1}{2\beta_2}\right]}{2\left[\beta_1 - \frac{\gamma_1^2\,\gamma_2^1}{2\beta_2}\right]}$$

sowie

$$p_2 = \frac{\alpha_2}{2\beta_2} + \frac{c_2}{2} + \frac{\gamma_2^1}{2\beta_2} \cdot \frac{\alpha_1 + \gamma_1^2\left[\frac{\alpha_2}{2\beta_2} + \frac{c_2}{2}\right] + c_1\left[\beta_1 - \frac{\gamma_1^2\,\gamma_2^1}{2\beta_2}\right]}{2\left[\beta_1 - \frac{\gamma_1^2\,\gamma_2^1}{2\beta_2}\right]}$$

für die von Stackelberg–Lösung.

Für den Spezialfall der Symmetrie mit $\alpha = \alpha_1 = \alpha_2$, $\beta = \beta_1 = \beta_2$, $\gamma = \gamma_1^2 = \gamma_2^1$ und $c = c_1 = c_2$ erhalten wir

$$P_1 = \frac{\alpha (2\beta+\gamma) + \gamma \beta c}{2 (2\beta^2-\gamma^2)} + \frac{c}{2}$$

und

$$P_2 = \frac{\alpha}{2\beta} + \frac{c (2\beta+\gamma)}{4\beta} + \frac{\gamma}{4\beta} \cdot \frac{\alpha (2\beta+\gamma) + \gamma \beta c}{2\beta^2 - \gamma^2}.$$

Wir wollen die Vorteilhaftigkeit des autonomen und heteronomen Verhaltens anhand des einfacheren Unterfalls der Symmetrie mit $c = 0$ untersuchen. Für $c = 0$ folgt

$$P_1 = \frac{\alpha (2\beta+\gamma)}{2 (2\beta^2-\gamma^2)}$$

$$P_2 = \frac{\alpha (\beta+\gamma)}{2 (2\beta^2-\gamma^2)}$$

$$x_1 = \frac{\alpha}{2}$$

$$x_2 = \frac{\alpha}{2} \cdot \frac{3\beta^2 + \beta\gamma - \gamma^2}{2\beta^2 - \gamma^2}$$

$$G_1 = \frac{\alpha^2(2\beta + \gamma)}{4 (2\beta^2 - \gamma^2)} - C_1$$

$$G_2 = \frac{\alpha^2(\beta+\gamma)(3\beta^2+\beta\gamma-\gamma^2)}{4 (2\beta^2 - \gamma^2)^2} - C_2.$$

Autonomes Verhalten ist vorteilhafter als heteronomes Verhalten, falls

$$G_1 + C_1 < G_2 + C_2$$

gilt. Diese Bedingung ist äquivalent zu

$$\beta^2 < 2\gamma(\gamma+\beta)$$

bzw.

$$\beta < (1+\sqrt{3})\gamma$$

und wegen $\beta > \gamma$ erfüllbar. Anders als im Fall der Mengenpolitik auf homogenem Markt kann es also durchaus besser sein, als autonomer statt als heteronomer Anbieter die absatzpolitische Variable festzulegen.

In der Abbildung 1.4.2 haben wir versucht, die Vorteilhaftigkeit des autonomen Verhaltens graphisch zu verdeutlichen. Der heteronome Anbieter 1 realisiert mit seinem Preis p_1 den für ihn gewinnmaximalen Punkt auf der Reaktionsgeraden $p_2(p_1)$ des autonomen Anbieters 2. Dies ist genau der Preis p_1, bei dem die Reaktionsgerade $p_2(p_1)$ im Punkt S durch die **Isogewinnkurve**

$$G_1(p_1,p_2) = G_1^S$$

tangiert wird, auf der alle Preisvektoren (p_1,p_2) liegen, die denselben Gewinn G_1^S des Anbieters 1 implizieren wie der Punkt $S = (p_1,p_2)$, d.h. die von Stackelberg–Lösung.

Der Verlauf der Isogewinnkurven des Anbieters 1 folgt unmittelbar aus der Gewinndefinition

$$G_1(p_1,p_2) = (p_1-c_1)(\alpha_1-\beta_1 p_1 + \gamma_1^2 p_2) - C_1.$$

Da für vorgegebenes p_2 der Preis $p_1(p_2)$ auf der Reaktionsgeraden des 1 den Gewinn $G_1(p_1,p_2)$ maximiert, hat die Isogewinnkurve $G_1(p_1,p_2)$ in ihrem Schnittpunkt mit $p_1(p_2)$ eine horizontale Tangente. Da höhere Preise p_2 höhere Gewinne $G_1(p_1,p_2)$ implizieren, ergibt sich der Isogewinnkurvenverlauf, wie er in Abbildung 1.4.2 idealtypisch illustriert wird.

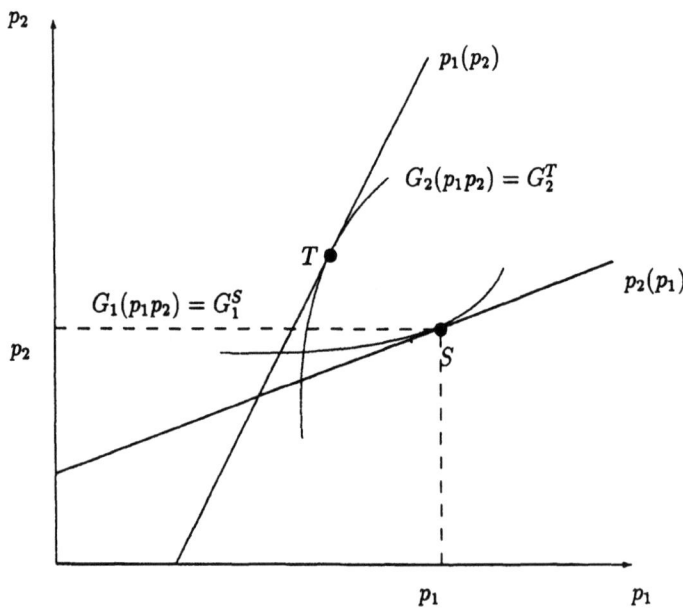

Abbildung 1.4.1.2

Würden nun die Rollen der Anbieter 1 und 2 vertauscht, so würde analog der Punkt T als von Stackelberg–Lösung realisiert, in dem die Isogewinnkurve

$$G_2(p_1,p_2) = G_2^T$$

des 2 die Reaktionsgerade $p_1(p_2)$ tangiert. Offenbar zieht Anbieter 1 den Punkt T dem Punkt S vor, d.h. für Anbieter 1 ist es besser, der autonome Anbieter der von Stackelberg–Lösung zu sein. Unabhängig davon, wer von beiden Anbietern der autonome und wer der heteronome ist, ziehen beide Anbieter die von Stackelberg–Lösung der Cournot–Lösung vor.

1.4.2 Oligopolmärkte

Abstrahiert man von der Begründung, daß die Cournot–Lösung, wie in Abbildung 1.4.1 illustriert, der Grenzpunkt eines Anpassungsprozesses ist, so läßt sich die Cournot–Lösung ohne weiteres auf den Bereich n > 2 verallgemeinern. Generell, d.h. für alle n $\geq$ 1, ist die Cournot–Lösung durch die Lösung des Systems der notwendigen Bedingungen $\frac{\partial}{\partial p_i} G_i(p) = 0$ bzw.

$$x_i(p) - \beta_i p_i = -\beta_i c_i \quad \text{für } i = 1,\ldots,n$$

für lokale Gewinnmaxima der n Gewinnfunktionen $G_i(p)$ in Abhängigkeit von p_i gegeben. Dieses System ist in unserem konkreten Beispiel ein lineares Gleichungssystem in den n Unbekannten $p_1,\ldots,p_n$, das wie folgt beschrieben werden kann:

$$A\,p = b$$

mit

$$A = \begin{bmatrix} a_{11} & \cdots & a_{1n} \\ \vdots & & \\ a_{n1} & & a_{nn} \end{bmatrix}$$

$$b = \begin{bmatrix} b_1 \\ \vdots \\ b_n \end{bmatrix} \quad \text{und} \quad p = \begin{bmatrix} p_1 \\ \vdots \\ p_n \end{bmatrix},$$

wobei

$$a_{ii} = 2\beta_i,\ a_{ij} = \gamma_i^j \quad \text{für alle } i,j = 1,\ldots,n,\ i \neq j,$$

$$b_i = \alpha_i + \beta_i c_i \quad \text{für } i = 1,\ldots,n.$$

Wegen $\beta_i > \sum_{j \neq i} \gamma_i^j$ ist die Matrix A invertierbar (vgl. ZURMÜHL, 1964), so daß die Cournot–Lösung durch

$$p = A^{-1}b$$

bestimmt ist.

Für den Spezialfall völliger Symmetrie mit $\alpha = \alpha_i$, $\beta = \beta_i$, $c = c_i$, $\gamma = \gamma_i^j$ für alle $i,j = 1,\ldots,n$ und $i \neq j$ ist die Lösung $p = A^{-1}b$ symmetrisch und durch

$$p_i = \frac{\alpha + \beta c}{2\beta + (n-1)\gamma} \quad \text{für } i = 1,\ldots,n$$

gegeben.

Für die von Stackelberg–Lösung gibt es im Bereich n > 2 wie im Spezialfall homogener Märkte mit Mengenpolitik der Anbieter vielfältige Möglichkeiten, die Grundidee des Spezialfalls n = 2 zu verallgemeinern. Da dies in völliger Analogie zum Fall homogener Märkte mit Mengenpolitik nachvollzogen werden kann, sei hier auf eine explizite Demonstration der verschiedenen Verallgemeinerungen verzichtet.

1.4.3 Die "Tangentenlösung" der monopolistischen Konkurrenz

Grundgedanke der Theorie monopolistischer Konkurrenz (vgl. CHAMBERLIN, 1933, ROBINSON, 1933) ist die Ansicht, daß ein heterogener Markt mit positiven (im Sinne von überdurchschnittlichen) Gewinnen weitere Anbieter anlockt. Da damit die Zahl der Anbieter variabel ist, betrachten wir den Spezialfall

$$G_i(p) = (p_i - c)\left[\alpha - \beta p_i + \gamma \sum_{j \neq i} p_j\right] - C \text{ für } i = 1, \ldots, n$$

des symmetrischen Markts, für den sich die Anzahl n der Marktteilnehmer leicht variieren läßt. Hierbei ist jedoch zu beachten, daß man n nicht ohne weiteres erhöhen darf. Wegen $0 < \gamma = \gamma_i^j$ für alle i,j = 1,...,n mit i ≠ j würde man notwendig die Bedingung

$$\beta = \beta_i > \sum_{j \neq i} \gamma_i^j = (n-1)\gamma$$

verletzen, wenn n größer als $1 + \frac{\beta}{\gamma}$ gewählt wird.

Nun ist es durchaus plausibel, daß sich bei Eintritt weiterer Anbieter in den Markt die Nachfragebedingungen für den einzelnen Anbieter verschlechtern, d.h. die Parameter α, β und γ zu seinen Ungunsten verändern. Wir wollen im folgenden unterstellen, daß die Marktparameter $\alpha = \alpha(n)$, $\beta = \beta(n)$ und $\gamma = \gamma(n)$ einfache Funktionen von n sind, nämlich:

$$\alpha(n) = \frac{\bar{\alpha}}{n}, \beta(n) = \frac{\bar{\beta}}{n}, \gamma(n) = \frac{\bar{\gamma}}{n^2} \quad \text{mit } \bar{\alpha} > 0, \bar{\beta} > \bar{\gamma} > 0, \bar{\beta} > c.$$

Die Bedingung

$$\beta(n) > (n-1)\,\gamma(n)$$

ist mithin äquivalent zu

$$\bar{\beta} > \frac{n-1}{n}\,\bar{\gamma}$$

und wegen $\bar{\beta} > \bar{\gamma}$ für alle $n \in \mathbb{N}$ erfüllt. Die für alle Anbieter $i = 1,..,n$ gleiche Gewinnfunktion

$$G_i(p) = (p_i - c)\,(\frac{\bar{\alpha}}{n} - \frac{\bar{\beta}}{n}p_i + \frac{\bar{\gamma}}{n^2}\sum_{j\neq i} p_j) - C$$

enthält dann auch die Anzahl n als Marktparameter, den die Theorie der monopolistischen Konkurrenz zu erklären sucht.

Wie es die Bezeichnung "monopolistische Konkurrenz" suggeriert, soll sich der Anbieter trotz seiner Konkurrenten monopolistisch verhalten. Konkret besagt dies, daß jeder Anbieter $i = 1,...,n$ den Preis p_i wählt, der für gegebene Preise seiner Konkurrenten seinen Gewinn $G_i(p)$ maximiert. Aus

$$\frac{\partial\, G_i(p)}{\partial\, p_i} = \frac{\bar\alpha}{n} - 2\frac{\bar\beta}{n} p_i + \frac{\bar\gamma}{n^2} \sum_{j\neq i} p_j + \frac{\bar\beta}{n} c = 0$$

und

$$\frac{\partial\, G_i(p)}{\partial\, p_i^2} = -2\frac{\bar\beta}{n} < 0$$

folgt

$$p_i = \frac{\bar\alpha + \bar\beta\, c + \frac{\bar\gamma}{n} \sum_{j\neq i} p_j}{2\,\bar\beta} \quad \text{für } i = 1,\ldots,n\,.$$

Die einzige Lösung dieses Gleichungssystems ist natürlich die Cournot–Lösung

$$p_i = \frac{\bar\alpha + \bar\beta\, c}{2\,\bar\beta - \frac{n-1}{n}\,\bar\gamma} \quad \text{für } i = 1,\ldots,n\,,$$

die den Gewinn

$$G_i(p) = \frac{\bar\beta\,(\bar\alpha - (\bar\beta - \frac{n-1}{n}\,\bar\gamma)c)^2}{2\,n\,\bar\beta - (n-1)\,\bar\gamma} - C \quad \text{für } i = 1,\ldots,n$$

impliziert.

Da n sich erhöhen soll, so lange $G_i(p)$ positiv ist, vernachlässigen wir aus Vereinfachungsgründen die Ganzzahligkeit von n und bestimmen n^*, die durch die Theorie monopolistischer Konkurrenz vorhergesagte "Anzahl" der Anbieter auf dem Markt, als die Lösung der Gleichung

$$\frac{\bar{\beta}(\bar{\alpha}-(\bar{\beta}-\frac{n^*-1}{n^*}\bar{\gamma})c)^2}{2n^*\bar{\beta}-(n^*-1)\bar{\gamma}} = C.$$

Diese Gleichung ist ein nicht–triviales (der Koeffizient von $(n^*)^3$ ist ungleich Null) Polynom dritten Grades in n^*, das stets eine reelle Nullstelle besitzt. Wir wollen hier nur den Spezialfall $c = 0$ näher betrachten, für den man

$$n^* = \frac{\bar{\beta}\,\bar{\alpha}^2 - \bar{\gamma}\,C}{C\,(2\bar{\beta}-\bar{\gamma})}$$

erhält. Nun wird n^* nur zufällig ganzzahlig sein, d.h. in der Regel ist die Anzahl der Anbieter die maximale natürliche Zahl, die kleiner ist als n^*. Bei dieser Anbieterzahl sollte kein weiterer Anbieter in den Markt, da er keinen positiven Gewinn erwarten kann.

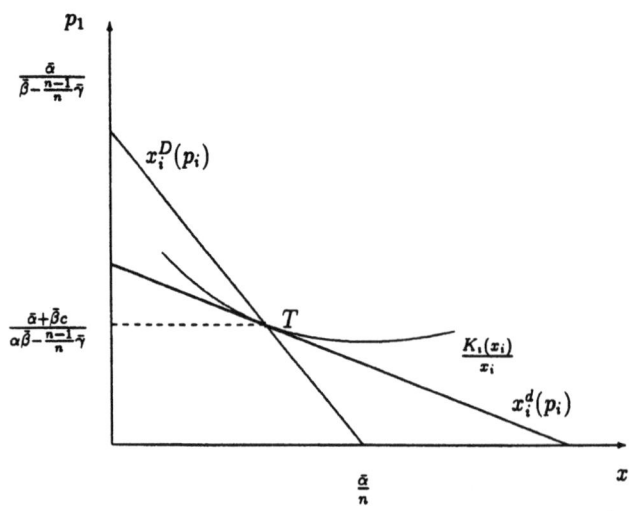

Abbildung 1.4.3.1

In der Abbildung 1.4.3 bezeichnet x_i^d die Nachfragekurve des Anbieters i, wenn er davon ausgeht, daß alle übrigen Anbieter die Preise p_j gemäß der Cournot–Lösung wählen, d.h.

$$x_i^d(p_i) = \frac{2\,\bar{\alpha}\,\bar{\beta} - \left[\frac{n-1}{n}\right]^2 \left[\bar{\alpha} - \frac{\bar{\beta}\,c}{n-1}\right]}{2\,\bar{\beta} - \frac{n-1}{n}\,\bar{\gamma}} - \frac{\bar{\beta}}{n}\,p_i \;.$$

Die Nachfragekurve x_i^D basiert hingegen auf der Erwartung, daß alle übrigen Anbieter denselben Preis wie der Anbieter i wählen, d.h.

$$x_i^D(p_i) = \frac{\bar{\alpha}}{n} - \left[\frac{\bar{\beta}}{n} - \frac{n-1}{n^2}\,\bar{\gamma}\right] p_i \;.$$

Definitionsgemäß müssen sich die x_i^d – und die x_i^D–Kurve beim Cournot–Preis

$$p_i = \frac{\bar{\alpha} + \bar{\beta}\,c}{2\,\bar{\beta} - \frac{n-1}{n}\,\bar{\gamma}}$$

schneiden. Da die Nachfragemenge x_i mit höheren Preisen p_j für $j \neq i$ zunimmt, muß ferner die x_i^D–Kurve steiler als die x_i^d–Kurve verlaufen (vgl. Abbildung 1.4.3). Natürlich ist bei individueller Preisfestlegung nur die $x_i^d(p_i)$–Nachfragekurve relevant, deren Prohibitivpreis

$$p_i^d = n\,\frac{2\,\bar{\alpha} - \left[\frac{n-1}{n}\right]^2 \left[\frac{\bar{\alpha}}{\bar{\beta}} - \frac{c}{n-1}\right]}{2\,\bar{\beta} - \frac{n-1}{n}\,\bar{\gamma}}$$

und deren Sättigungsmenge

$$x_i^d = \frac{2\,\bar{\alpha}\,\bar{\beta} - \left[\frac{n-1}{n}\right]^2 \left[\bar{\alpha} - \frac{\bar{\beta}\,c}{n-1}\right]}{2\,\bar{\beta} - \frac{n-1}{n}\,\bar{\gamma}}$$

beträgt. Die $x_i^D(p_i)$-Kurve wäre nur bei abgestimmten Preisen aller Anbieter relevant. Sie wurde nur deshalb zusätzlich in Abbildung 1.4.3 aufgenommen, um zu verdeutlichen, daß die Nachfragemenge x_i durchaus davon abhängt, wie die Konkurrenten des i auf dessen Preis p_i reagieren.

Offenbar impliziert eine höhere Anbieterzahl einen höheren Prohibitivpreis p_i^d und eine geringere Sättigungsmenge x_i^d. Da

$$\frac{p_i^d}{x_i^d} = \frac{n}{\bar{\beta}}$$

mit n ansteigt, bewirkt eine höhere Anbieterzahl, daß die $x_i^d(p_i)$-Kurve immer steiler verläuft. Würden für n^* die Durchschnittskosten $K_i(x_i)/x_i$ zufälligerweise dem Preis p_i gemäß der Cournot–Lösung für $n = n^*$ entsprechen, so würde die Theorie der monopolistischen Konkurrenz wirklich eine "**Tangentenlösung**" vorschlagen, nämlich den Punkt T, in dem die $x_i^d(p_i)$-Kurve durch die Durchschnittskostenkurve tangiert wird. Ein solcher Punkt muß natürlich dem gewinnmaximalen Preis, d.h. dem Cournot–Lösungspreis entsprechen.

Ein Neuanbieter wird jedoch nicht in den Markt eintreten, wenn er einen Gewinn von Null erwartet, d.h. der Gewinn bei $n = n^*$ muß positiv sein. Damit wird die $x_i^d(p_i)$-Kurve für $n = n^*$ die Durchschnittskostenkurve $K_i(x_i)/x_i$ schneiden, wohingegen die $x_i^d(p_i)$-Kurve für $n = n^* + 1$ die Durchschnittskostenkurve nicht schneiden darf.

Eine "Tangentiallösung", wie sie durch den Punkt T in Abbildung 1.4.3 verdeutlicht wird, basiert notwendig auf positiven Verkaufspreisen und Verkaufsmengen aller Anbieter. Dies schließt aus, daß $n^* = \infty$ gilt, d.h. die "Tangentenlösung" der monopolistischen Konkurrenz impliziert eine endliche Anbieterzahl. $n^* = \infty$ ist bei positiven Verkaufspreisen und positiven Absatzmengen aller Anbieter ausgeschlossen, da die Erlöse auf einem Markt nicht unendlich groß sein können. Anders als bei der vollständigen Konkurrenz ist gemäß der Theorie monopolistischer Konkurrenz der Einfluß eines einzelnen Anbieters folglich nicht vernachlässigbar gering. Die Annahme der Theorie monopolistischer Konkurrenz, daß jeder Anbieter sich monopolistisch verhält, d.h. die wechselseitigen Abhängigkeiten aller Anbieter auf dem Markt vernachlässigt, kann daher nicht durch deren "mathematische Vernachlässigbarkeit" begründet werden.

2. Konzeptionelle Vereinheitlichung traditioneller Marktlösungen durch die Spieltheorie

Wir wollen nun versuchen, die in den beiden vorigen Abschnitten vorgestellten traditionellen Marktlösungen konzeptionell konsistent zu begründen, d.h. wir wollen sie als besondere Variationen eines einzigen Lösungsgedanken rechtfertigen. Wir überführen damit die Kasuistik der traditionellen Marktlösungen in eine Kasuistik marktinstitutioneller Aspekte. Statt jeweils ad hoc neue Verhaltensweisen mehr oder weniger stichhaltig zu begründen, werden wir einfach auf besondere Marktgegebenheiten zurückgreifen, die für reale Märkte mehr oder minder typisch sind.

2.1 Das teilspielperfekte Gleichgewicht

Das vereinheitlichende Lösungsprinzip, das wir anwenden werden, ist der Gleichgewichtsbegriff der Spieltheorie (vgl. GÜTH, 1992a), der den Grundgedanken der Cournot–Lösung (COURNOT, 1838) verallgemeinert (NASH, 1950), aber nicht auf ihrer Begründung als Ergebnis eines wenig plausiblen Anpassungsprozesses basiert. In einem Spiel kann ein Spieler zwischen verschiedenen Strategien s_i aus seiner Strategiemenge S_i ($\neq \emptyset$) wählen. Durch $i = 1,...,n$ (≤ 1) seien die n Spieler und durch

$$s = (s_1,...,s_n) \text{ mit } s_i \in S_i \text{ für } i = 1,...,n$$

ein Strategienvektor bezeichnet. Ein **Gleichgewicht(spunkt)** $s^* = (s_1^*,...,s_n^*)$ ist ein Strategienvektor, von dem kein einzelner Spieler lohnend abweichen kann. Bezeichnet $G_i(s)$ den Gewinn des Spielers i, wenn der Strategienvektor s realisiert wird, so muß also jeder Spieler $i = 1,...,n$ im Gleichgewichtspunkt s^* eine beste Antwort s_i^* auf das Verhalten

$$s^*_{-i} = (s^*_1,...,s^*_{i-1}, s^*_{i+1},...,s^*_n)$$

seiner Mitspieler wählen, d.h. ein Gleichgewichtspunkt kann auch als Vektor wechselseitig bester Antworten beschrieben werden. Für i = 1,...,n und alle Strategien $s_i \in S$ muß daher gelten:

$$G_i(s^*) \geq G_i(s_i, s^*_{-i}) \ .$$

Hierbei bezeichnet (s_i, s^*_{-i}) den Strategienvektor

$$(s^*_1,...,s^*_{i-1}, s_i, s^*_{i+1},...,s^*_n) \ ,$$

der resultiert, wenn Spieler i als einziger Spieler von s^* abweicht, indem er s_i statt s^*_i verwendet.

Auf einem homogenen Markt mit Mengenpolitik ist die Strategie des Anbieters bzw. Spielers i = 1,...,n seine individuelle Absatzmenge $x_i (\geq 0)$, auf den bislang betrachteten heterogenen Märkten ist die Strategie hingegen der individuelle Verkaufspreis p_i. In beiden Fällen ist die Cournot–Lösung dadurch bestimmt, daß jeder Spieler i gewinnmaximal an die – als gegeben betrachteten – Strategien seiner Mitspieler angepaßt ist. Die Cournot–Lösung erweist sich damit als Gleichgewichtspunkt.

Anders als die Cournot–Lösung wird der Gleichgewichtspunkt jedoch üblicherweise nicht als Ergebnis eines Lern– oder Anpassungsprozesses interpretiert. Die Stabilität des spieltheoretischen Gleichgewichts ist eher die eines intellektuellen Prozesses. Würde nämlich ein Nicht–Gleichgewicht s allgemein als Lösung erwartet, so muß sich diese Erwartung selbst zerstören, da es definitionsgemäß einen Spieler i gibt, der sich durch Abweichen verbessern kann. Nur Gleichgewichte sind also Ergebnisse einer intellektuellen Analyse des Spiels, die sich durch ihre Erwartung nicht selbst zerstören (vgl. GÜTH, 1992a).

Ein wichtiger marktinstitutioneller Aspekt ist der **Marktentscheidungsprozeß**, der auf simultaner Strategiewahl aller Spieler, aber auch auf sequentiellen, d.h. zeitlich aufeinanderfolgenden Entscheidungen beruhen kann. Wird eine bestimmte Entscheidung getroffen und allgemein bekanntgegeben und müssen dann weitere Entscheidungen getroffen werden, so kann auch die sich anschließende Entscheidungssituation wie ein Spiel interpretiert werden, das wir Teilspiel des Gesamtspiels nennen wollen.

Konkret ist eine im Verlauf des Marktentscheidungsprozesses mögliche Spielsituation ein **Teilspiel**, wenn alle Spieler bei allen Entscheidungen in dieser Spielsituation wissen, daß sie sich in dieser Spielsituation befinden. Teilspiele lassen sich daher als informationsmäßig abgeschlossene Spielsituationen beschreiben. Wir werden den Begriff des Teilspiels später noch anhand von Beispielen verdeutlichen.

Für sogenannte **extensive Spiele**, das sind Spiele, die durch Spielbäume beschrieben werden (vgl. GÜTH, 1992a), kann man ein Teilspiel als Teilbaum mit der Eigenschaft definieren, daß jeder Informationsbezirk, der einen Entscheidungsknoten dieses Teilbaums enthält, nur Entscheidungsknoten aus eben diesem Teilbaum umfaßt.

Da Teilspiele wie selbständige Spiele betrachtet werden können, ist es natürlich, die Gleichgewichtsbedingung nicht nur auf das Gesamtspiel, sondern auch auf seine Teilspiele anzuwenden. Ist T' ein Teilspiel des Gesamtspiels T, so bezeichne s_i' die Strategie im Teilspiel T, die die Strategie s_i des Gesamtspiels für das Teilspiel induziert. Da eine **Strategie** s_i des Spielers i im Gesamtspiel T ein vollständiger Verhaltensplan ist, der für jede Entscheidungssituation, in die der i geraten kann, einen

Zug auswählt, muß s_i auch für alle Entscheidungssituationen des i im Teilspiel T' von T einen Zug vorsehen. Dieser auf T' beschränkte Verhaltensplan ist die durch s_i induzierte Strategie s_i' des i für das Teilspiel T' von T. Mit $s' = (s_1',...,s_n')$ sei der durch s für T' induzierte Strategienvektor für das Teilspiel T' von T bezeichnet. Ein Gleichgewichtspunkt s von T heißt **teilspielperfekt** (SELTEN, 1965), wenn er für alle Teilspiele T' von T einen Strategienvektor s' für T' induziert, der Gleichgewichtspunkt dieses Teilspiels ist.

Gemäß dem teilspielperfekten Gleichgewicht ist also die Anforderung der Gleichgewichtigkeit nicht nur bezüglich des Gesamtspiels, sondern auch bezüglich aller seiner Teilspiele zu erfüllen. Da Teilspiele wie unabhängige Spiele zu sehen sind, kann dies als eine konsequente und damit auch konsistente Anwendung des Gleichgewichtsgedanken begründet werden. Warum sollen die Spieler sich zu Beginn eines Spiels an der Gleichgewichtsnorm orientieren und sie zu Beginn eines Teilspiels bewußt verletzen?

Wir werden im folgenden versuchen, alle in den ersten beiden Abschnitten vorgestellten traditionellen Marktlösungen als teilspielperfektes Gleichgewichtsverhalten für Märkte zu begründen, die bezüglich ihrer marktinstitutionellen Aspekte durchaus verschieden sein können. Die Vielfalt möglicher Marktergebnisse kann daher auf Variationen marktinstitutioneller Aspekte zurückgeführt werden.

2.2 Marktklassifikation gemäß Anbieterzahl und Heterogenitätsgrad

Wie bisher gehen wir von vorgegebenen Nachfragefunktionen aus, die sich als optimales Nachfrageverhalten für vorbestimmte Preise nachweisen lassen. In der Abbildung 2.2.1

bezeichnet n wiederum die Anzahl der Anbieter. Die Ordinatenachse mißt den "Heterogenitätsgrad", der hier nur die Werte "homogen" und "heterogen" annehmen kann. Wir werden später auch einen kontinuierlichen Heterogenitätsgrad im Rahmen eines konkreten Marktmodells kennenlernen.

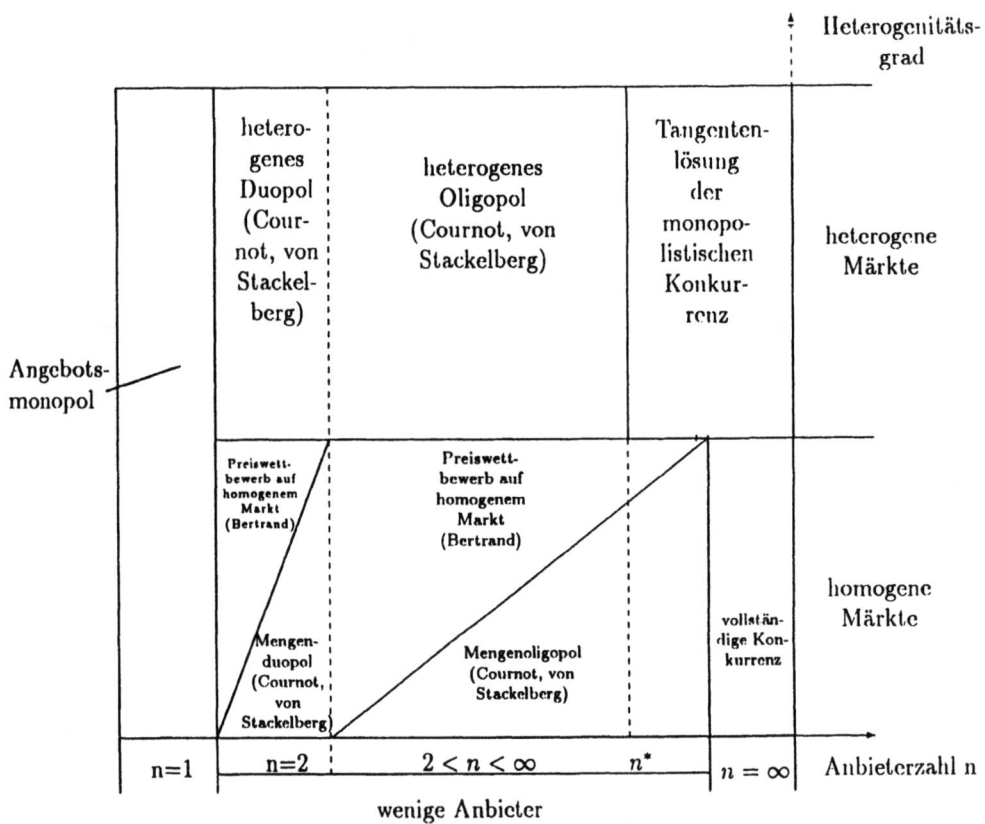

Abbildung 2.2.1

Beim Angebotsmonopol, d.h. $n = 1$, macht die Unterscheidung in homogene und heterogene Märkte keinen Sinn, wenn man davon ausgeht, daß die Anbieter Einproduktunternehmen sind. Bei vielen Anbietern unterscheiden wir vollständige und monopolistische Konkurrenz je nach Heterogenitätsgrad. Während bei vollständiger Konkurrenz der Grenzerlös durch den Preis bestimmt ist, übersteigt der Preis den Grenzerlös bei monopolistischer Konkurrenz.

Die "Tangentenlösung" der monopolistischen Konkurrenz behauptet, daß so lange weitere Anbieter in den Markt eintreten, wie noch positive Gewinne auf dem Markt erwirtschaftet werden. n^* bzeichnet die in aller Regel endliche Anzahl an Anbietern mit der Eigenschaft, daß bei n^* Anbietern die Marktgewinne noch positiv sind, während sie bei $n^* + 1$ Anbietern negativ ausfallen würden. Es wurde schon dargelegt, daß n^* endlich sein muß.

Die größte Vielfalt traditioneller Marktlösungen in der Abbildung 2.2.1 finden wir im Bereich weniger Anbieter, d.h. $2 \leq n < \infty$. Die Unterscheidung in den Duopolfall $n = 2$ und den Oligopolfall $2 < n < \infty$ im engeren Sinne haben wir deshalb vorgenommen, da es bei der von Stackelberg-Lösung vielfältige Verallgemeinerungen der Duopollösung auf den Fall $2 < n < \infty$ gibt.

Ist der Markt heterogen, so werden stets die Preise, zum Teil neben anderen absatzpolitischen Instrumenten (vgl. zum Beispiel GÜTH, OCKENFELS, und STEPHAN, 1989), als Aktionsvariable angenommen. Wir sprechen dann vom heterogenen Duopol- bzw. Oligopolmarkt. Für homogene Märkte werden entweder die Preise oder die Absatzmengen als absatzpolitische Instrumente unterstellt. Im ersten Fall spricht man von Preiswettbewerb auf homogenem Markt, der nach BERTRAND (1883) häufig als Bertrand-Preiswettbewerb bezeichnet wird. Bei Mengenpolitik auf homogenen und Preiswettbewerb auf heterogenen Duopolmärkten unterscheiden wir die Lösung von COURNOT (1838) und die von Stackelberg-Lösung (von STACKELBERG, 1934). Während die Cournot-Lösung in eindeutiger Weise auf den Oligopolfall verallgemeinert werden kann, trifft dies, wie schon gezeigt, für die von Stackelberg-Lösung nicht zu.

Wir wollen zeigen, daß alle Marktlösungen der Abbildung 2.2.1 durch ein einziges spieltheoretisches Lösungskonzept begründet werden können, nämlich das des teilspielperfekten Gleichgewichts (SELTEN, 1965). Unseres Erachtens zeigt dies, daß es im Grunde nur ein Marktlösungskonzept gibt, dessen Implikationen natürlich von den besonderen Gegebenheiten des Marktes wie zum Beispiel der Anbieterzahl, dem Heterogenitätsgrad und/oder dem Marktentscheidungsprozeß abhängen können. Aus konzeptioneller Sicht sind daher die üblichen Marktstrukturunterscheidungen (vgl. Abbildung 2.2.1) wenig hilfreich, da wir stets von demselben Lösungskonzept ausgehen und nur marktinstitutionelle Aspekte variieren, die jedoch keine neuen theoretischen Ideen erfordern.

2.3 Cournot - versus von Stackelberg-Lösung:

Um die Cournot-Lösung als teilspielperfektes Gleichgewicht nachzuweisen, muß man nur unterstellen, daß alle Anbieter gleichzeitig ihre absatzpolitischen Instrumente festlegen. Da jeder optimal an das Verhalten seiner Mitanbieter angepaßt ist, erweist sich der Vektor der absatzpolitischen Entscheidungen als Gleichgewichtspunkt, der trivialerweise teilspielperfekt ist, da das Spiel über keine echten Teilspiele verfügt.

Die von Stackelberg-Duopollösung geht hingegen von einem sequentiellen Marktentscheidungsprozeß aus, gemäß dem der heteronome Anbieter zunächst seine absatzpolitische Entscheidung trifft, diese bekanntgibt, so daß sich der danach entscheidende autonome Anbieter nur noch gewinnmaximal an die Entscheidungen des heteronomen Anbieters anpassen kann. Das Anpassungsverhalten des autonomen Anbieters ist damit Gleichgewichtsverhalten in den Teilspielen, die auf die absatzpolitischen Entscheidungen des heteronomen Anbieters folgen. Da der heteronome Anbieter dieses Anpassungsverhalten des autonomen Anbieters rational antizipiert, erweist sich die von Stackelberg–Lösung als teilspielperfektes Gleichgewicht des sequentiellen Marktes, gemäß dem zunächst der heteronome und dann in Kenntnis der vorherigen Entscheidung der autonome Anbieter sein Marktverhalten determiniert.

Offenbar kann man in analoger Weise auch alle möglichen von Stackelberg–Lösungen für $2 < n < \infty$ rechtfertigen. Man muß lediglich unterstellen, daß Anbieter niedriger Autonomiestufen ihre absatzpolitischen Entscheidungen vor denen der Anbieter höherer Autonomiestufen treffen und bekanntgeben und daß die Anbieter gleicher Autonomiestufen simultan, d.h. unabhängig voneinander entscheiden.

Damit zeigt sich, daß die von Stackelberg–Lösungen sich aus besonderen Annahmen über die Dynamik der Marktentscheidungen herleiten lassen, die aber im zweidimensionalen Diagramm der Abbildung 2.2.1 keinen Niederschlag finden können. Es kann nicht überraschen, daß man zu fundamental anderen Marktergebnissen gelangt, wenn man gravierende Abweichungen vom Standardfall unabhängiger Entscheidungen der Anbieter unterstellt.

Da die Besonderheit der von Stackelberg–Lösungen auf spezifische Annahmen über den Marktentscheidungsprozeß zurückgeführt werden kann, haben wir sie im Diagramm der Abbildung 2.2.2 nicht berücksichtigt, das vom Standardfall simultaner und damit unabhängiger Anbieterentscheidungen ausgeht. Ferner ist klar, daß es keinen Grund gibt, den Fall $n = 2$ gesondert vom Fall $2 < n < \infty$ zu betrachten, da die verschiedenen von Stackelberg–Lösungen für eine gegebene Anbieterzahl n im Bereich $2 < n < \infty$ stets auf speziellen Annahmen über den Marktentscheidungsprozeß beruhen.

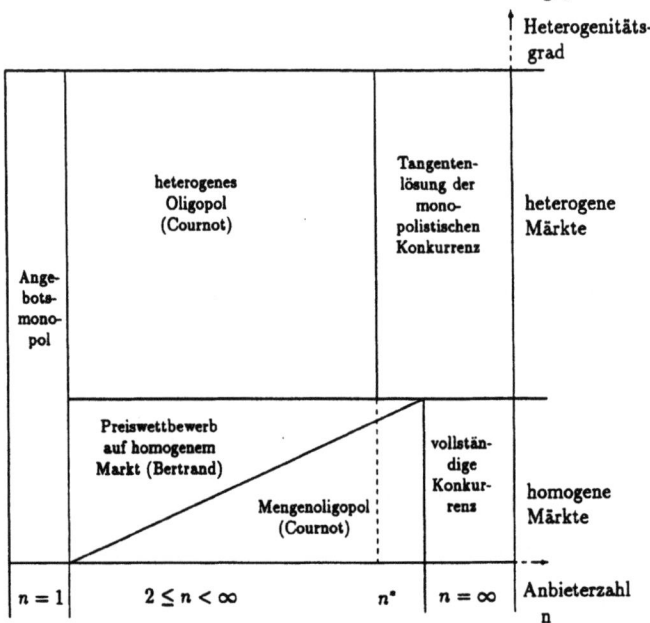

Abbildung 2.3.1

2.4 Preis – versus Mengenpolitik auf homogenen Märkten

Im folgenden wollen wir zeigen, daß auch die Unterscheidung in Marktlösungen, die auf Preispolitik (BERTRAND, 1883, vgl. auch ALLEN und HELLWIG, 1986) oder Mengenpolitik (COURNOT, 1838) für homogene Produkte basieren, auf Annahmen über die Marktdynamik zurückgeführt werden kann. Hierbei wird nicht vom Standardfall simultaner Entscheidungen abgewichen, da alle Anbieter stets gleichzeitig die gleiche absatzpolitische Variable festlegen, aber unterschiedliche Variable auf verschiedenen Entscheidungsstufen determinieren können.

Offenbar ist die in der Realität übliche Preispolitik nicht legimitationsbedürftig. Hingegen ist die Annahme der Mengenpolitik ohne besondere institutionelle

Voraussetzungen wie Börsen schlicht unvorstellbar und hat schon zu so abstrusen Rechtfertigungen wie dem Begriff des Cournot−Auktionators geführt, der ebenso irreal ist wie der Walras−Auktionator oder die sogenannte unsichtbare Hand. Es ist daher eine wichtige Aufgabe, die Cournot−Lösung bei Mengenpolitik auf homogenem Markt durch Preiswettbewerb zu rechtfertigen. Eine naheliegende Idee hierfür ist ein zweistufiger Marktprozeß, gemäß dem alle Anbieter i = 1,...,n zunächst simultan ihre Kapazitäten x_i auswählen, die allgemein bekanntgegeben werden, und gemäß dem dann auf der zweiten Stufe simultan über die individuellen Verkaufspreise p_i entschieden wird.

Nun ist die Analyse des Preiswettbewerbs auf homogenen Märkten mit Kapazitätsschranken relativ schwierig. Einfach zu lösen sind die Teilspiele, in denen die Kapazitäten so gering sind, daß Vollauslastung der Kapazitäten lohnt. Dann werden alle Anbieter denselben Verkaufspreis wählen, bei dem die nachgefragte Menge genau der Gesamtkapazität entspricht. Definitionsgemäß trifft dies zum Beispiel dann zu, wenn alle Kapazitätsmengen x_i die Mengen x_i^c gemäß der Cournot−Lösung bei Mengenpolitik auf homogenem Markt nicht überschreiten. Einfach sind auch die Teilspiele, in denen die Kapazitäten derart groß sind, daß auch dann noch das Gesamtangebot bei vollständiger Konkurrenz lieferbar ist, wenn irgendein Anbieter Null verkauft. Alle Anbieter werden dann den Konkurrenzpreis wählen.

Außer diesen extremen Teilspielen gibt es jedoch solche, in denen die individuellen Kapazitäten einerseits zu gering sind, um Konkurrenzverhalten als individuell rational erscheinen zu lassen, und andererseits zu groß für allgemeine Vollauslastung der Kapazitäten sind. In derartigen Teilspielen findet man typischerweise nur Gleichgewichtspunkte in **gemischten Preisstrategien**, d.h. eine Preispolitik, gemäß der jeder einzelne Anbieter seinen Verkaufspreis gemäß einem individuellen und unabhängigen Zufallszug determiniert (vgl. hierzu ALLEN und HELLWIG, 1986). Da auf der ersten Stufe die Ergebnisse solcher Teilspiele antizipiert werden müssen, ist der konkrete Nachweis der naheliegenden **Vermutung**, daß die Anbieter i = 1,...,n auf der ersten Stufe $x_i = x_i^c$, d.h. die Cournot–Mengen als Kapazitäten wählen, im allgemeinen sehr schwierig.

Für den Spezialfall n = 2 konnte diese Vermutung von KREPS und SCHEINKMAN (1983) nachgewiesen werden. Wir wollen hier zunächst unterstellen, daß dies für alle n mit $2 \leq n \leq \infty$ möglich ist, was man auch intuitiv vermuten würde. Eine allgemeinere Rechtfertigung von Marktmodellen mit Mengenpolitik der Anbieter wird im Abschnitt 2.6 diskutiert.

Für die Abbildung 2.3.1 bedeutet dies, daß man von Mengenpolitik absehen kann, da Marktmodelle mit Mengenpolitik verkürzende und vereinfachende Analysen von Modellen sind, gemäß denen zunächst die Kapazitäten und dann bei gegebenen Kapazitäten die Verkaufspreise festgelegt werden. In der Abbildung 2.3.1 abstrahieren wir wiederum von Marktlösungen, die auf derart besonderen Annahmen über die Marktdynamik beruhen, und gehen generell von Preiswettbewerb aus.

Wohlgemerkt wird damit auch die vollständige Konkurrenz als Preiswettbewerb interpretiert. Gemäß der oben beschriebenen Vermutung wählen bei vollständiger Konkurrenz alle Anbieter i zunächst die Kapazitätsmenge, die ihrer Absatzmenge bei vollständiger Konkurrenz entspricht, und setzen ihren Verkaufspreis dann gemäß dem Konkurrenzpreis fest. Da jeder Anbieter den Marktpreis antizipieren muß, verdeutlicht dies die extremen Informationserfordernisse vollständiger Konkurrenz. Die Interpretation vollständiger Konkurrenz als sequentieller Kapazitäts– und Preiswettbewerb macht es möglich, von dieser extremen Informationsannahme abzuweichen und unvollständige Information über die Kostenbedingungen und vorherigen Kapazitätsentscheidungen der Konkurrenten einzubeziehen. Im Rahmen eines solchen Vorgehens kann dann geklärt werden, ob und gegebenenfalls in welcher Hinsicht Konkurrenzverhalten aus informationstheoretischer Sicht einen Grenzfall darstellt.

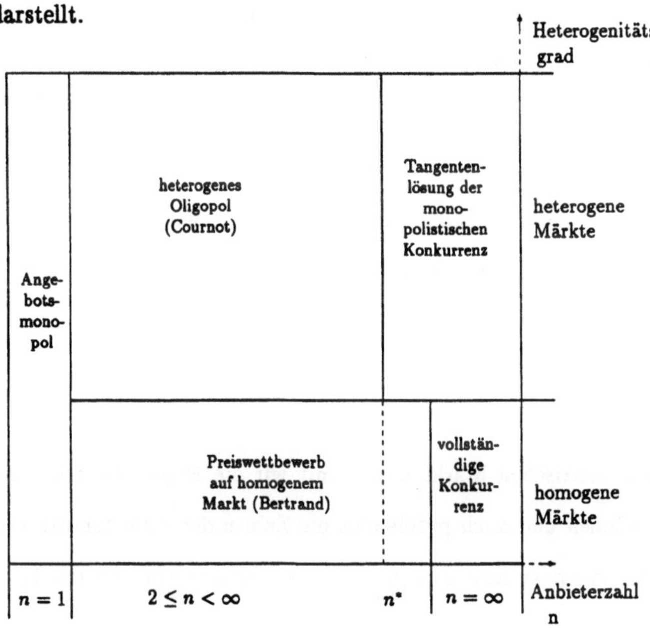

Abbildung 2.4.1

2.5 Das heterogene Oligopol als generische Marktform

Im folgenden wollen wir anhand eines einfachen Modells illustrieren, daß sich alle Lösungen in Abbildung 2.4.1, die nicht dem heterogenen Oligopol entsprechen, als Grenzfälle desselben nachweisen lassen. Geht man vom Standardfall einer einzigen Entscheidungsstufe aus, auf der alle Anbieter $i = 1,...,n$ simultan ihre Verkaufspreise p_i festlegen, so gibt es mithin nur eine generische Marktform, nämlich das heterogene Oligopol. Alle übrigen Marktlösungen wie die monopolistische oder vollständige Konkurrenz, der Bertrandsche Preiswettbewerb auf homogenem Oligopolmarkt oder die Monopollösung sind lediglich Sonderfälle, die aus besonderen Annahmen resultieren und die man deshalb auch nur als besondere heterogene Oligopolmärkte interpretieren sollte. Zusammen mit den bisherigen Resultaten dieses Abschnitts ist dann gezeigt, daß die vielfältigen traditionellen Marktlösungen, die wir anhand der Abbildung 2.2.1 illustriert haben, alle als teilspielperfektes Gleichgewichtsverhalten begründbar sind.

Die verwirrende Vielfalt an Marktlösungen in traditionellen Lehrbüchern kann also mittels der Spieltheorie und durch adäquate Berücksichtigung marktinstitutioneller Aspekte auf ein einheitliches Rationalitätskonzept zurückgeführt werden.

2.5.1 Das Marktmodell

Wir gehen von einem symmetrischen Markt aus, damit wir die Ergebnisse möglichst übersichtlich darstellen können und auch problemlos die Zahl n der Anbieter variieren können. Für einen gegebenen Preisvektor $p = (p_1,...,p_n)$ sei für alle Anbieter $i = 1,...,n$ die nachgefragte Menge durch

$$x_i(p) = \alpha - \beta p_i + \frac{1}{\gamma}(\bar{p}_{-i} - p_i)$$

bestimmt. α, β und γ sind positive Parameter, $\bar{p}_{-i}$ ist der durchschnittliche Verkaufspreis der Konkurrenten des i, d.h.

$$\bar{p}_{-i} = \sum_{\substack{j=1 \\ j \neq i}}^{n} p_j/(n-1) .$$

Die Kostenfunktion $K_i(x_i)$ der Anbieter $i = 1,...,n$ sei wie folgt:

$$K_i(x_i) = C + c x_i + \frac{d}{2} x_i^2 \quad \text{mit } 0 \leq c < \frac{\alpha}{\beta}, C \geq 0, d > 0.$$

Die Annahme $c < \frac{\alpha}{\beta}$ garantiert, daß bei gleichen Preisen aller Anbieter der Prohibitivpreis $\frac{\alpha}{\beta}$ größer als die minimalen Grenzkosten ist. Die Nachfragekurve bei gleichen Preisen ist durch $x_i = \alpha - \beta\, p_i$ bestimmt und hat daher den Prohibitivpreis α/β. Durch $d > 0$ haben wir steigende Grenzkosten und damit auch wohldefinierte individuelle Angebotsmengen bei vollständiger Konkurrenz. Die Gewinne

$$G_i(p) = p_i\, x_i(p) - K_i(x_i(p))$$

aller Anbieter $i = 1,...,n$ sind damit eine Funktion aller n Verkaufspreise, d.h. des Preisvektors p.

Offensichtlich kann man den Nachfrageparameter $\gamma > 0$ als Heterogenitätsgrad interpretieren. Durch $\gamma \to \infty$ kann der Monopolfall $n = 1$ repräsentiert werden, da der Gewinn G_i des Anbieters i dann nur noch von seinem eigenen Verkaufspreis p_i abhängt. Umgekehrt kann man den homogenen Markt durch $\gamma \to 0$ approximieren, da für kleine Werte von γ schon eine geringe Überschreitung des Durchschnittspreises der Konkurrenten bewirkt, daß man vom Markt verdrängt wird. Aus Gründen der eleganteren Beschreibung haben wir bei der Nachfragefunktion die Nichtnegativitätsbedingung $x_i(p) \geq 0$ vernachlässigt.

2.5.2 Der Gleichgewichtspunkt

Aus

$$\frac{\partial G_i(p)}{\partial p_i} = (1+(\beta+\gamma^{-1})d)\,(\alpha+\gamma^{-1}\bar{p}_{-i}) + c(\beta+\gamma^{-1}) - (2+(\beta+\gamma^{-1})d)\,(\beta+\gamma^{-1})p_i = 0$$

sowie

$$\frac{\partial^2 G_i(\dot p)}{\partial p_i^2} = -(2+(\beta+\gamma^{-1})d)(\beta-\gamma^{-1}) < 0$$

für i = 1,...,n ist der Gleichgewichtspunkt p durch die Lösung des Gleichgewichtssystems

$$\frac{\left[(1+(\beta+\gamma^{-1})d)\left(\alpha + \frac{\gamma^{-1}}{n-1}\sum_{j=1}^{n} p_j\right) + c(\beta+\gamma^{-1})\right]}{\left[(\beta+\gamma^{-1})(2+(\beta+\gamma^{-1})d) + \frac{\gamma^{-1}}{n-1}(1+(\beta+\gamma^{-1})d)\right]} = p_i \quad \text{für } i = 1,...,n.$$

gegeben. Da die linke Seite der Gleichung nicht von i abhängt, folgt $p_i = p_j$ für alle i,j = 1,...,n. Der eindeutige Gleichgewichtspunkt $p^* = (p_1^*,...,p_n^*)$ ist daher durch

$$p_i^* = \frac{(1+(\beta+\gamma^{-1})d)\alpha + c(\beta+\gamma^{-1})}{2\beta + \gamma^{-1} + d\beta(\beta+\gamma^{-1})} \quad \text{für } i = 1,...,n$$

bestimmt. Die Bedingung $p_i^* > C_i'(0) = c$ ist äquivalent zu $\frac{\alpha}{\beta} > c$ und garantiert, daß alle individuellen Verkaufsmengen

$$x_i(p^*) = \alpha - \beta p_i^* = \frac{(\alpha-\beta c)(\beta+\gamma^{-1})}{2\beta + \gamma^{-1} + (\beta+\gamma^{-1})d\beta} \quad \text{für } i = 1,...,n$$

im eindeutigen Gleichgewichtspunkt $p^* = (p_1^*,...,p_n^*)$ positiv sind.

Die Gleichgewichtspreise p_i^* sowie die dadurch implizierten Verkaufsmengen $x_i(p^*)$ sind unabhängig von n, sofern man die Parameter α, β und γ der Nachfragefunktion $x_i(p)$ als unabhängig von n ansieht. Für n → ∞ würden dann auf diesem Markt die

Erlöse unendlich groß werden. Um dies zu verhindern, gehen wir bei der Variation von n einfach wieder von speziellen Funktionen $\alpha(n)$, $\beta(n)$ und $\gamma(n)$ aus, die sicherstellen, daß die Gesamtmenge

$$X(p^*) = \frac{n(\alpha-\beta c)\ (\beta+\gamma^{-1})}{2\beta + \gamma^{-1} + (\beta+\gamma^{-1})\ d\ \beta}$$

für $n \to \infty$ einen endlichen Wert anstrebt. Eine einfache Form solcher Anpassungsregeln ist zum Beispiel durch $\gamma(n) = \gamma\ (> 0)$ sowie

$$\alpha(n) = \frac{\alpha}{n} \text{ und } \beta(n) = \frac{\beta}{n} \text{ mit } \frac{\alpha}{\beta} > c \text{ und } \alpha, \beta > 0$$

gegeben. Offenbar gilt dann für alle $n \in \mathbb{N}$ stets

$$\frac{\alpha(n)}{\beta(n)} = \frac{\alpha}{\beta} > c$$

sowie

$$\lim_{n\to\infty} X(p^*) = \gamma^{-1}(\alpha-\beta c) > 0,$$

d.h. auch im Grenzfall $n = \infty$ wäre die Gesamtnachfragemenge auf dem Markt endlich.

2.5.3 Sonderformen des heterogenen Oligopols

Im **Angebotsmonopol** existieren faktisch keine Konkurrenten des einzigen Anbieters 1. Im Rahmen unseres Modells streben wir diese Grenzsituation dadurch an, daß wir den Parameter γ unendlich groß wählen. Durch

$$\lim_{\gamma \to \infty} p_1^* = \frac{(1+\beta d)\ \alpha + c\ \beta}{2\ \beta + d\ \beta^2}$$

erhalten wir den Monopolpreis bezüglich der Nachfragefunktion $x_1(p_1) = \alpha - \beta p_1$.

Wir halten diese Form der Analyse des Angebotsmonopols für geeigneter als die traditionelle, da sie nicht die Existenz anderer Anbieter leugnet, sondern nur die Relevanz ihrer Preisentscheidungen für den betrachteten Anbieter 1.

Um den Grenzfall **homogener Märkte** untersuchen zu können, bestimmen wir zunächst die Höhe der Grenzkosten $K_i'(x_i(p^*))$ bei der für alle Anbieter $i = 1,...,n$ gleichen Verkaufsmenge $x_i(p^*)$ im eindeutigen Gleichgewichtspunkt $p^* = (p_1^*,...,p_n^*)$. Wegen

$$K_i'(x_i(p^*)) = c + d\ x_i(p^*)$$

folgt

$$K_i'(x_i(p^*)) = c + d\ \frac{(\alpha - \beta c)\ (\beta + \gamma^{-1})}{2\ \beta + \gamma^{-1} + (\beta + \gamma^{-1})\ d\ \beta}$$

bzw.

$$K'(x_i(p^*)) = \frac{d\ \alpha(\beta + \gamma^{-1}) + (2\beta + \gamma^{-1})\ c}{2\ \beta + \gamma^{-1} + (\beta + \gamma^{-1})\ d\ \beta}$$

Nach Erweiterung von p_i^* und $K_i'(x_i(p^*))$ mit γ erhält man

$$\lim_{\gamma \to 0} p_i^* = \frac{d\ \alpha + c}{1 + d\ \beta} = \lim_{\gamma \to 0} K_i'(x_i(p^*)).$$

Im Grenzfall homogener Märkte führt also Preiskonkurrenz mehrerer Anbieter zu der Bedingung 'Preis = Grenzkosten', wie sie für den oligopolistischen Preiswettbewerb auf homogenen Märkten (BERTRAND, 1883) sowie für vollständige Konkurrenzmärkte behauptet wird. Sowohl der Bertrandsche Preiswettbewerb auf homogenen Märkten, als auch die vollständige Konkurrenz sind mithin Spezialfälle des heterogenen Oligopols.

Natürlich kann **Preisführerschaft**, die teils auf Preisgestaltung (des Preisführers), teils auf Mengenanpassungsverhalten basiert, ebenfalls als teilspielperfektes Gleichgewicht nachgewiesen werden. Das im Abschnitt 1.3.4 abgeleitete Ergebnis ist das teilspielperfekte Gleichgewichtsverhalten des Spiels, gemäß dem der Preisführer zunächst den Preis festlegt und bekanntgibt und gemäß dem dann – in Kenntnis dieses Preises – alle übrigen Anbieter ihre Verkaufsmenge bestimmen.

Die "Tangentenlösung" der monopolistischen Konkurrenz unterstellt, daß die Anzahl n der Anbieter so lange zunimmt, bis der Preis den Durchschnittskosten entspricht, wobei ein zumindest stückweise fallender Durchschnittskostenverlauf unterstellt wird. Für $C > 0$ erhalten wir u–förmig verlaufende Durchschnittskosten

$$\frac{K_i(x_i)}{x_i} = \frac{C}{x_i} + c + \frac{d}{2} x_i$$

im Bereich $x_i > 0$. Für die oben spezifizierten Anpassungsformeln $\alpha(n) = \alpha/n$, β/n und $\gamma(n) = \gamma$ mit $\alpha/\beta > c$ sowie $\gamma > 0$ ergibt sich der Preis in Abhängigkeit von n als

$$p_i^*(n) = \frac{\left[1+(\frac{\beta}{n}+\gamma^{-1})d\right]\frac{\alpha}{n} + \left[\frac{\beta}{n}+\gamma^{-1}\right]c}{2\frac{\beta}{n} + \gamma^{-1} + d\frac{\beta}{n}(\frac{\beta}{n}+\gamma^{-1})}$$

und $x_i(p^*)$ in Abhängigkeit von n als

$$x_i(p^*) = \frac{\frac{1}{n}(\alpha-\beta c)\left[\frac{\beta}{n} + \gamma^{-1}\right]}{2\frac{\beta}{n} + \gamma^{-1} + d\frac{\beta}{n}(\frac{\beta}{n} + \gamma^{-1})}.$$

Da $K_i(x_i(p^*)) > c$ und

$$\lim_{n\to\infty} p_i^*(n) = c$$

existiert eine endliche Anzahl n^* von Anbietern mit

$$p_i^*(n^*) \geq K_i(x_i(p^*(n^*))) / x_i(p^*(n))$$

und

$$p_i^*(n^*+1) < K_i(x_i(p^*(n^*))) / x_i(p^*(n^*+1)).$$

Die Bedingung

$$p^*(n^*) > K_i'(x_i(p^*(n^*)))$$

ist äquivalent zu $\alpha/\beta > c$ wegen $n^* < \infty$. Die Marktlösung mit n^* Anbietern entspricht daher der sogenannten Tangentenlösung der monopolistischen Konkurrenz: Ein Markteintritt eines weiteren Anbieters würde zu negativen Gewinnen führen, und die Verkaufspreise aller n^* auf dem Markt befindlichen Anbieter übersteigen ihre Grenzkosten.

Auch die Tangentenlösung der monopolistischen Konkurrenz kann daher als spezielle Form des heterogenen Oligopols behandelt werden. Um auch n^* als Ergebnis teilspielperfekten Gleichgewichtsverhaltens nachzuweisen, kann man von einer vorgegebenen Anzahl $N(\geq n^*)$ potentieller Anbieter ausgehen, die zunächst über Eintritt oder Nichteintritt in den Markt (gleichzeitig oder sequentiell) zu befinden haben. In Kenntnis der Anzahl aktueller Anbieter müssen dann die aktuellen Anbieter simultan ihre Verkaufspreise festlegen. Impliziert Nichteintritt den Gewinn von Null und verursacht der Markteintritt keine Kosten, so werden offenbar im teilspielperfekten Gleichgewicht genau n^* Anbieter in den Markt eintreten.

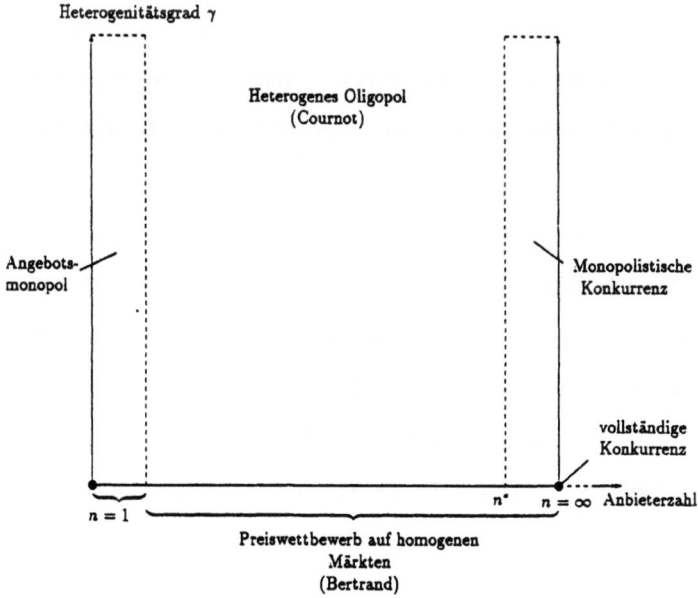

Abbildung 2.5.3.1

2.5.4 Fazit

Wie in der Abbildung 2.5.3.1 graphisch verdeutlicht, erweist sich damit die sogenannte Cournot–Lösung des heterogenen Oligopolmarkts als die generische Lösung des

Standardfalls einstufiger und gleichzeitiger Preisentscheidungen aller Anbieter. Alle noch in der Abbildung 2.5.3.1 erfaßten traditionellen Marktlösungen sind lediglich Sonderfälle und können und sollten als spezielle Formen oligopolistischen Preiswettbewerbs auf heterogenen Märkten gerechtfertigt und interpretiert werden. Da sich ferner die übrigen in Abbildung 2.2.1 enthaltenen Marktlösungen durch besondere Annahmen über den sequentiellen Entscheidungsablauf begründen lassen, scheint die Aussage gerechtfertigt, daß die wichtigsten traditionellen Marktlösungen durch Anwendung der Spieltheorie auf ein einheitliches Marktlösungskonzept, nämlich das teilspielperfekte Gleichgewicht (SELTEN, 1965), zurückgeführt werden können. Ferner hat sich gezeigt, daß man generell von Preispolitik ausgehen und spezielle Marktformen dadurch erfassen sollte, daß man den Heterogenitätsgrad und/oder die Angebotsstruktur, zum Beispiel durch die Anbieterzahl, entsprechend festlegt und/oder sequentielle Entscheidungsprozesse sowie zusätzliche absatzpolitische Instrumente einführt.

Natürlich lassen sich auch neuere Unterscheidungsmerkmale von Märkten wie die Informationsbedingungen des Marktes einbeziehen, die letztlich auf spieltheoretische Innovationen zurückgehen. Hier wollten wir lediglich demonstrieren, daß die Spieltheorie die früher verwirrende Vielfalt und Inkonsistenz traditioneller Markttheorien überschaubar macht und in konzeptioneller Hinsicht konsistent zu begründen vermag.

2.6 Mengenpolitik als verkürzende Analyse mehrstufiger Marktentscheidungsprozesse

Ohne besondere Marktinstitutionen wie Güterbörsen oder Makler und Auktionatoren ist Mengenpolitik auf homogenen Märkten schlicht unvorstellbar. Sind solche

Institutionen vorhanden, so sollten sie jedoch explizit in das Marktmodell einfließen. Dies zeigt, daß Mengenpolitik auf homogenen Märkten nur dann gerechtfertigt ist, wenn man sie als verkürzende Analyse von natürlichen, aber komplexeren Marktmodellen rechtfertigen kann. Eine Pionierleistung in dieser Hinsicht ist der Beitrag von KREPS und SCHEINKMAN (1983), die die Cournotsche Duopollösung als Ergebnis eines zweistufigen Marktprozesses nachweisen, gemäß dem zunächst beide Anbieter i = 1,2 ihre Verkaufskapazitäten $\bar{x}_i$ festlegen, um dann bei gegebenen und allgemein bekannten Kapazitäten in den Preiswettbewerb auf homogenem (Duopol)Markt einzutreten.

Es ist hierbei zu beachten, daß der Preiswettbewerb auf homogenem Markt, gemäß dem beide Anbieter i = 1,2 simultan ihre Verkaufspreise p_i festlegen, im Ergebnis fundamental von den vorgegebenen Kapazitäten $\bar{x}_1$ und $\bar{x}_2$ abhängt. Sind diese Kapazitäten gering, d.h. überschreiten sie zum Beispiel nicht die Mengen gemäß der Cournotschen Duopollösung für das homogene Duopol, so entsprechen beide Preise genau demjenigen Preis, bei dem die Gesamtnachfrage der Gesamtkapazität $\bar{x}_1 + \bar{x}_2$ entspricht. Werden beide Kapazitätsmengen größer als die Corunot-Mengen, so ergeben sich zunächst Preiswettbewerbsgleichgewichte, gemäß denen beide Anbieter gemischte Preisstrategien wählen, d.h. nicht länger mit Wahrscheinlichkeit 1 nur einen Preis nennen. Sind die individuellen Kapazitäten sogar so groß, daß jeder der Anbieter die Nachfrage beim Konkurrenzpreis realisieren kann, so ergibt sich dieser Preis im Preiswettbewerb auf homogenem Markt.

Die komplizierten Preisgleichgewichte auf der zweiten Stufe des Marktentscheidungsprozesses lassen das an und für sich sehr begrüßenswerte Ergebnis von KREPS und SCHEINKMAN (1983) als wenig geeignet für eine generelle Rechtfertigung von Mengenpolitik erscheinen. Überdies muß sehr sorgfältig "rationiert" werden. Hiermit ist gemeint, welche Nachfrage ein Anbieter mit einem niedrigeren

Preis als sein Konkurrent, aber zu geringer Kapazität für die ihm zufließende Nachfrage selbst befriedigt und welche Restnachfrage er für seinen Konkurrenten übrigläßt.

Wir wollen daher eine einfachere Rechtfertigung von Mengenpolitik auf homogenen Märkten anstreben. Unserem prinzipiellen Vorgehen entsprechend soll der homogene Markt wiederum als Grenzfall heterogener Märkte mit gegen Null konvergierendem Heterogenitätsgrad interpretiert werden (vgl. zu diesem Abschnitt GÜTH, 1993).

2.6.1 Kurzfristige Kapazitätsschranken

Es sei für $i = 1,...,n$ (≥ 2) durch $x_i(p)$ die Nachfragefunktion des Anbieters i für alle Preisvektoren $p = (p_1,...,p_n)$ beschrieben. $C_i(x_i,\bar{x}_i)$ seien die reinen Produktionskosten und $K_i(\bar{x}_i)$ die Kosten für die Bereitstellung der Produktionskapazität $\bar{x}_i$. Ohne Kapazitätsausweitung kann ein Anbieter i nur Mengen $x_i \leq \bar{x}_i$ in einer Periode produzieren und verkaufen.

Um unsere Analyse nicht mit Rationierungsannahmen zu belasten, sei davon ausgegangen, daß jede Nachfrage befriedigt werden muß. Im Fall $x_i(p) > \bar{x}_i$ ist dies jedoch nicht gleich möglich, sondern erst nach Anpassung der Kapazität, was dazu führt, daß die künftigen Erlöse weniger wert sind, d.h. abgewertet werden müssen. Dies erklärt, warum wir von Gewinnfunktionen $G_i(p,\bar{x})$ des Typs

$$G_i(p,\bar{x}) = p_i \min\{x_i(p), \bar{x}_i\} + \delta_i \max\{0, x_i(p)-\bar{x}_i\}p_i - C_i(x_i(p),\bar{x}_i) - K_i(\bar{x}_i)$$

für alle Anbieter $i = 1,...,n$ und alle Preisvektoren $p = (p_1,...,p_n)$ sowie Kapazitätsvektoren $\bar{x} = (\bar{x}_1,...,\bar{x}_n)$ ausgehen.

Gilt $x_i(p) \leq \bar{x}_i$, so entspricht das obige Modell dem üblichen Modell des Preiswettbewerbs auf heterogenem Markt. Für $x_i(p) > \bar{x}_i$ ist jedoch der Erlösanteil $p_i(x_i(p)-\bar{x}_i)$ durch den Faktor δ_i mit $0 \leq \delta_i < 1$ abzuwerten. Die Kapazitätsmenge erweist sich mithin nicht länger als absolute Beschränkung der Verkaufszahlen, sondern als obere Schranke für Lieferungen, deren Erlöse dem Anbieter sofort und damit ungekürzt zufließen. Wir sprechen daher von **kurzfristigen Kapazitätsschranken**.

Wir wollen die Bedingung ableiten, die Preisvektoren p mit $x_i(p) > \bar{x}_i$ global ausschließt. Es sei $p^i = (p_{-i}, p_i)$ mit $p_{-i} = (p_1, ..., p_{i-1}, p_{i+1}, ..., p_n)$ ein Preisvektor, für den genau $x_i(p^i) = \bar{x}_i$ gilt. Die Bedingung, daß eine Preissenkung nicht lohnt, ist dann

$$\frac{\partial}{\partial p_i} G_i(p^i, \bar{x}) = \bar{x}_i + \left[\delta_i p_i - C_i'(x_i(p^i), \bar{x}_i)\right] \frac{\partial}{\partial p_i} x_i(p) \geq 0$$

bzw.

$$\bar{x}_i \geq \frac{\partial}{\partial p_i} x_i(p^i) \left[C_i'(x_i(p^i), \bar{x}_i) - \delta_i p_i\right].$$

Für $\frac{\partial}{\partial p_i} x_i(p^i) < 0$ ist die rechte Seite der Ungleichung negativ, falls

$$C_i'(x_i(p^i), \bar{x}_i) \geq \delta_i p_i.$$

Sind die Grenzkosten einer Produktionserhöhung stets oberhalb eines positiven Mindestniveaus und sind die Preise von oben beschränkt, so kann die Bedingung

$$\frac{\partial}{\partial p_i} G_i(p^i, \bar{x}) \geq 0$$

für alle Vektoren $\bar{x}$ einfach durch eine positive obere Schranke $\bar{\delta}_i$ für den Parameter δ_i gewährleistet werden. Wir haben damit gezeigt, daß es eine reichhaltige Klasse von Märkten gibt, für die bei Rationalverhalten Preisvektoren p mit $x_i(p) > \bar{x}_i$ für wenigstens einen Anbieter i ausgeschlossen werden können. In vielen Fällen wird mithin bei knappen Kapazitäten nicht rationiert, sondern die Nachfrage durch entsprechend hohe Preise auf das Kapazitätsniveau reduziert.

Da bei $x_i(p) < \bar{x}_i$ eine Verringerung von $\bar{x}_i$ im Bereich $\bar{x}_i \geq x_i(p)$ nicht die Erlöse des Anbieters i verringert, sind Situationen mit $x_i(p) < \bar{x}_i$ für wenigstens einen Anbieter i nicht mit rationalen Erwartungen der Anbieter und daher nicht mit Rationalverhalten beim Kapazitätswettbewerb auf der ersten Stufe des Marktentscheidungsprozesses vereinbar. Gemäß dem teilspielperfekten Gleichgewichtspunkt wird es daher auf der ersten Marktentscheidungsstufe zu einem Kapazitätsvektor $\bar{x}^* = (\bar{x}_1^*,...,\bar{x}_n^*)$ kommen, der ein Preisgleichgewicht $p^*(\bar{x}^*)$ für die zweite Stufe impliziert, für das

$$x_i(p^*(\bar{x}^*)) = \bar{x}_i^* \text{ für } i = 1,...,n$$

gilt, d.h. bei allen Anbietern i wird genau die Kapazitätsmenge $\bar{x}_i^*$ nachgefragt.

2.6.2 Der Kapazitätswettbewerb

Bei rationalen Erwartungen bezüglich des Preiswettbewerbs auf der zweiten Stufe des Marktentscheidungsprozesses sehen sich die Anbieter trotz der mehr oder minder beträchtlichen Heterogenität ihrer Produkte auf der ersten Stufe einem Mengenwettbewerb ausgesetzt, wie es der Vorstellung der Mengenpolitik entspricht.

Für unseren einfachen Fall eines heterogenen Marktes können die Preisvektoren p($\bar{x}$) mit x(p($\bar{x}$)) = $\bar{x}$ sehr leicht berechnet werden. Das Gleichungssystem

$$\bar{x}_i = \alpha - \beta p_i + \gamma^{-1}(\bar{p}_{-i} - p_i) \quad \text{für } i = 1,\ldots,n$$

läßt sich mit Hilfe der symmetrischen n × n-Matrix

$$A = (a_{ij})_{1 \leq i,j \leq n} \quad ,$$

für die $a_{ii} = \beta + \gamma^{-1}$ und $\alpha_{ij} = -\gamma^{-1}/(n-1)$ für alle i,j = 1,...,n und i ≠ j gilt, in der Form

$$A \begin{bmatrix} p_1 \\ \vdots \\ p_n \end{bmatrix} = \begin{bmatrix} \alpha - \bar{x}_1 \\ \vdots \\ \alpha - \bar{x}_n \end{bmatrix}$$

beschreiben. Auf Grund der Symmetrie von A muß auch die Inverse A^{-1} von A die gleiche Struktur aufweisen, d.h.

$$A^{-1} = (b_{ij})_{1 \leq i,j \leq n} \quad \text{mit } b_{ii} = u \text{ und } b_{ij} = v \text{ für alle } i \neq j.$$

Wegen

$$(\beta + \gamma^{-1})u - \gamma^{-1}v = 1$$

und

$$(\beta+\gamma^{-1})\,v - \frac{\gamma^{-1}}{n-1}u - \frac{n-2}{n-1}\gamma^{-1}v = 0$$

bzw.

$$(\beta + \frac{\gamma^{-1}}{n-1})\,v - \frac{\gamma^{-1}}{n-1}u = 0$$

folgt

$$v = \frac{1}{(\gamma\beta(n-1)+1)\,(\beta+\gamma^{-1})-\gamma^{-1}}$$

sowie

$$u = \frac{\gamma\beta(n-1)+1}{(\gamma\beta(n-1)+1)\,(\beta+\gamma^{-1})-\gamma^{-1}}\ .$$

Die Matrix A ist generell invertierbar, falls

$$\gamma^{-1} < (\gamma\beta(n-1)+1)\,(\beta+\gamma^{-1})$$

gilt. Wir erhalten mithin für $i = 1,\dots,n$ die Beziehung

$$p_i(\bar{x}) = \frac{(\gamma\beta(n-1)+1)\,(\alpha-\bar{x}_i) + \sum_{j\neq i}(\alpha-\bar{x}_j)}{(\gamma\beta(n-1)+1)\,(\beta+\gamma^{-1}) - \gamma^{-1}}\ ,$$

womit wir die Abhängigkeit $p(\bar{x})$ gemäß $x(p(\bar{x})) = \bar{x}$ explizit bestimmt haben.

Einsetzen in die ursprüngliche Gewinnfunktion ergibt dann

$$G_i(\bar{x}) = p_i(\bar{x}) \cdot \bar{x}_i - C_i(\bar{x}_i) - K_i(\bar{x}_i) \text{ für } i = 1,...,n ,$$

d.h. einen heterogenen Oligopolmarkt mit Mengen-, sprich Kapazitätswettbewerb der Anbieter.

Um das Ergebnis auf der ersten Stufe des Marktentscheidungsprozesses explizit bestimmen zu können, gehen wir von

$$C_i(\bar{x}_i) + K_i(\bar{x}_i) = C + c\,\bar{x}_i + \frac{d}{2}\bar{x}_i^2$$

aus, wobei wir $0 < c < \frac{\alpha}{\beta}$, $d > 0$ und $C \geq 0$ unterstellen. Um die Formeln zu vereinfachen, führen wir die Hilfsgrößen

$$B = \gamma\beta(n-1) + 1$$

und

$$D = B(\beta+\gamma^{-1}) - \gamma^{-1}$$

ein. $G_i(\bar{x})$ kann dann wie folgt beschrieben werden.

$$G_i(\bar{x}) = \frac{B(\alpha-\bar{x}_i) + \sum_{j\neq i}(\alpha-\bar{x}_j)}{D}\bar{x}_i - C - c\,x_i - \frac{d}{2}\bar{x}_i^2 \text{ für } i = 1,...,n .$$

Aus

$$\frac{\partial}{\partial \bar{x}_i} G_i(\bar{x}) = \frac{B\alpha - 2B\bar{x}_i + \sum_{j\neq i}(\alpha-\bar{x}_j)}{D} - c - d\bar{x}_i = 0 \text{ für } i = 1,\ldots,n$$

folgt $x_i = x_j$ für alle $i,j = 1,\ldots,n$ und damit

$$\bar{x}_i^* = \frac{\alpha(n-1+B) - cD}{n - 1 + 2B + dD} \text{ für } i = 1,\ldots,n.$$

Die hinreichende Bedingung für Gewinnmaximierung

$$\frac{\partial^2}{\partial \bar{x}_i^2} G_i(\bar{x}) = -2\frac{B}{D} - d < 0$$

ist wegen $B > 1$ und $D > 0$ stets erfüllt.

Einsetzen ergibt

$$\bar{x}_i^* = \frac{\alpha(n+(n-1)\beta\gamma) - c(n+(n-1)\beta\gamma)\beta}{n + 1 + 2(n-1)\beta\gamma + d[(1+(n-1)\beta\gamma)(\beta+\gamma^{-1})-\gamma^{-1}]}$$

bzw.

$$\bar{x}_i^* = \frac{\alpha(n+(n-1)\beta\gamma) - c(n+(n-1)\beta\gamma)\beta}{n + 1 + 2(n-1)\beta\gamma + d\beta(n+(n-1)\beta\gamma)}$$

für alle $i = 1,\ldots,n$. Wir haben damit gezeigt, daß es eine große Klasse heterogener Märkte gibt, für die der zweistufige Marktentscheidungsprozeß zu einem wohldefinierten und vernünftigen Ergebnis führt, das nicht auf Rationierungshypothesen basiert.

2.6.3 Der Grenzfall der Homogenität

Den Grenzfall homogener Märkte können wir durch $\gamma \to 0$ approximieren. Wir erhalten

$$\lim_{\gamma \to 0} \bar{x}_i^* = \frac{\alpha n - n\beta c}{n+1 + nd\beta} \quad \text{für } i = 1,...,n.$$

Mengenpolitik auf homogenem Markt unterstellt, daß alle Anbieter ihre Produkte zum gleichen Preis $\bar{p}$ verkaufen. Aus

$$X(\bar{p}) = \sum_{i=1}^{n} x_i(\bar{p}) = \sum_{i=1}^{n} [\alpha - \beta\bar{p} + \gamma^{-1}(\bar{p} - \bar{p})] = n\alpha - n\beta\bar{p}$$

ergibt sich dann das Mengenoligopolmodell

$$G_i(x) = \frac{n\alpha - X}{n\beta} x_i - C - cx_i - \frac{d}{2} x_i^2,$$

wobei $x = (x_1,...,x_n)$ den Vektor der individuellen Verkaufsmengen und $X = x_1 + ... + x_n$ die Gesamtverkaufsmenge bezeichnet. Wegen

$$\frac{\partial}{\partial x_i} G_i(x) = \frac{n\alpha - X - x_i}{n\beta} - c - dx_i = 0 \quad \text{und} \quad \frac{\partial^2}{\partial x_i^2} G_i(x) < 0 \quad \text{für } i = 1,...,n$$

folgt $x_i = x_j$ für alle i,j = 1,...,n und damit

$$x_i^* = \frac{n\alpha - n\beta c}{n + 1 + nd\beta} \text{ für i = 1,...,n}.$$

Das Ergebnis für Mengenpolitik auf homogenem Markt entspricht damit der Grenzlösung des zweistufigen Marktprozesses für $\gamma \to 0$. Man kann daher Mengenpolitik auf homogenen Märkten als verkürzende Analyse von Märkten rechtfertigen, die einerseits einen äußerst geringen Heterogenitätsgrad der Produkte aufweisen und andererseits den intuitiv recht überzeugenden Annahmen über den Marktentscheidungsprozeß genügen. Die Vorstellung, daß die Anbieter zunächst ihre Kapazitäten festlegen und dann die Preise, an die sich wiederum die Nachfrager mit ihren nachgefragten Mengen anpassen, scheint für viele Märkte typisch zu sein.

Mit unserer Analyse wollten wir lediglich begründen, daß man Mengenpolitik auf homogenen Märkten – aber auch für heterogene Märkte – als verkürzende Analyse komplexerer Marktsituationen rechtfertigen kann. Wir behaupten nicht, daß die Cournot–Lösung für homogene Märkte mit Mengenpolitik der Anbieter reales Marktverhalten gut erklärt. Dagegen spricht schon allein die Tatsache, daß auf immer mehr Märkten erhebliche Heterogenität der Produkte zu verzeichnen ist, was zum Teil auf bewußte Produktdifferenzierungsmaßnahmen der Anbieter zurückzuführen ist.

3. Monopolspiele

In diesem und den folgenden Kapiteln sollen institutionell reichhaltigere Marktmodelle vorgestellt werden. Wir setzen damit das fort, was wir schon im zweiten Kapitel getan haben, nämlich aufzuzeigen, wie sich markinstitutionelle Gegebenheiten im Marktgeschehen niederschlagen. Während unser Ziel im zweiten Kapitel darin bestand, die traditionellen Marktlösungen durch besondere institutionelle Aspekte (spieltheoretisch konsistent) zu rechtfertigen, geht es uns im folgenden darum, wichtige institutionelle Gegebenheiten realer Märkte besser zu verstehen und beurteilen zu können.

Nun könnte man versuchen, im Rahmen eines komplexen Marktmodells möglichst alle wichtigen institutionellen Aspekte in ihren Auswirkungen zu untersuchen. Dies wird hier nicht angestrebt, da dies die analytische Lösung erschweren bzw. praktisch sogar ausschließen würde. Außerdem müssen nicht alle institutionellen Aspekte notwendigerweise koexistieren; sie können sich auch ausschließen. Wir werden daher besondere institutionelle Gegebenheiten in Isolation analysieren, d.h. andere wichtige Phänomene real existierender Märkte vernachlässigen, um uns auf einen wichtigen Aspekt konzentrieren zu können. So wird zum Beispiel in diesem Kapitel der oligopolistische Wettbewerb der Anbieter ausgeklammert. Es wird sich jedoch zeigen, daß damit nicht notwendigerweise strategische Überlegungen im Sinne der Spieltheorie ausgeschlossen sind. Dies soll durch den Begriff "Monopolspiele" angedeutet werden.

3.1 Das einfache Monopolspiel

Geht man von einem Angebotsmonopol mit linearer Nachfragefunktion

$$X(p) = \alpha - \beta p \quad \text{für alle } 0 \leq p \leq \alpha/\beta \quad \text{mit } \alpha,\beta > 0$$

und linearer Kostenfunktion

$$K(X) = C + cX \quad \text{mit } C \geq 0 \text{ und } 0 \leq c < \alpha/\beta$$

aus, so kann man den Markt auch einfach durch die Deckungsbeitragsfunktion pro Stück beschreiben. In der Abbildung 3.1.1 sind sowohl die Nachfragekurve X(p) als auch die Grenzkostenkurve K'(X) = c eingezeichnet. Für jeden Preis p ist $\tilde{p} = p - c$ der Deckungsbeitrag pro Stück. Das Produkt aus $\tilde{p}$ und X($\tilde{p}$), die durch $\tilde{p}$ beschriebene Nachfragefunktion, ist der Gesamtdeckungsbeitrag

$$D(\tilde{p}) = \tilde{p} \, X(\tilde{p}) = G(p) + C = (p-c)(\alpha - \beta p).$$

Wegen $X(\tilde{p}) = \alpha - \beta c - \beta \tilde{p}$ gilt daher

$$D(\tilde{p}) = \tilde{p}(\alpha - \beta c - \beta \tilde{p}).$$

Offenbar kann man D($\tilde{p}$) parameterfrei schreiben, indem man von $\alpha - \beta c = 1 = \beta$ ausgeht. Die linke Gleichung beinhaltet eine Renormierung der Mengeneinheit (man wählt die positive Menge X($\tilde{p}$=0) = $\alpha - \beta c$ als Mengeneinheit), die rechte eine Renormierung der Geldeinheit (man wählt die Geldeinheit so aus, daß die absolute Steigung der Nachfragekurve gleich 1 ist). Es ergibt sich damit die einfache Form

$$D(\tilde{p}) = \tilde{p}(1-\tilde{p})$$

für die Beschreibung der Zielfunktion des Angebotsmonopolisten, die wir im foglenden einfach als die Gewinnfunktion

$$G(p) = p(1-p)$$

des Monopolisten in Abhängigkeit von seiner Preisentscheidung p interpretieren, d.h. das parameterfreie Modell mit der Gewinnfunktion $G(p) = p(1-p)$ ist die normierte Version aller Angebotsmonopole mit linearer Nachfrage– und Kostenfunktion.

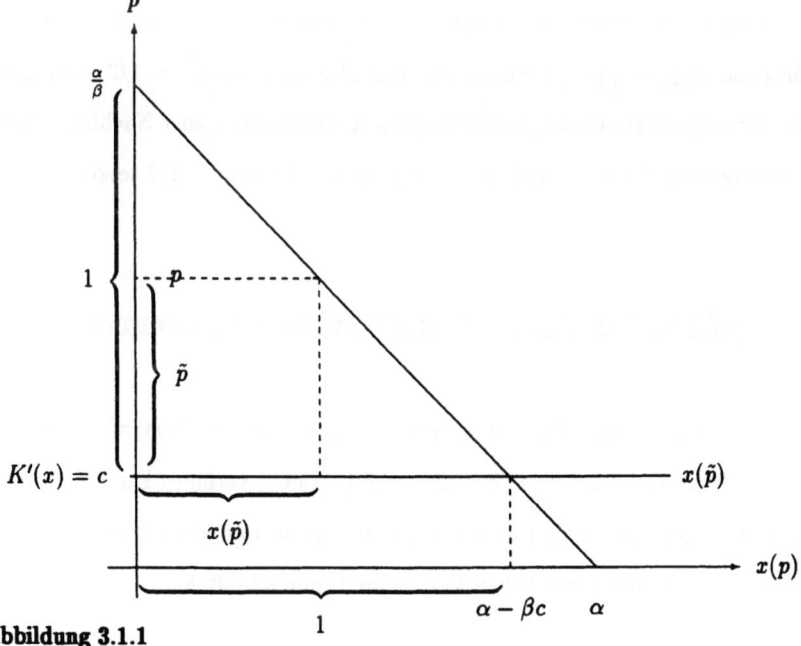

Abbildung 3.1.1

Am einfachen Monopolspiel in der normierten Version sind der Angebotsmonopolist sowie jeder Nachfrager v mit Reservationsnutzen v mit $0 \leq v \leq 1$ beteiligt. v ist der Preis, bei dem der Nachfrager v zwischen Kauf und Nichtkauf indifferent ist; bei geringeren Preisen gewinnt er durch Kauf, bei höheren würde er verlieren. Es wird unterstellt, daß für alle Werte v mit $0 \leq v \leq 1$ genau ein Nachfrager existiert und daß zunächst der Monopolist seinen Preis p mit $0 \leq p \leq 1$ auswählt, an den sich dann alle Nachfrager v mit ihrer Kaufentscheidung anpassen.

Da ein Nachfrager kauft, falls der Preis p seinen Reservationsnutzen v nicht übersteigt, ergibt sich für jeden Preis p mit $0 \leq p \leq 1$ die nachgefragte Menge mit

$$X(p) = \int_{p}^{1} dv = 1 - p .$$

Der gewinnmaximale Preis ist daher der Monopolpreis $p^* = 1/2$, der die Gewinnfunktion $G(p) = p(1-p)$ maximiert. Der Monopolpreis $p^* = 1/2$ wird damit durch das teilspielperfekte Gleichgewicht impliziert, gemäß dem jeder Nachfrager v mit $0 \leq v \leq 1$ zu Preisen $p \leq v$ kauft und der Monopolist den Preis $p^* = 1/2$ setzt.

3.2 Monopolistisches Angebot erschöpfbarer Ressourcen

Es sei $C_1 > 0$ der in der Anfangsperiode $t = 1$ verfügbare Bestand eines nicht erneuerbaren Guts, über das alleine der einzige Eigentümer verfügen kann, den wir im weiteren als Monopolist oder Verkäufer bezeichnen wollen. Für jede Periode $t = 1,...,T$ im T–Perioden umfassenden möglichen Verkaufszeitraum sei durch

$$p_t = f_t(x_t, \epsilon_t)$$

die stochastische Nachfragefunktion bestimmt, wobei x_t die in Periode t verkaufte Menge und ϵ_t eine Zufallsvariable bezeichnet, die so beschränkt sei, daß negative Preise ausgeschlossen sind.

Abstrahiert man von Extraktions- und Verarbeitungskosten, so ist bei konstantem Diskontierungsfaktor ρ mit $0 \leq \rho \leq 1$ der Monopolist in jeder Periode t daran interessiert, seine gegenwärtigen und künftigen erwarteten Erlöse

$$\Pi_t = E\left\{\sum_{t=1}^{T} \rho^{t-1} p_t x_t\right\}$$

zu maximieren. E bezeichnet den Erwartungsoperator, d.h. $P_t(x_t) = E\{f_t(x_t,\epsilon_t)\}$ ist der durchschnittlich erwartete Preis p_t in Periode t, wenn x_t verkauft wird.

Natürlich dürfen die Verkaufsmengen x_t niemals den in Periode t verfügbaren Bestand C_t überschreiten, für den das **Übergangsgesetz (transition law)**

$$C_{t+1} = C_t - x_t \quad \text{für } t = 2,...,T$$

gilt. Das optimale Verkaufsprofil

$$X^* = (x_1^*,...,x_T^*)$$

kann bei Vernachlässigung der Nichtnegativität von x_t für $t = 1,...,T$ durch Maximierung der Langrange-Funktion

$$L(X,\lambda) = \sum_{t=1}^{T} \rho^{t-1} x_t P_t(x_t) + \lambda\left[C_1 - \sum_{t=1}^{T} x_t\right]$$

bestimmt werden. Aus

$$\frac{\partial L(X,\lambda)}{\partial x_t} = \rho^{t-1}\left[P_t(x_t) + x_t P_t'(x_t)\right] - \lambda = 0$$

für t = 1,...,T folgt

$$(*) \quad \frac{P_t(x_t) + x_t \, P'_t(x_t)}{P_{t+1}(x_{t+1}) + x_{t+1} \, P'_{t+1}(x_{t+1})} = \frac{\rho^t}{\rho^{t-1}} = \rho$$

bzw.

$$\rho = \frac{\left[1 + \eta_{P_t, x_t}\right] P_t(x_t)}{\left[1 + \eta_{P_{t+1}, x_{t+1}}\right] P_{t+1}(x_{t+1})},$$

wobei für alle $\tau = 1,...,T$ durch

$$\eta_{P_\tau, x_\tau} = \frac{x_\tau}{P_\tau(x_\tau)} \cdot \frac{dP_\tau(x_\tau)}{dx_\tau}$$

die Elastizität des Preises bezüglich Mengenänderungen bezeichnet wird. Wegen der Stochastizität der Nachfrage ist mit dem Preis natürlich stets der Erwartungspreis $P_\tau(x_\tau)$ gemeint.

Nur wenn η_{P_t, x_t} konstant ist, gilt daher

$$\rho = \frac{P_t(x_t)}{P_{t+1}(x_{t+1})} \quad \text{für alle } t = 1,...,T-1,$$

d.h. die sogenannte **Hotelling–Regel** (HOTELLING, 1931)

Wir wollen das optimale Verkaufsprofil nun explizit für den Spezialfall

$$P_t(x_t) = A - x_t \quad \text{für } t = 1,...,T,$$

d.h. für eine lineare und stationäre Nachfrage ableiten. Aus der Bedingung (*) folgt dann

$$\frac{A - 2 x_1}{A - 2 x_t} = \rho^{t-1} \quad \text{für } t = 1,...,T,$$

bzw.

$$x_t = x_1 \cdot \frac{1}{\rho^{t-1}} + \frac{A}{2} - \frac{A}{2}\frac{1}{\rho^{t-1}} \quad \text{für } t = 1,...,T.$$

Wegen

$$\frac{\partial L(X,\lambda)}{\partial \lambda} = C_1 - \sum_{t=1}^{T} x_t = 0$$

ergibt sich

$$C_1 = x_1 \sum_{t=1}^{T} \rho^{1-t} + \frac{T}{2} A - \frac{A}{2} \sum_{t=1}^{T} \rho^{1-t}$$

bzw.

$$x_1^* = \frac{C_1 - T\frac{A}{2} + \frac{A}{2} \sum_{t=1}^{T} \rho^{1-t}}{\sum_{t=1}^{T} \rho^{1-t}}$$

$$= \frac{A}{2} - \frac{\left[T \cdot \frac{A}{2} - C_1\right]\left[1-\rho^{T-1}\right]}{(1-\rho)\,\rho^{T-2}}.$$

Wie man anhand der hinreichenden Bedingung (die Matrix der zweiten partiellen Ableitungen muß negativ semidefinit sein) überpüft, ist das lokale Extremum ein globales Maximum, so daß das optimale Verkaufsprofil X^* in der Form

$$(*) \quad x_t^* = \frac{A}{2} - \left[T \cdot \frac{A}{2} - C_1\right] \frac{1 - \rho^{T-1}}{(1-\rho) \; \rho^{T-2} \cdot \rho^{t-1}} \quad \text{für } t = 1,...,T$$

beschrieben werden kann, sofern für $t = 1,...,T$ die Bedingung

$$(+) \quad 0 \leq x_t^* \leq C_t$$

sowie die dem Lagrange–Ansatz zugrundeliegende Annahme

$$T \cdot \frac{A}{2} \geq C_1 \, ,$$

erfüllt wird, gemäß der der Anfangsbestand nicht ausreicht, um die T–fache Monopolmenge A/2 anzubieten.

Ist der Verkaufszeitraum T lang genug, d.h. $T > \frac{2 \; C_1}{A}$, so ist letztere Bedingung erfüllt. Offenbar muß der Monopolist aber nicht immer den gesamten Verkaufszeitraum im Sinne von $x_t^* > 0$ für alle $t = 1,...,T$ ausnutzen, wenn T sehr groß ist. Man muß deshalb bei langem Verkaufszeitraum (zum Beispiel im Falle von $T = \infty$) die Ausverkaufsperiode T^* mit $1 \leq T^* \leq T$ ausrechnen, für die $x_t^* > 0$ für $t = 1,...,T^*$ und $x_t^* = 0$ für $t = T^* + 1,...,T$ gilt.

Nun gilt $T^* = T$, falls $x_T^* > 0$ bzw. $C_1 \geq \frac{A}{2} \cdot \frac{T(1-\rho^{T-1}) - (1-\rho)^{2T-3}}{1 - \rho^{T-1}}$.

Da gemäß der Formel (*) für x_t^* die Bedingung $x_T^* > 0$ auch $x_t^* > 0$ für alle Perioden $t = 1,...,T-1$ impliziert, beschreibt die Formel (*) damit für alle Anfangsausstattungen C_1 gemäß

$$T \cdot \frac{A}{2} \geq C_1 \geq \frac{T(1-\rho^{T-1}) - (1-\rho)^{2T-3}}{1 - \rho^{T-1}} \cdot \frac{A}{2}$$

die optimalen Verkaufsmengen für alle T Perioden $t = 1,...,T$.

3.3 Dauerhafte Monopole

Im folgenden (wir orientieren uns in diesem Abschnitt an GÜTH und RITZBERGER, 1992) sei wieder unterstellt, daß nicht nur eine einzige Verkaufsperiode, sondern mehrere sukzessive Verkaufsperioden $t = 1,...,T$ möglich sind. Ein Nachfrager sei jedoch an maximal einer Einheit des Gutes interessiert, d.h. das Gut ist dauerhaft bzw. kann auf Dauer den Bedarf sättigen. Da ein späterer Konsum zu Nutzeneinbußen führen wird bzw. ein späterer Gewinn geringer bewertet werden dürfte, führen wir für alle Nachfrager v mit $0 \leq v \leq 1$ den gleichen und zeitlich konstanten Diskontierungsfaktor δ ein und analog einen zeitlich konstanten Diskontierungsfaktor ρ des Monopolisten, $0 \leq \delta \leq 1$ und $0 \leq \rho \leq 1$. Den Grenzfall $\delta = 1$ müssen wir ausschließen, da für $\delta = 1$ ein Nachfrager völlig unentschieden wäre, ob er heute oder später kaufen soll. Wir werden den Grenzfall $\delta = 1$ aber analysieren, indem wir die Lösung für $\delta \to 1$ bestimmen, d.h. durch Grenzbetrachtung. Für alle Perioden $t = 1,...,T$ bezeichne p_t den Verkaufspreis und x_t die in der Periode t verkaufte Menge, d.h. den Anteil der Nachfrager v, die in Periode t zum Preis p_t kaufen. Wie im einfachen Monopolspiel legt der Monopolist in jeder Verkaufsperiode $t = 1,...,T$ seinen Verkaufspreis p_t mit $0 \leq p_t \leq 1$ fest. In Kenntnis von p_t können die Nachfrager v, die bislang noch nicht gekauft haben, über Kauf oder Nichtkauf entscheiden. Der Monopolist will seinen Gewinn

$$\Pi_T = \sum_{t=1}^{T} \rho^{t-1} p_t x_t$$

maximieren. Ein Käufer habe die Auszahlung 0, falls er nicht kauft, und $\delta^{t-1}(v-p_t)$, falls er in Periode t kauft. Alle vorherigen Entscheidungen seien allgemein bekannt.

3.3.1 Der Fall T = 2

Es seien p_1 und p_2 die Preise in den Perioden 1 und 2, die die von uns noch zu bestimmende Lösungspartie impliziert. Da in einer spieltheoretischen Lösung alle strategischen Akteure rationale Erwartungen hegen, wird ein Nachfrager v nur dann in Periode 1 zum Preis p_1 kaufen, falls

$$v - p_1 \geq \delta(v-p_2)$$

bzw.

$$v \geq \frac{p_1 - \delta p_2}{1 - \delta} =: v_1 \,.$$

Dies zeigt, warum wir den Grenzfall $\delta = 1$ nur durch Grenzbetrachtung analysieren können und daß gemäß der Lösungspartie alle Nachfrager v mit $1 \geq v > v_1$ in Periode 1 und alle Nachfrager v mit $v_1 \geq v > p_2$ in Periode 2 kaufen. Da damit die Restnachfragefunktion der Periode 2 durch

$$x_2(p_2) = v_1 - p_2 \quad \text{für alle } 0 \leq p_2 \leq v_1$$

gegeben ist, ergibt sich $p_2^* = v_1/2$ als optimaler Preis in der Periode 2.

Wir können daher den Gewinn Π_2 des Monopolisten durch

$$\Pi_2 = p_1(1-v_1) + \rho\left[v_1 - \frac{v_1}{2}\right]\frac{v_1}{2}$$

beschreiben. Wegen

$$p_2^* = \frac{v_1}{2} = \frac{p_1 - \delta p_2^*}{2(1-\delta)}$$

gilt

$$p_2^* = \frac{p_1}{2-\delta} \quad \text{und damit } v_1 = \frac{2\,p_1}{2-\delta},$$

so daß

$$\Pi_2(p_1) = p_1\left[1 - \frac{2\,p_1}{2-\delta}\right] + \rho\left[\frac{p_1}{2-\delta}\right]^2.$$

Aus $\Pi_2'(p_1) = 0$ und $\Pi_2''(p_1) < 0$ folgt

$$p_1^* = \frac{(2-\delta)^2}{2(4-2\delta-\rho)},\; p_2^* = \frac{2-\delta}{2(4-2\delta-\rho)},$$

$$v_1^* = \frac{2-\delta}{4-2\delta-\rho},\; \Pi_2^* = \frac{(2-\delta)^2}{4(4-2\delta-\rho)}.$$

Da durch den Zeithorizont $T = 2$ das Marktmodell nur noch die Parameter δ und ρ mit $0 \leq \delta < 1$ und $0 \leq \rho \leq 1$ enthält, können wir die Lösung im δ,ρ–Einheitsquadrat der Abbildung 3.3.1.1 graphisch veranschaulichen. Konkret geschieht dies in Abbildung 3.3.1.1 dadurch, daß wir die Preise p_1^*, p_2^*, die Intervallgrenze v_1^* und den Gewinn Π_2^* für alle Kanten und Eckpunkte des Einheitsquadrats spezifizieren, wobei natürlich die Randpunkte mit $\delta = 1$ nur durch Grenzbetrachtung $\delta \to 1$ lösbar sind.

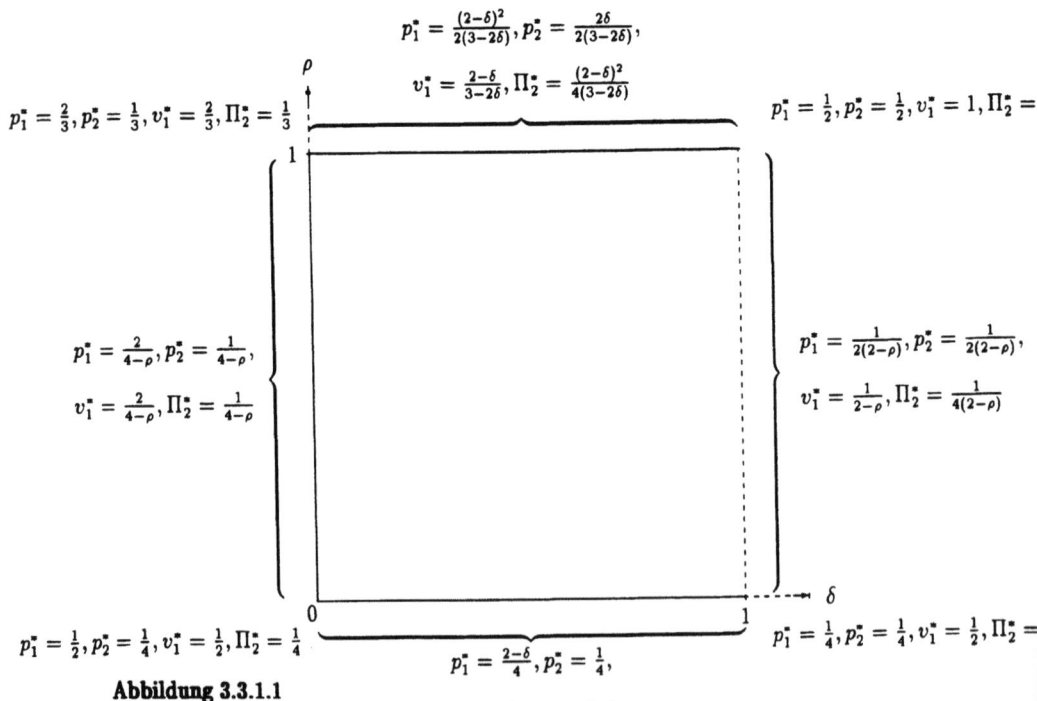

Abbildung 3.3.1.1

Man beachte, daß für $\delta \to 1$ die beiden durch die Lieferperiode $t = 1$ und $t = 2 = T$ unterscheidbaren Güter aus Sicht aller Nachfrager homogen werden, was durch die Preisangleichung $p_1^* - p_2^* \searrow 0$ für $\delta \nearrow 1$ verdeutlicht wird. Die Ecklösung für $\delta = 1 = \rho$ basiert auf einem **prohibitiven Kaufpreis** p_1^* in Periode 1, da $v_1^* = 1$, so daß der Monopolist sich in der zweiten und letzten Periode wie der Monopolist im einfachen Monopolspiel verhalten kann. Die andere Ecklösung für $\delta = 1$, nämlich für $\delta = 1$ und $\rho = 0$, beruht hingegen auf **intrapersonalem Preiswettbewerb**. Damit ist gemeint, daß das Ausbeuten der Restnachfrage in Periode 2 zu Absatzverlusten in Periode 1 führt, obwohl wegen $\rho = 0$ der Monopolist letztlich nur an den Erlösen $x_1 \, p_1$ interessiert ist. Dieser intrapersonale Preiswettbewerb des Monopolisten und seines künftigen, die Restnachfrage bedienenden "Selbst" ist Gegenstand der **Coase–Vermutung** (COASE, 1972), gemäß der bei unendlich vielen Verkaufsperioden der Preiswettbewerb sogar vollständigen Wettbewerb approximiert, d.h. hier zur Versorgung mit Null–Preisen führt.

Während der Monopolist in der Ecke $\delta = 1$ und $\rho = 0$ durch die Möglichkeit, mehrfach verkaufen zu können, erheblich schlechter gestellt wird, profitiert er in der Ecke $\delta = 0$ und $\rho = 1$ von dieser Möglichkeit. Dies geschieht in Form von **intertemporaler Preisdifferenzierung**: Das obere Drittel der Nachfrager v mit $\frac{2}{3} < v \leq 1$ kauft zum hohen Preis 2/3 in Periode 1, das zweite Drittel der Nachfrager v mit $1/3 < v \leq 2/3$ zum niedrigen Preis 1/3 in Periode 2, während das letzte Drittel unversorgt bleibt. Da der Monopolist Erlöse aus Periode 1 und 2 gleich bewertet, erhöht sich hierdurch Π_2^* auf 1/3.

In der verbleibenden Ecke $\delta = 0 = \rho$ verhalten sich alle Marktteilnehmer extrem myopisch, d.h. sie vernachlässigen alle künftigen Marktchancen. Der Monopolist und die Nachfrager verhalten sich in Periode 1 wie im einfachen Monopolspiel; in der zweiten Periode wiederholt sich das Ganze analog für die durch $v_1^* = 1/2$ vorgegebene Restnachfrage.

3.3.2 Der Fall T = 3

Man löst diesen Fall analog zum Fall T = 2 rekursiv, indem man zunächst unterstellt, daß nur Nachfrager v im Intervall $v_1 < v \leq 1$ in der Periode 1 zum Preis p_1, die Nachfrager v mit $v_2 < v \leq v_1$ in der Periode 2 zum Preis p_2 und die Nachfrager v mit $p_3 < v \leq v_2$ in der Periode 3 zum Preis p_3 kaufen, wobei

$$v_t = \frac{p_t - \delta p_{t+1}}{1 - \delta} \quad \text{für } t = 1,2 \;.$$

Damit gilt $p_3 = \frac{v_2}{2}$ mit $v_2 = \frac{2\,p_2}{2 - \delta}$, so daß man $x_2\,p_2 + \rho\,x_3\,p_3$ als Funktion von p_2 schreiben kann. Wegen

$$p_2 = \frac{(2-\delta)^2}{N}\,p_1$$

mit

$$N = 8 - 2\rho - 8\delta + 2\rho\delta + \delta^3$$

folgt

$$v_1 = \frac{2\,Z}{(1-\delta)N}\,p_1$$

mit

$$Z = 4 - \rho - 6\delta + \rho\delta + 2\delta^2,$$

so daß

$$\Pi_3 = x_1 p_1 + \rho(x_2 p_2 + \rho x_3 p_3)$$

als Funktion von p_1 beschrieben werden kann, was zu folgenden Resultaten führt:

$$p_1^* = \frac{(1-\delta)N^2}{2Z(2N-\rho(2-\delta)^2)}, \quad v_1^* = \frac{N}{2N-\rho(2-\delta)^2},$$

$$p_2^* = \frac{(2-\delta)^2(1-\delta)N}{2Z(2N-\rho(2-\delta)^2)}, \quad v_2^* = \frac{(2-\delta)(1-\delta)N}{Z(2N-\rho(2-\delta)^2)},$$

$$p_3^* = \frac{(2-\delta)(1-\delta)N}{2Z(2N-\rho(2-\delta)^2)}, \quad \Pi_3^* = \frac{(1-\delta)N^2}{4Z(2N-\rho(2-\delta)^2)}.$$

Wir wollen die Lösung wieder dadurch verdeutlichen (Abbildung 3.3.2.1), daß wir im δ,ρ–Einheitsquadrat für die Ecken den Gewinn Π_3^*, die Preise p_1^*,p_2^*,p_3^* sowie die Werte v_1^* und v_2^* angeben, wobei die Eckpunkte mit $\delta = 1$ wiederum nur durch Grenzübergang $\delta \to 1$ gelöst werden können. Man sieht an der Ecke $\delta = 1$ und $\rho = 0$, daß sich der intrapersonale Preiswettbewerb im Vergleich zu T = 2 beträchtlich verschärft hat (die Preise und der Gewinn haben sich halbiert). Umgekehrt ist in der gegenüberliegenden Ecke die intertemporale Preisdifferenzierung effizienter geworden, wodurch natürlich Π_3^* erhöht wird. Die Interpretation der Ecken $\delta = 0 = \rho$ (myopisches Verhalten) und $\delta = 1 = \rho$ (Abwarten, um einfacher Monopolist in T zu sein) hat sich im Vergleich zu T = 2 nicht geändert.

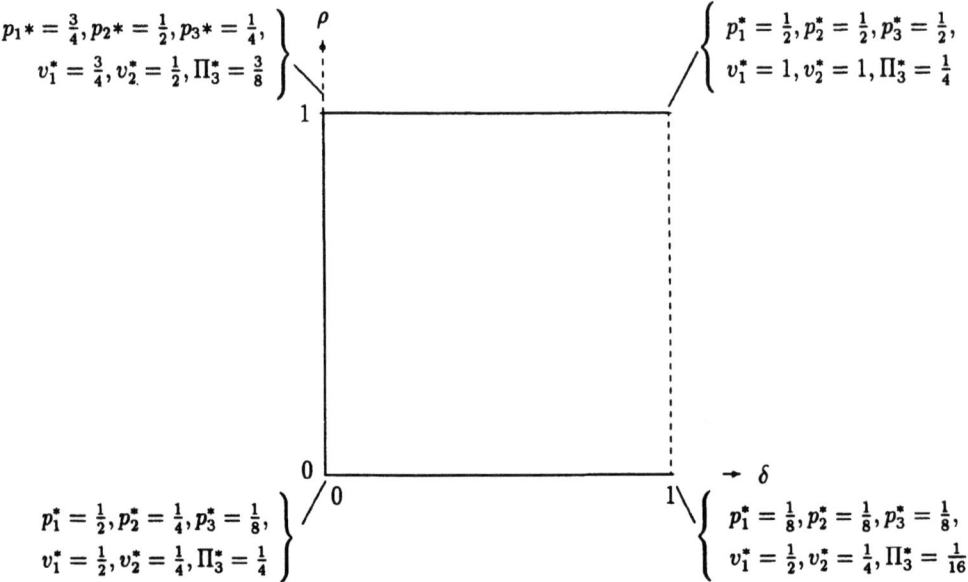

Abbildung 3.3.2.1

3.3.3 Der allgemeine Fall $T < \infty$

Man kann alle Fälle $T < \infty$ in der Weise rekursiv lösen, wie das für $T = 2$ explizit und für $T = 3$ im Ergebnis verdeutlicht wurde. GÜTH und RITZBERGER (1992) haben gezeigt, daß für $T < \infty$ die Lösung durch ein einfaches System von Rekursionsformeln bestimmt ist. Das wesentliche Hilfsmittel ist eine Sequenz

$$a_t = \frac{\left[1-\delta+\frac{\delta}{2}a_{t+1}\right]^2}{1-\delta+\left[\frac{\delta}{2}-\frac{\rho}{4}\right]a_{t+1}} \quad \text{mit } a_T = 1$$

von induktiv definierten Koeffizienten $a_T, a_{T-1}, \ldots, a_1$. Die für alle $t = 1, \ldots, T$ lineare Funktion

$$F_t(p) = \frac{\frac{1}{2} a_t}{1 - \delta + \frac{\delta}{2} a_t} p$$

erlaubt dann die induktive Beschreibung der Lösungspartien aller dauerhaften Monopolspiele mit $0 \leq \delta < 1$, $0 \leq \rho \leq 1$ und $T < \infty$ gemäß

$$p_t^* = F_t(p_{t-1}^*) \quad \text{mit } p_1^* = a_1/2$$

$$v_{t-1}^* = \frac{p_{t-1}^* - \delta F_t[p_{t-1}^*]}{1 - \delta}$$

für $t = 2, \ldots, T$ und

$$\Pi_T^* = a_1/4 \, .$$

Mittels eines einfachen Programms kann damit für alle zulässigen Parameter δ, ρ und T die Lösungspartie numerisch bestimmt werden. Der Grenzfall $\delta = 1$ läßt sich numerisch beliebig nahe approximieren.

Die Richtigkeit dieser Aussage für alle $T < \infty$ beweist man natürlich per Induktion (vgl. den Beweis von Theorem 1 in GÜTH und RITZBERGER, 1992). Für $t = T$ folgt die Behauptung wegen $p_T^* = v_{T-1}/2$, was die Bedingung

$$x_T^* p_T^* = \frac{a_T/4}{\left[1 - \delta + \frac{\delta}{2} a_T\right]^2} (p_{T-1})^2$$

impliziert. Für den Induktionsschritt unterstellt man

$$\sum_{\tau=t+1}^{T} \rho^{\tau-t-1} x_\tau^* p_\tau^* = \frac{a_{t+1}/4}{\left[1-\delta+\frac{\delta}{2}a_{t+1}\right]^2}(p_t)^2,$$

was die Beschreibung

$$x_t p_t + \rho \sum_{\tau=t+1}^{T} \rho^{\tau-t-1} x_\tau^* p_\tau^* = x_t p_t + \frac{a_{t+1}/4}{\left[1-\delta+\frac{\delta}{2}a_{t+1}\right]^2}(p_t^2)$$

der Erlöse ab der Periode t als Funktion von p_t erlaubt. Man bestimmt nun den optimalen Preis p_t^*, der diese Funktion maximiert, und zeigt für diesen Preis p_t^*, daß

$$\sum_{\tau=t}^{T} \rho^{\tau-t} x_\tau^* p_\tau^* = \frac{a_t/4}{\left[1-\delta+\frac{\delta}{2}a_t\right]^2}(p_{t-1})^2$$

gilt. Hieraus ergeben sich dann alle weiteren Behauptungen (zu den Details vgl. GÜTH und RITZBERGER, 1992).

3.3.4 Der Grenzübergang T → ∞ (Die Coase–Vermutung)

Die Coase–Vermutung (COASE, 1972) basiert auf der intrapersonalen Preiskonkurrenz, die wir für T = 2 und T = 3 verdeutlicht haben und die für $\delta \to 1$, wie beim Preiswettbewerb für homogene Güter, zur Preisanpassung, d.h. hier konkret zu konstanten Verkaufspreisen führt. Unseres Erachtens besteht die imponierende Intuition der Coase–Vermutung darin, die Möglichkeit intrapersonalen Preiswettbewerbs klar erkannt zu haben. Allerdings verdeutlichen schon die einfachen

Fälle T = 2 und T = 3, daß der Monopolist nur in bestimmten δ,ρ–Konstellationen durch intrapersonalen Preiswettbewerb geschädigt wird.

Konkret behauptet die Coase–Vermutung Konkurrenzpreise, d.h. $p_t^* = 0$ für alle Perioden t = 1,...,T, in denen wirklich gekauft wird, falls die Anzahl T der Verkaufsperioden gleicher Länge unendlich groß ist. GÜTH und RITZBERGER (1992) unterscheiden zwei Möglichkeiten, den Fall unendlich vieler Verkaufsperioden zu approximieren: Einmal wird ein vorgegebenes Zeitintervall in immer mehr und immer kürzere Verkaufsperioden gleicher Länge aufgeteilt. Bewertet der Monopolist zu Beginn dieses vorgegebenen Zeitintervalls die Erlöse am Ende dieses Zeitintervalls nicht als völlig wertlos, so kann die Aussage der Coase–Vermutung nicht zutreffen. Schließlich kann der Monopolist durch $p_1 = ... = p_{T-1} = 1$ jegliche Verkäufe vor der letzten Verkaufsperiode T ausschließen und in der letzten Periode den Monopolgewinn von 1/4 erwirtschaften.

Als andere Möglichkeit betrachten GÜTH und RITZBERGER (1992) den Grenzfall T = ∞ für vorgegebene und konstante Länge jeder einzelnen Verkaufsperiode, d.h. den **unendlichen Zeithorizont**. Nun ist es ein bekanntes Phänomen in der Spieltheorie (vgl. GÜTH, 1992), daß ein endlich oft wiederholtes Spiel strukturell völlig unterschiedlich ist zum unendlich oft wiederholten Spiel. So besagen die **Folk Theoreme**, daß in unendlich oft wiederholten Spielen fast jedes Resultat mit teilspielperfektem Gleichgewichtsverhalten konsistent ist. Es stellt sich daher die Frage, ob man das unendlich oft wiederholte Spiel nur als theoretischen Grenzfall für Spiele mit endlicher, aber sehr großer Wiederholungszahl ansieht oder ob man originär am unendlichen Spiel interessiert ist.

Da der Zeitraum menschlicher Existenz beschränkt ist, hat ein unendlich oft wiederholtes Spiel keine praktische Relevanz. Die Relevanz des unendlichen

Zeithorizonts kann man auch nicht dadurch rechtfertigen, daß Menschen trotz der zeitlichen Beschränkung der menschlichen Existenz sich so verhalten, als würden sie unendlich lange leben. Was hier zum Ausdruck kommt, ist allenfalls unsere Unfähigkeit und unser mangelnder Wille, Entscheidungen unter Antizipation aller künftigen Effekte zu treffen. Wir haben daher allenfalls ein mathematisches Interesse, aber keinen wirklichen Grund, den unendlichen Zeithorizont an und für sich zu betrachten. Damit erweisen sich auch die Folk Theoreme als praktisch wertlos (vgl. auch GÜTH, LEININGER und STEPHAN, 1991).

Sieht man die Bedeutung des unendlichen Zeithorizonts in der Approximation von Spielen mit sehr langem, aber endlichem Zeithorizont, so ist man natürlich nur an Lösungen des unendlichen Zeithorizonts interessiert, für die es analoge Lösungen in Spielen mit langem, aber endlichem Horizont gibt. Derartige Lösungen werden als **asymptotisch konvergent** bezeichnet (SELTEN, 1965). Man erhält nur derartige Lösungen, wenn man den unendlichen Zeithorizont (in unserem Beispiel den Grenzfall $T = \infty$) durch Grenzbetrachtung im Sinne immer längerer endlicher Zeithorizonte (in unserem Beispiel durch die Grenzbetrachtung $T \to \infty$) löst.

GÜTH und RITZBERGER (1992) bestimmen die Grenzlösung für $T \to \infty$, indem sie die Koeffizienten a_t für alle $t = 1,...,T$ und $T \to \infty$ bestimmen. Nun müssen im Grenzfall $T = \infty$ diese Koeffizienten konstant sein, da in Periode $t + 1$ genauso viele Perioden bevorstehen wie in Periode t. Aus

$$a = \frac{\left[1-\delta+\frac{\delta}{2}a\right]^2}{1-\delta+\left[\frac{\delta}{2}-\frac{\rho}{4}\right]a}$$

erhält man die konstante Sequenz

$$a_t = a = \frac{2(1-\delta)}{1-\delta + \sqrt{1-\rho}} \quad \text{für } t = 1,2,\ldots,$$

die für alle $0 \leq \delta, \rho \leq 1$ bis auf $\delta = 1 = \rho$ eindeutig definiert ist. Für den Grenzfall $\delta = 1 = \rho$ ergibt sich jedoch eine eindeutige Lösung $a = 1$, wenn man die Anfangsbedingung $a_T = 1$ für den Rekursionsbeginn berücksichtigt.

Gemäß der Formel $\Pi_T^* = a_1/4$ folgt daher $\Pi_\infty^* = a/4$, d.h.

$$\Pi_\infty^* = \begin{cases} \dfrac{\frac{1}{2}(1-\delta)}{1-\delta + \sqrt{1-\rho}} & \text{für } \delta\rho < 1 \\ 1/4 & \text{für } \delta\rho = 1, \end{cases}$$

d.h. der Monopolist verdient nur dann nichts auf Grund von vollständigem intrapersonalen Preiswettbewerb, falls $\delta = 1$ und $\rho < 1$ gilt, d.h. falls er ungeduldiger ist als die Konsumenten, denen es wegen $\delta = 1$ nichts ausmacht, das Gut zum gleichen Preis später zu kaufen (vgl. die sehr viel gründlichere Diskussion in GÜTH und RITZBERGER, 1992).

3.4 Intrapersonale strategische Konflikte

Intrapersonaler Preiswettbewerb, der kompetitive Marktergebnisse selbst für das Monopol behauptet, könnte wettbewerbspolitisch gesehen begründen, warum man monopolistische Marktstrukturen nicht notwendigerweise verhindert (zum Beispiel im Fall von copyrights). Da teuren Erstauflagen in der Regel preiswertere Paperback-

Versionen folgen, wird bei Verlagsprodukten trotz Monopolisierung häufig ein hoher Anteil der Marktnachfrage befriedigt. Es ist eine wichtige Erkenntnis, die durch die Coase–Vermutung inspiriert wurde, daß fehlende Wettbewerber nicht notwendig Wettbewerb ausschließen.

Unseres Erachtens weist das Phänomen intrapersonalen Preiswettbewerbs aber auch auf ein bedeutsames konzeptionelles Problem hin, das spieltheoretisch noch nicht allgemein akzeptiert gelöst ist. Die Frage ist nämlich, ob wir es beim dauerhaften Monopol wirklich nur mit einem Anbieter zu tun haben. Offenbar ist nur "der Monopolist der ersten Kaufperiode t = 1" an den Erlösen $x_1 \, p_1$ in der ersten Periode interessiert. Für "die Monopolisten späterer Perioden" ist $x_1 \, p_1$ ein unveränderlicher Erlösbetrag, der für ihre optimale Entscheidungen keinerlei Bedeutung haben kann. Analog sind "Monopolisten späterer Perioden" mit unterschiedlicher Restnachfragefunktion durch verschiedene Zielfunktionen charakterisiert. Entscheider mit unterschiedlichen Zielfunktionen sollte man jedoch als unterschiedliche Spieler auffassen. Wenn man in diesem Sinne dauerhafte Monopole als Märkte mit mehreren Anbietern auffaßt, deren Zielfunktionen divergieren, dann erscheint die Coase–Vermutung weniger paradox.

Gemäß GÜTH (1991) ist die Spieltheorie nur geeignet, **interpersonale strategische Konflikte** zu lösen. Intrapersonale strategische Konflikte sollten daher in interpersonale transformiert werden, indem man jede strategische Entscheidung, d.h. jeden Zug im Verlauf eines Spiels, durch einen unabhängigen Entscheider (einen sogenannten Agenten) auswählen läßt. In spieltheoretischer Terminologie (vgl. GÜTH 1992) besagt dies, daß man Spiele in ihrer **Agentennormalform** lösen sollte.

Wir wollen die Möglichkeit intrapersonaler Konflikte noch einmal an einem einfachen Beispiel illustrieren, nämlich dem Konsum einer "Droge", deren einmaliger Gebrauch unschädlich ist, sogar einen Gewinn ermöglicht, die jedoch abhängig macht und bei längerem Gebrauch Schaden verursacht. Wir haben die a priori–Bewertung des Drogenkonsums in Abbildung 3.4.1 verdeutlicht: D_t steht für Drogenkonsum in der

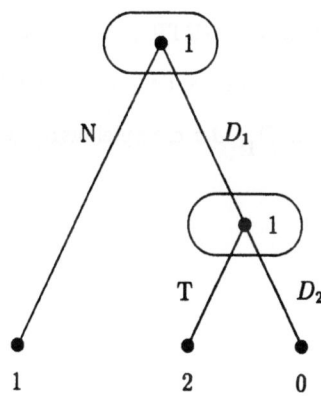

Abbildung 3.4.1

Periode t = 1,2. Gemäß der Bewertung führt dauerhafter Konsum, d.h. die Partie D_1, D_2 zum schlechtestmöglichen Ergebnis (Auszahlung Null), während einmaliger Konsum in der Periode 1 (der Zug T steht für Termination) den größten Nutzen von 2 stiftet. Die in Abbildung 3.4.1 enthaltene Gesamtbewertung der Partien kann man dadurch rechtfertigen, daß ein– und erstmaliger Konsum (D_1) einen hohen

Erlebniswert (+3) vermittelt, dem bei Termination T nur ein geringer Schaden (−1) gegenübersteht, der bei Wiederholung D_2 mit −3 jedoch weit erheblicher ausfällt. Offenbar ist aus der Sicht des Entscheiders 1, der sowohl zwischen N und D_1 als auch zwischen T und D_2 wählt, die Zugkombination D_1, T eindeutig optimal.

Berücksichtigt man jedoch, daß D_1 abhängig macht, so könnte es sein, daß sich für denjenigen, der nach dem Konsum D_1 zwischen T und D_2 entscheiden muß, die Bewertung der beiden Alternativen T und D_2 umkehrt. Konkret sei unterstellt, daß für den Abhängigen Termination T die mit −3 am schlechtesten bewertete Alternative ist und daß er D_2 mit −1 bewertet. Gemäß dem Vorschlag von GÜTH (1991) sollte man daher die Situation als 2–Personen–Spiel modellieren, wie es der Abbildung 3.4.2 entspricht. Spieler 1 sei der Entscheider zwischen N und D_1, der die Spielausgänge wie

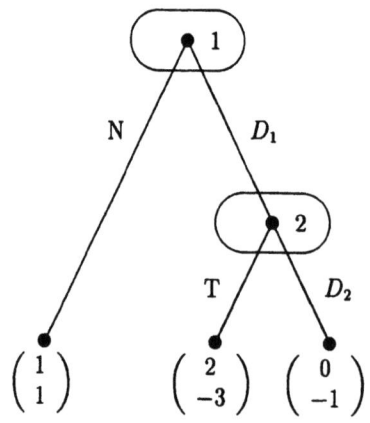

Abbildung 3.4.2

in Abbildung 3.4.1 bewertet (die oberen Auszahlungen an den Endpunkten der Abbildung 3.4.1). Spieler 2, der es vorziehen würde, niemals mit dem Konsum angefangen zu haben, ist es jedoch, der zwischen T und D_2 entscheiden muß und der auf Grund seiner Abhängigkeit D_2 gegenüber T vorzieht. Offenbar muß Spieler 1 jetzt die einzig rationale Entscheidung D_2 des Spielers 2 antizipieren, was ihn von der Entscheidung D_1 abbringt, da N für ihn besser ist als D_1, wenn Spieler 2 den Zug D_2 wählt.

Es steht zu befürchten, daß diejenigen, die freiwillig zu Drogen greifen, die abhängig machen, die Entscheidungen ihres **"künftigen Ego"** nicht richtig antizipieren. Allerdings ist der Vorschlag, einen menschlichen Entscheider in eine mehr oder minder große Zahl von "Agenten" zu zerschlagen (GÜTH, 1991), allein an die Spieltheorie gerichtet, die von der unrealistischen Annahme perfekter individueller Entscheidungsrationalität ausgeht. Wir behaupten nicht, daß wirkliche Menschen völlig unbeeinflußt von eigenen früheren Erwartungen und Plänen entscheiden.

Die Zerschlagung eines Spielers in Agenten oder lokale Spieler erweist sich sogar als unumgänglich, wenn ein Spieler sein künftiges Ego selbst nicht genau kennt, d.h. man weiß zum gegenwärtigen Zeitpunkt nicht genau, wie man in der Zukunft die dann resultierenden Handlungsmöglichkeiten bewertet. So muß ein Ehemann, der mit einem "unmoralischen Angebot" (vgl. ENGELHARD, 1993) konfrontiert ist, nicht notwendig wissen, wie er später die "Untreue" seiner Partnerin bewerten und daher über die Fortsetzung dieser Partnerschaft entscheiden wird. Ein naheliegendes Modell dieser Situation könnte von drei Agenten bzw. lokalen Spielern des Ehemanns ausgehen; einem, der entscheiden muß, ob er das "unmoralische Angebot" seiner Partnerin mitteilt, sowie zwei Agenten, die beide mit der "Untreue" der Partnerin konfrontiert sind, sie jedoch in völlig unterschiedlicher Weise bewerten.

Abbildung 3.4.3 ist eine einfache Modellierung der Situation (die ersten drei Komponenten eines Auszahlungsvektors sind die Nutzen der Spieler M, $\underline{M}$ und $\bar{M}$, die vierte Komponente ist der Nutzen von F), in der zunächst der Ehemann M entscheidet, ob er seine Partnerin F über das "unmoralische Angebot" unterrichtet (m) oder nicht (n). Nur im Fall von m kann F zwischen i (Interesse an dem Angebot) oder e (sich ekelhaft und unangenehm berührt zeigen) wählen. Bei Interesse seiner Partnerin, d.h. nach dem Zug i, ist das Angebot akzeptiert, d.h. es kommt zur "Untreue" von F, die dem Ehemann auch bekannt wird. Der Ehemann muß dann abschließend entscheiden, ob er seine Partnerin verläßt (v) oder mit ihr weiterhin zusammenlebt (b). Wie eine solche Entscheidung aussehen würde, hängt jedoch entscheidend davon ab, ob der Zufallsspieler 0 den Typ $\underline{M}$ des Ehemanns auswählt, für den das Weiterleben mit seiner "untreuen" Partnerin F unmöglich ist (d > 0), oder den Typ $\bar{M}$, den – wegen a > 0 – die erwiesene "Untreue" der F nicht daran hindert, weiterhin mit ihr zusammenzuleben.

Die Wahrscheinlichkeit w mit 0 < w < 1 sei die Wahrscheinlichkeit, mit der M (und auch der $\underline{M}$ sowie der $\bar{M}$) den Typ $\underline{M}$ erwartet, während für F der Typ $\underline{M}$ die Wahrscheinlichkeit p mit 0 < p < 1 besitzt. Da die möglicherweise unterschiedlichen beliefs der beiden Spieler M und F als allgemein bekannt unterstellt werden, erweist sich das Spiel als eines mit **inkonsistenter unvollständiger Information** (vgl. GÜTH, 1992). Die Entscheidung des $\underline{M}$ bzw. $\bar{M}$ wird durch Unter– bzw. Überstreichung gekennzeichnet. Die Unkenntnis des M über sein künftiges Ego wird durch die unterschiedlichen Präferenzen von $\underline{M}$ und $\bar{M}$ sowie durch den Wahrscheinlichkeitsparameter w des M erfaßt. Offenbar weiß der M nicht, was er später tun wird; er hat allenfalls probabilistische Erwartungen bezüglich seines künftigen Tuns.

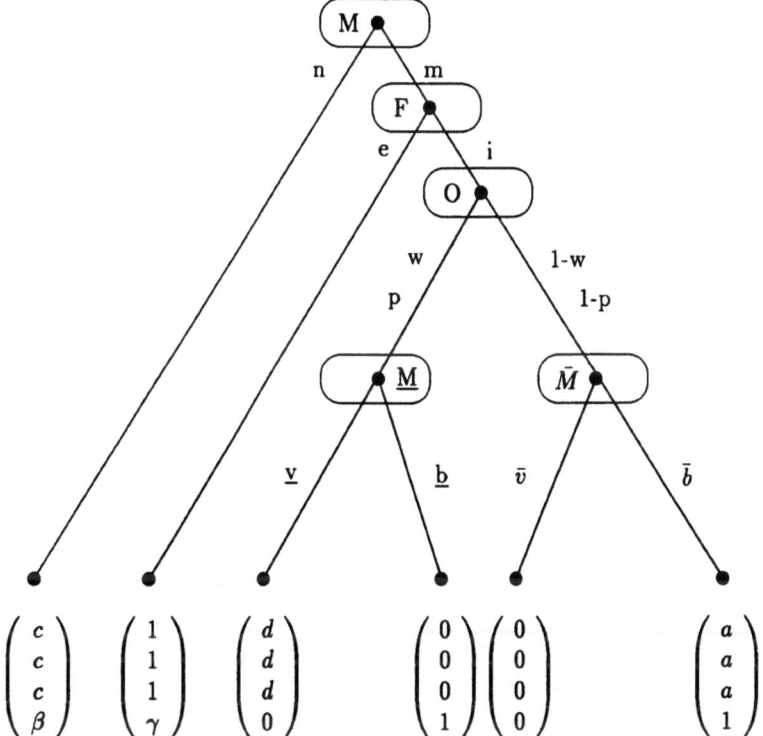

Abbildung 3.4.3

Wir wollen kurz das einfache Modell der Abbildung 3.4.3 durch wiederholte Elimination dominierter Strategien lösen. Offenbar wählt $\underline{M}$ den Zug $\underline{v}$, während $\bar{M}$ den Zug $\bar{b}$ vorzieht. F wird daher e wählen, falls $\gamma > 1 - p$ bzw. $p > 1 - \gamma$. Gilt $p > 1 - \gamma$, so ist wegen $1 > c$ der Zug m des M optimal. Gilt hingegen $1 - \gamma > p$, so erweist sich m nur dann als optimal, falls $wd + (1-w) a > c$ bzw.

$$\frac{a - c}{a - d} > w \; ;$$

andernfalls erweist sich der Zug n des M als optimal. Wir haben die Lösung in Abbildung 3.4.4 graphisch im w,p–Einheitsquadrat veranschaulicht. Im Bereich "erwiesene Treue" widersteht F der Versuchung, da sie auf die Mitteilung m mit e antwortet. Gilt $p < 1 - \gamma$ und $w > \frac{a - c}{a - d}$, so fürchtet M sich davor, F auf die Probe

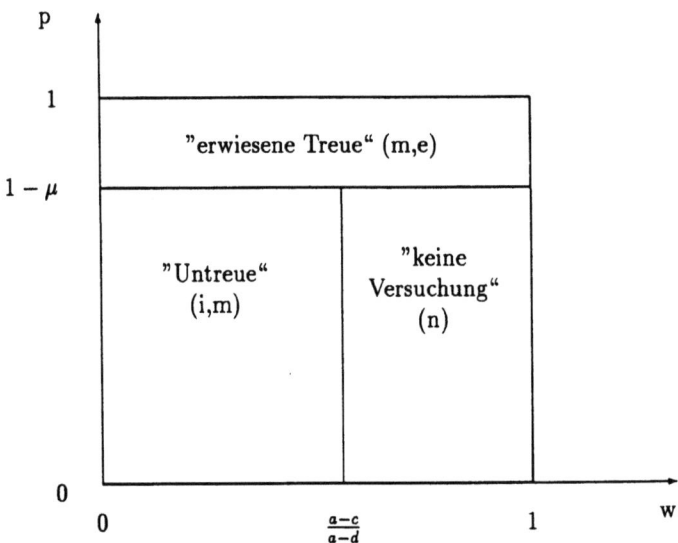

Abbildung 3.4.4

zu stellen, und wählt daher stets n im Bereich "keine Versuchung". Im Bereich "Untreue" wagt er dies, d.h. wählt m, obwohl er weiß, daß F darauf mit i reagiert. Nur in dem Bereich "Untreue" hängt das Ergebnis vom Zufallszug ab: Liegt $\underline{M}$ vor, so scheitert die Beziehung; liegt hingegen $\bar{M}$ vor, so leben die beiden (F und $\bar{M}$) weiterhin zusammen. Falls M also sein künftiges Ego in der Form von $\underline{M}$ als relativ unwahrscheinlich ansieht, d.h. falls w klein ist, geht er das Wagnis m ein. Ist w jedoch größer als $\frac{a-c}{a-d}$, so zieht er es vor, seine Partnerin F nicht auf die Probe zu stellen. Das einfache Beispiel illustriert, wie die Unkenntnis über das eigene künftige Ego das gegenwärtige Verhalten diktieren kann.

3.5 Informative Werbung auf Monopolmärkten

Der folgende Abschnitt ist inspiriert durch die Analyse monopolistischer Preisreklame (BESTER, 1992). Generell kann Werbung natürlich außer über den Produktpreis auch über wichtige Produkteigenschaften wie Materialbeschaffenheit, Umweltverträglichkeit und dergleichen informieren. Das Modellieren von informativer Werbung über derartige Eigenschaften ist jedoch schwieriger, da man abbilden müßte, wie sich die unterschiedlichen Ausprägungen dieser Eigenschaften in der Wertschätzung der Nachfrager niederschlagen.

Gemäß dem sequentiellen Marktentscheidungsprozeß soll zunächst der Monopolist entscheiden, ob er Preisreklame in einer bestimmten vorgegebenen Form anstrebt oder nicht und welchen Verkaufspreis p ($\geq$ 0) er für sein Produkt verlangt. Ohne Preisreklame seien alle Nachfrager auf ihre Preisvermutungen angewiesen. Mit Preisreklame erfährt jeder Nachfrager mit Wahrscheinlichkeit w(> 0) den Preis; mit der Restwahrscheinlichkeit 1 − w bleibt er uninformiert wie im Fall ohne Preisreklame.

In Kenntnis des Preises (bei Preisreklame und Wahrnehmen der Preisbotschaft) bzw. basierend auf ihren Preisvermutungen müssen alle Nachfrager dann entscheiden, ob sie das Geschäft des Monopolisten aufsuchen oder nicht. Die (Fahrt)Kosten k für das Aufsuchen des Geschäfts seien individuell unterschiedlich. Konkret gehen wir davon aus, daß es für jeden Kostenwert k mit $0 \leq k \leq 1$ genau einen Konsumenten gibt.

Im Geschäft selbst müssen die Nachfrager dann noch zwischen Kauf und Nichtkauf wählen, wobei wir davon ausgehen, daß ein Nachfrager maximal eine Mengeneinheit des unteilbaren Produkts erwerben möchte. Für alle Nachfrager sei der monetäre Wert des

Guts 1, d.h. beim Preis von 1 ist man indifferent zwischen Kauf und Nichtkauf (wir werden im folgenden stets davon ausgehen, daß man sich bei Indifferenz für Kauf entscheidet). Bei Kauf ist der Nutzen des Nachfragers k, d.h. des Nachfragers mit den (Fahrt)Kosten k, daher $1 - p - k$; sucht Nachfrager k das Geschäft auf und kauft nicht, so ist sein Nutzen $-k$, während jeder Nachfrager, der das Geschäft nicht aufsucht, 0 erhält, da er Kauf und (Fahrt)Kosten vermeidet.

Aus Vereinfachungsgründen abstrahieren wir von Produktionskosten. Die Preisreklame soll Kosten in Höhe von K (> 0) verursachen. Der Gewinn des Monopolisten ist daher sein Erlös abzüglich der eventuellen Kosten K für Preisreklame.

3.5.1 Das Dilemma des Monopolisten ohne Preisreklame

Ohne Preisreklame sind alle Nachfrager k mit $0 \leq k \leq 1$ auf ihre Preisvermutungen angewiesen. Es wird sich zeigen, daß alle Nachfrager die gleiche Preiserwartung $\hat{p}$ mit $0 \leq \hat{p} \leq 1$ hegen werden. Geht man von der generellen Preiserwartung $\hat{p}$ aus, so werden genau die (risiko-neutralen) Nachfrager k das Geschäft aufsuchen, für die $1 \geq k + \hat{p}$ gilt, d.h. alle Nachfrager k mit $1 - \hat{p} \geq k \geq 0$ suchen das Geschäft des Monopolisten auf.

Befindet sich ein Nachfrager schon im Geschäft des Monopolisten, so sind seine (Fahrt)Kosten nicht länger vermeidbar (man nennt solche Kosten auch **sunk costs**), d.h. er wird zu allen Preisen p mit $0 \leq p \leq 1$ kaufen. Die Gewinnfunktion des Monopolisten ist daher durch

$$\Pi(p) = \begin{cases} p(1-\hat{p}) & \text{für alle } 0 \leq p \leq 1 \text{ und } 0 \leq \hat{p} \leq 1 \\ 0 & \text{sonst} \end{cases}$$

gegeben, d.h. der gewinnmaximale Preis p^* ohne Preisreklame ist stets $p^* = 1$.

In einem teilspielperfekten Gleichgewicht sind natürlich die Erwartungen aller Nachfrager durch die Preisentscheidung $p^* = 1$ bestimmt, d.h. es gilt $\hat{p} = p^* = 1$, was auch unsere anfängliche Annahme rechtfertigt, daß alle Nachfrager k mit $0 \leq k \leq 1$ die gleiche Preiserwartung $\hat{p}$ mit $0 \leq \hat{p} \leq 1$ hegen. Die Bedingung $\hat{p} = p^* = 1$ impliziert jedoch, daß nur ein Anteil 0 aller Nachfrager das Geschäft des Monopolisten aufsucht, der daher auch nur einen Gewinn von Null erwirtschaftet.

Lemma: Ohne Preisreklame ist der Markt faktisch nicht existent: Da alle Nachfrager erwarten, durch den Monopolisten im Sinne von $p^* = 1$ ausgebeutet zu werden, wird nur ein Anteil Null aller Nachfrager das Geschäft des Monopolisten aufsuchen und das Produkt kaufen.

Das Dilemma des Monopolisten besteht also darin, daß er die Nachfrager in seinem Geschäft im Sinne von $p^* = 1$ ausbeuten kann, so daß sie es bereuen, überhaupt in sein Geschäft gekommen zu sein. Da dieser Anreiz für den Monopolisten durch die Nachfrager rational antizipiert wird, verzichten sie auf den Besuch des Geschäfts. Der Monopolist schadet sich also selbst ähnlich wie im dauerhaften Monopol, wenn die Nachfrager sehr viel geduldiger als der Monopolist sind: Im vorliegenden Beispiel wäre der Monopolist sehr daran interessiert, sich den Nachfragern gegenüber durch ein Preisversprechen $p < 1$ zu binden, das zumindest für einige Nachfrager den Besuch seines Geschäfts rechtfertigen würde. Wir werden sehen, daß Preisreklame, an die man gebunden ist, genau diese Möglichkeiten bietet.

3.5.2 Das Marktverhalten bei Preisreklame

Bei Preisreklame hängt der erwartete Anteil x(p) der Nachfrager, die das Geschäft aufsuchen, vom Verkaufspreis p wie folgt ab:

$$x(p) = w(1-p) + (1-w)(1-\hat{p}),$$

wobei $\hat{p}$ wiederum die einheitliche Preiserwartung des Anteils 1−w aller Nachfrager ist, die die Preisbotschaft nicht erreicht hat. Ein Nachfrager k, der den Preis erfährt, was mit Wahrscheinlichkeit w geschieht, geht ins Geschäft und kauft zum Preis p, falls $1-p \geq k \geq 0$; ein Nachhfrager k ohne Preiskenntnis sucht das Geschäft auf, falls $1-\hat{p} \geq k \geq 0$ gilt, und er wird zu allen Preisen p mit $0 \leq p \leq 1$ kaufen. Die daraus resultierende Gewinnerwartung

$$p\left[w(1-p)+(1-w)(1-\hat{p})\right] - K$$

des Monopolisten wird durch

$$p^* = \frac{1 - (1-w)\hat{p}}{2w}$$

maximiert. Da dieser Preis p^* wiederum rational antizipiert wird, gilt $\hat{p} = p^*$ und damit

$$p^* = \frac{1}{1+w},$$

was die Gewinnerwartung

$$\frac{w}{(1+w)^2} - K$$

beinhaltet.

Lemma: Der Monopolist wird in Preisreklame investieren, falls die Kosten K für Preisreklame geringer sind als $w/(1+w)^2$.

Das Dilemma bei fehlender Preisreklame kann also immer dann vermieden werden, falls

$$\frac{w}{(1+w)^2} > K$$

gilt: Durch die Preisreklame bindet sich der Monopolist an ein Preisversprechen, womit er selbst die Ausbeutung der Nachfrager in seinem Geschäft ausschließt.

Das einfache Modell zeigt, daß der Monopolist selbst daran interessiert sein kann, die monopolistische Ausbeutung der Nachfrager durch sich zu verhindern. Er ist sogar bereit, sich hierfür freiwillig Kosten aufzubürden. Falls $w/(1+w)^2 > K$ gilt, profitiert nicht nur der Monopolist von der Preisreklame, sondern es profitieren auch alle Konsumenten k mit $\frac{w}{1+w} > k \geq 0$, die entweder auf Grund des annoncierten Preis $p^* = \frac{1}{1+w}$ oder auf Grund der Preiserwartung $\hat{p} = \frac{1}{1+w}$ das Geschäft des Monopolisten aufsuchen und zum Preis $p^* = \frac{1}{1+w}$ kaufen, was ihnen einen positiven Gewinn von $\frac{w}{1+w} - k$ einbringt.

3.6 Patentrennen als Weg zur Monopolsituation

Monopolsituationen können völlig legal erworben werden, zum Beispiel indem man durch ein Patent das ausschließliche Recht erlangt, als einziger ein bestimmtes Produkt anbieten zu dürfen. Der Wettbewerb zur Erlangung solcher Patentrechte ähnelt häufig einem Wettrennen, da nur der erste gewinnt. Es sei $v(> 0)$ der Nutzen, zum Beispiel im Sinne eines Mehrgewinns, einer in der Regel mehrjährigen Monopolposition aufgrund eines Patentrechts. Wir unterstellen aus Vereinfachungsgründen, daß v nicht vom Zeitpunkt der Erlangung dieses Rechts abhängt. Die Entwicklung eines Patents verursache Kosten, die umso höher sind, je eher man den Patentantrag stellen möchte. Es sei 1 der letzte Zeitpunkt, zu dem das Patent überhaupt noch angemeldet werden kann, und t_i der Zeitpunkt, zu dem die Firma i das Patent anmeldungsreif haben möchte. Die für alle beteiligten Firmen i = 1,...,n($\geq$ 2) gleichen Entwicklungskosten $C_i(t_i)$ seien durch

$$C_i(t_i) = kv(1-t_i) \quad \text{mit } k > 1$$

für alle Zeitpunkte t_i im Intervall $0 \leq t_i \leq 1$ bestimmt.

Für ein derartiges Modell gibt es offenbar keinen Vektor $t = (t_1,...,t_n)$ von individuellen Entwicklungszeiten, der gleichgewichtig ist: Wegen $k > 1$ können nur Zeitpunkte t_i im Intervall $1 \geq t_i \geq (k-1)/k$ (> 0) überhaupt optimal sein. Würde nur eine Firma in diesem Intervall den frühesten Zeitpunkt realisieren, so könnte sie sich dadurch verbessern, daß sie ihren Entwicklungszeitpunkt aufschiebt. Wählen aber mehrere Firmen den frühesten Entwicklungszeitpunkt, so ist t ebenfalls nicht gleichgewichtig, da man durch marginale Vorverlagerung der Entwicklung mit Wahrscheinlichkeit 1 zum Zuge kommt, ohne erhebliche Mehrkosten tragen zu müssen. Es kann daher nur Gleichgewichte in gemischten Strategien geben, gemäß denen die Firmen ihren Entwicklungszeitpunkt t_i per Zufall auswählen.

Für alle Firmen i = 1,...,n sei $F_i(t_i)$ die Wahrscheinlichkeit dafür, das Produkt im Zeitraum bis t_i entwickelt zu haben, $f_i(t_i)$ sei die dazugehörige Dichte, d.h.

$$F_i(t_i) = \int_0^{t_i} f_i(\tau)d\tau.$$

Für gegebene gemischte Strategien $f_j(\cdot)$ seiner Konkurrenten $j \neq i$ um das Patentrecht ist

$$P_i(t_i) = \prod_{j \neq i}\left[1 - F_j(t_i)\right]$$

die Wahrscheinlichkeit, daß der i das Patent in t_i anmelden kann, wenn er die (reine) Strategie t_i realisiert. Die Gewinnerwartung des i für t_i ergibt sich daher als

$$\begin{aligned} E_i(t_i) &= v\,P_i(t_i) - k\,v(1-t_i) \\ &= v\left[P_i(t_i) - k(1-t_i)\right]. \end{aligned}$$

Wegen

$$E_i'(t_i) = v\left[P_i'(t_i) + k\right] = 0$$

erhält man die notwendige Bedingung

$$k = -P'_i(t_i) = \prod_{j \neq i}\left[1-F_j(t_i)\right] \sum_{k \neq i} \frac{f_k(t_i)}{1-F_k(t_i)}$$

für ein lokales Maximum von $E_i(t_i)$. Wir wollen hier nur andeuten, auf welche Weise man ein symmetrisches Gleichgewicht mit $F_i(\cdot) = F(\ )$ für alle $i = 1,...,n$ bestimmen kann, das sich angesichts der Symmetrie der Marktsituation als Lösung anbietet.

Für den Fall einer symmetrischen Lösung vereinfacht sich die notwendige Bedingung zu

$$k = \left[1-F(t_i)\right]^{n-1} \sum_{k \neq i} \frac{f(t_i)}{1-F(t_i)}$$

bzw.

$$(*) \quad \frac{k}{n-1} = \left[1-F(t_i)\right]^{n-2} \cdot f(t_i).$$

Für den interessanten Spezialfall $n = 2$ (der als "chicken game" durch den James Dean–Film "Denn sie wissen nicht, was sie tun" sehr populär wurde) hat man damit schon die Lösung bestimmt, da dann

$$f(t_i) = k \quad \text{für } i = 1,2$$

folgt. Man muß natürlich noch das Intervall $[\underline{t},1]$ festlegen, für das $f(t_i) = k$ gelten soll, während $f(t_i) = 0$ für alle $0 \leq t_i < \underline{t}$ zutrifft. Wegen $k(1-\underline{t}) = 1$ folgt $\underline{t} = \frac{k-1}{k}$ und damit die Lösung

$$f_i(t_i) = \begin{cases} k & \text{für } \frac{k-1}{k} \leq t_i \leq 1 \\ 0 & \text{für } t_i \leq \frac{k-1}{k} \end{cases}$$

für die beiden Firmen i = 1,2. Auf die Fälle n > 2, die allgemeine Lösungen der Gleichung (*) erfordern, sei hier nicht näher eingegangen.

Setzt man die Lösung (f_1, f_2) mit $f_i(t_i)$ für i = 1,2 gemäß obiger Gleichung in die Auszahlungserwartung $E_i(t_i)$ für Werte t_i im Intervall $\frac{k-1}{k} \leq t_i \leq 1$ ein, so erhält man

$$E_i(t_i) = v\left[1 - k\left[t_i - \frac{k-1}{k}\right] - k(1-t_i)\right]$$

$$= v\left[1 - k t_i + k - 1 - k + k t_i\right] = 0.$$

Mit $E_i(t_i)$ ist natürlich auch die Gesamtgewinnerwartung beider Anbieter i = 1,2 Null, da $E_i(t_i) = 0$ für alle t_i im Intervall $\frac{k-1}{k} \leq t_i \leq 1$ gilt, das die Trägermenge im Sinne von $f(t_i) > 0$ ihrer gemischten Strategien ist. Analog zum Preiswettbewerb auf homogenen Märkten mit konstanten und gleichen Grenzkosten aller Anbieter erhält man also das Ergebnis, daß schon zwei Wettbewerber dafür ausreichen, daß ein Patentrennen nur Gewinnerwartungen von Null bietet. Durch den Charakter eines (Patent)Wettrennens werden die Entwicklungskosten so weit erhöht, daß die Gewinnerwartungen auf Null schrumpfen.

Wird der Parameter k kleiner, so vergrößert sich die Trägermenge der gemischten Strategien, da die untere Schranke

$$\underline{t} = \frac{k-1}{k}$$

dann ebenfalls kleiner wird. Für k → 1 erhält man das Grenzresultat $f(t_i) = 1$ für alle $0 \leq t_i \leq 1$. Mit zunehmendem k verschiebt sich $\underline{t}$ hingegen immer mehr nach oben, d.h. die Patentanmeldung verschiebt sich in Richtung des letzten Anmeldezeitpunkts $t = 1$. Für k → ∞ ist das Grenzresultat, daß beide Firmen erst im Zeitpunkt $t_i = t_2 = 1$ die Patentanmeldung anstreben.

4. Homogene Oligopolmärkte

Ausgehend vom Marktverhalten bei vollständiger Konkurrenz, gemäß der sich jeder Anbieter gewinnmaximal an einen vorgegebenen Verkaufspreis anpaßt, werden wir gesondert und für jeweilig besondere vereinfachende Annahmen verschiedene institutionelle Aspekte wie Preisführerschaft, unvollständige Information über die Marktnachfrage, die Möglichkeit von Markteintritt und Kartellbildung der Anbieter diskutieren. Wir werden dabei stets vom Grenzfall homogener Produkte ausgehen, obwohl man gemäß unserer grundsätzlichen Überzeugung diesen Grenzfall nicht direkt, sondern mittels Grenzwertbetrachtung von heterogenen Märkten analysieren sollte. Die Rechtfertigung hierfür ist die traditionelle Bedeutung von Analysen homogener Märkte in der wirtschaftstheoretischen Literatur. Letztlich beruht natürlich die Relevanz derartiger Analysen auf der impliziten Annahme, daß sich analog zu unserem Ergebnis in Abschnitt 2.5 die Resultate durch entsprechende Resultate für heterogene Märkte mit abnehmenden Heterogenitätsgrad approximieren lassen.

In Abschnitt 2.6. wurde Mengenpolitik auf homogenen Märkten als verkürzende Analyse eines zweistufigen Marktentscheidungsprozesses gerechtfertigt, gemäß dem die Anbieter zunächst simultan ihre Verkaufskapazitäten und dann, in Kenntnis aller Kapazitätsschranken, ihre Verkaufspreise festlegen. Im folgenden gehen wir stets von dieser verkürzenden Darstellung aus, d.h. wir unterstellen die Verkaufsmengen als absatzpolitische Variable.

4.1 Das Marktergebnis bei vollständiger Konkurrenz

Für jeden der n Anbieter $i = 1,...,n$ sei x_i (≥ 0) die Verkaufsmenge und $K_i(x_i)$ die zweimal stetig differenzierbare Kostenfunktion mit steigenden Grenzkosten $K_i'(x_i)$.

Betrachtet der Anbieter i den für alle Anbieter i gleichen Verkaufspreis p (≥ 0) als vorgegeben und unabhängig von seiner Verkaufsmenge x_i, so ist wegen

$$\Pi_i(x_i) = p\, x_i - K_i(x_i),$$

$$\Pi_i'(x_i) = p - K_i'(x_i) = 0$$

und

$$\Pi_i''(x_i) = -K_i''(x_i) \leq 0$$

die optimale Verkaufsmenge x_i^* durch die Bedingung

$$p = K_i'(x_i^*) \quad \text{für } i = 1,\ldots,n$$

bestimmt. Wir haben diese Bedingung in Abbildung 4.1.1 graphisch veranschaulicht:

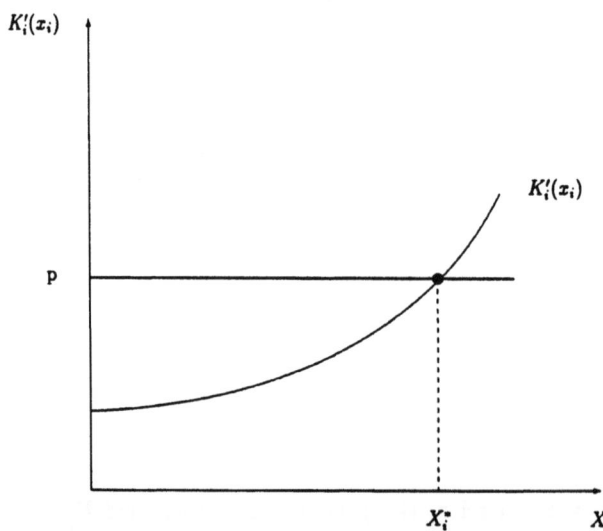

Abbildung 4.1.1

Bei der optimalen Verkaufsmenge x_i^* wird die "Preisgerade" p von unten durch die Grenzkostenkurve $K_i'(x_i)$ geschnitten. Gilt zum Beispiel $K_i(x_i) = C_i + c_i x_i + \frac{d_i}{2} x_i^2$ mit $C_i \geq 0$, $c_i \geq 0$ und $d_i > 0$, so folgt aus

$$p = c_i + d_i x_i^*$$

die "Angebotsfunktion"

$$x_i^*(p) = \frac{p - c_i}{d_i},$$

die jedem vorgegebenen und von x_i unabhängigen Verkaufspreis p mit $p \geq c_i$ die optimale Verkaufsmenge $x_i^*(p)$ zu diesem Preis zuordnet (im Bereich der Preise $0 \leq p < c_i$ ist $x_i^* = 0$).

Generell sei $x_i^*(p)$ die Verkaufsmenge, die für den Verkaufspreis p die Bedingung $p = K_i'(x_i^*(p))$ erfüllt, d.h. für alle Anbieter $i = 1,...,n$ bezeichnet $x_i^*(p)$ die Angebotsfunktion. Die Gesamtangebotsfunktion

$$X^*(p) = \sum_{i=1}^{n} x_i^*(p)$$

weist dann jedem Preis p die insgesamt angebotene Menge $X^*(p)$ zu. In unserem konkreten Beispiel wäre $X^*(p)$ durch

$$X^*(p) = \sum_{i=1}^{n} \frac{p - c_i}{d_i}$$

im Bereich der Preise p mit $p \geq \max \{c_1,...,c_n\}$ bestimmt. Generell gilt, daß $X^{*'}(p)$ mit p ansteigt, da wegen $K'_i(x_i) > 0$ alle individuellen Verkaufsmengen $x^*_i(p)$ mit p ansteigen.

Bezeichnet X(p) die stetig differenzierbare Nachfragefunktion mit $X'(p) < 0$, die jedem für alle Nachfrager gleichen Verkaufspreis p die insgesamt nachgefragte Menge zuweist, so ist der eindeutige Konkurrenzpreis p^c durch die Gleichung

$$X(p^c) = X^*(p^c)$$

bestimmt. Wir haben in Abbildung 4.1.2 graphisch verdeutlicht, daß sich nur beim Preis p^c Angebotsmenge $X^*(p)$ und Nachfragemenge X(p) ausgleichen. Bei Preisen p

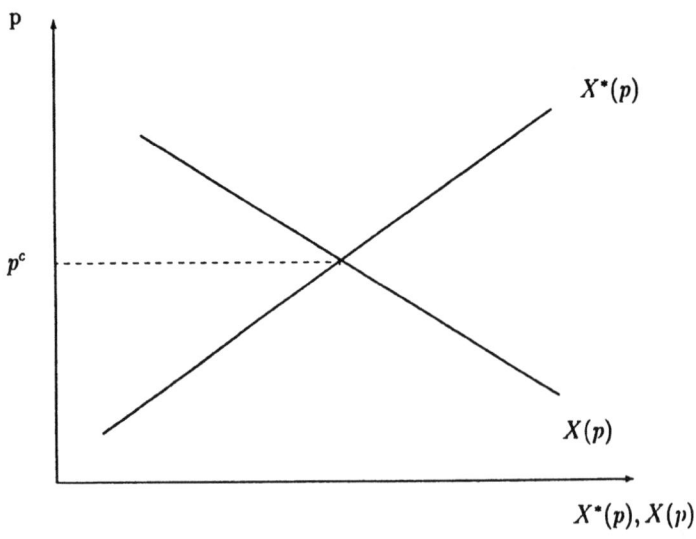

Abbildung 4.1.2

mit $p > p^c$ ergibt sich ein Angebotsüberschuß $X^*(p) - X(p) > 0$, während man bei Preisen $p < p^c$ einen Nachfrageüberhang $X(p) - X^*(p) > 0$ konstatiert.

Geht man zum Beispiel von der Nachfragefunktion

$$X(p) = \begin{cases} A - Bp & \text{für } 0 \leq p \leq A/B \\ 0 & \text{sonst} \end{cases}$$

mit $\frac{A}{B} > c_j$ für alle $j = 1,...,n$ und der Angebotsfunktion $X^*(p) = \sum_{i=1}^{n} \frac{p - c_i}{d_i}$ aus, so folgt aus

$$A - B p^c = \sum_{i=1}^{n} \frac{p^c - c_i}{d_i}$$

der eindeutige Konkurrenzpreis

$$p^c = \frac{A + \sum_{i=1}^{n} \frac{c_i}{d_i}}{B + \sum_{i=1}^{n} d_i^{-1}},$$

der die individuellen Verkaufsmengen

$$x_j^*(p^c) = \left[\frac{A + \sum_{i=1}^{n} \frac{c_i}{d_i}}{B + \sum_{i=1}^{n} d_i^{-1}} - c_j \right] \bigg/ d_j$$

für $j = 1,...,n$ impliziert.

Aus individueller Sicht ist dieses Marktergebnis wenig hilfreich: Wie soll sich ein Anbieter j optimal an p^c anpassen, wenn erst sein Anpassungsverhalten $x_j^*(p)$ den Konkurrenzpreis p^c determiniert? Wir verweisen auf Kapitel 2, in dem allgemein für alle traditionellen Marktlösungskonzepte, d.h. auch für das Marktmodell der vollständigen Konkurrenz, diskutiert wurde, wie man Konkurrenzverhalten letztlich durch individuelle Entscheidungen der am Markt befindlichen Akteure erklären kann.

Kann die Bedingung $p^c \geq K_j(x_j^*(p^c))$ nicht für alle Anbieter j = 1,...,n erfüllt werden, so können nicht alle n Anbieter auf dem Markt verbleiben, d.h. positive Mengen verkaufen. Wird auf diese Weise ein Anbieter i ausgeschlossen, so kann man für die n – 1 aktiven Anbieter in analoger Form den Konkurrenzpreis und die n – 1 individuellen Verkaufsmengen x_j mit $j \neq i$ ableiten. Wer auf einem Markt aktiv anbietet oder nicht, hängt von den Markteintrittsschranken ab. Da hier die Fixkosten $C_j (\geq 0)$ als unvermeidbar angesehen werden, ist der für den Anbieter j individuelle **markteintrittsverhindernde Preis** durch seine minimalen Grenzkosten $C_j'(0) = c_j$ gegeben.

4.2 Die Bürde der Preisführerschaft

Preisführerschaft (vgl. hierzu GÜTH, OCKENFELS und STEPHAN, 1987) ist dann gegeben, wenn ein Anbieter den Verkaufspreis setzt, an den sich alle übrigen Anbieter anpassen. Ist i Preisführer, so gehen wir vom folgenden sequentiellen Marktentscheidungsprozeß aus:

Stufe 1: Der Preisführer i wählt den generellen Verkaufspreis p (≥ 0) und gibt p allgemein bekannt.

Stufe 2: In Kenntnis von p wählen alle Anbieter $j \neq i$ ihre Verkaufsmenge $x_j (\geq 0)$.

Um den Preis des i glaubhaft und verläßlich zu machen, wird unterstellt, daß der Preisführer für die Gleichheit von Angebots- und Nachfragemenge zu sorgen hat, d.h. die Verkaufsmenge x_i des Preisführers i ist durch

$$x_i = X(p) - \sum_{j \neq i} x_j$$

bestimmt. Wie bisher bezeichnet X(p) die nachgefragte Menge auf dem Markt bei einheitlichem Verkaufspreis p.

Wir bestimmen das teilspielperfekte Gleichgewichtsverhalten für unser konkretes Beispiel aus Abschnitt 4.1. Offenbar werden sich bei Rationalverhalten alle Anbieter $j \neq i$ auf der zweiten Stufe gemäß ihrer individuellen Angebotsfunktion

$$x_j^*(p) = \frac{p - c_j}{d_j}$$

verhalten. Für den Preisführer i resultiert daher die **Restnachfrage**

$$x_i(p) = A - Bp - \sum_{j \neq i} \frac{p - c_j}{d_j}.$$

Durch Maximierung von

$$\Pi_i(p) = p \cdot x_i(p) - C_i(x_i(p))$$

erhält man

$$p^* = \frac{A_i + (c_i + d_i A_i) B_i}{B_i (2 + d B_i)}$$

mit

$$A_i = A + \sum_{j \neq i} \frac{c_j}{d_j}$$

$$B_i = B + \sum_{j \neq i} d_j^{-1} .$$

Beweis: Wegen

$$x_i(p) = A + \sum_{j \neq i} \frac{c_j}{d_j} - \left[B + \sum_{j \neq i} d_j^{-1} \right] \cdot p$$

$$= A_i - B_i p$$

folgt aus

$$\Pi_i'(p) = A_i - 2 B_i p + \left[c_i + d_i (A_i - B_i p) \right] B_i = 0$$

und

$$\Pi_i''(p) = -2 B_i - d_i B_i < 0 ,$$

$$p^* = \frac{A_i + (c_i + d_i A_i) B_i}{B_i (2 + d B_i)} . \quad \square$$

Es ist interessant, das Ergebnis bei Preisführerschaft mit dem bei vollständiger Konkurrenz zu vergleichen (vgl. GÜTH, OCKENFELS und STEPHAN, 1987).

Lemma 4.2.1: Unter der Bedingung $A_i/B_i > c_i$, d.h. daß der Prohibitivpreis A_i/B_i der Restnachfragefunktion

$$x_i(p) = A_i - B_i\, p$$

des Preisführers seine minimalen Grenzkosten $C_i'(0) = c_i$ übersteigt, ist der Preis p^* bei der Preisführerschaft stets höher als der Konkurrenzpreis p^c.

Beweis:

$$p^* - p^c = \frac{A_i + (c_i + d_i A_i) B_i}{B_i (2 + d_i B_i)} - \frac{d_i A_i + c_i}{d_i B_i + 1}$$

$$= \frac{A_i + d_i A_i B_i + (1 + d_i B_i)\,(c_i + d_i A_i) B_i - (d_i A_i + c_i)\,(2 + d_i B_i) B_i}{B_i (2 + d_i B_i)\,(1 + d_i B_i)}$$

$$= \frac{A_i + d_i A_i B_i + (1 + d_i B_i) c_i B_i + (1 + d_i B_i) d_i A_i B_i - (2 +_i B_i) d_i A_i B_i - (2 + d_i B_i) c_i B_i}{B_i (2 + d_i B_i)\,(1 + d_i B_i)}$$

$$= \frac{A_i + d_i A_i B_i - c_i B_i - d_i A_i B_i}{B_i (2 + d_i B_i)\,(1 + d_i B_i)} = \frac{A_i - c_i\, B_i}{B_i (2 + d_i B_i)\,(1 + d_i B_i)} > 0$$

ist äquivalent zu

$$A_i/B_i > c_i,$$

da der Nenner $B_i(2+d_iB_i)(1+d_iB_i)$ positiv ist. □

Inhaltlich besagt die Bedingung $A_i/B_i > c_i$, daß der Preisführer beim optimalen Preis nicht vom Markt verdrängt wird. Wäre diese Bedingung nicht erfüllt, so wird sich kein Anbieter i bereitfinden, als Preisführer zu agieren. Wir können daher stets von $A_i/B_i > c_i$ ausgehen. Gemäß Lemma 4.2.1 führt daher Preisführerschaft zu einem höheren Verkaufspreis als vollständige Konkurrenz, d.h. Preisführerschaft kann ein Versuch sein, einen höheren Marktpreis und damit auf Kosten der Nachfrager höhere Gewinne der Anbieter durchzusetzen.

Da nur einer von n (> 1) Anbietern die Rolle des Preisführers wahrnimmt, stellt sich die Frage, welcher der n Anbieter als Preisführer agieren sollte. Offensichtlich ist kein Anbieter erpicht darauf, Preisführer zu werden. Um dies zu verdeutlichen, sei für $i = 1,...,n$ durch p_i^* der Preis bezeichnet, der mit i als Preisführer resultiert. Würden zwei Anbieter i und i' als Preisführer denselben Preis induzieren, d.h. gilt $p_i^* = p_{i'}^* = p^*$, so würde man es in aller Regel vorziehen, daß der jeweilig andere Preisführer wird. Der Grund hierfür ist, daß man als Mengenanpasser j die optimale Menge $x_j^*(p^*)$ verkauft, während der Preisführer i gezwungen ist, die Restnachfrage $x_i(p^*) = A_i - B_i p^*$ zu bedienen.

Wenn man von Kompensationszahlungen abstrahiert, mit denen die übrigen Anbieter den Preisführer entschädigen, kann freiwillige Preisführerschaft nur dann vorliegen, wenn ein Anbieter als Preisführer einen höheren Preis realisiert, als ihn jeder andere Anbieter realisieren würde. In Anlehnung an GÜTH, OCKENFELS und STEPHAN (1987) soll hier nur für einen einfachen Spezialfall untersucht werden, welche Voraussetzungen hierfür erforderlich sind.

Lemma 4.2.2: Gilt

$$d_j = d > 0 \quad \text{für } j = 1,\ldots,n,$$

so wird der Anbieter i mit dem niedrigsten Kostenparameter c_i den höchsten Preis p_i^* induzieren.

Beweis: Aus der Annahme folgt $B_i = \bar{B} = B + (n-1)/d$. Die Bedingung $p_i^* > p_j^*$ ist daher äquivalent zu

$$\frac{A_i + (c_i + dA_i)\bar{B}}{(2+d\bar{B})\bar{B}} > \frac{A_j + (c_j + dA_j)\bar{B}}{(2+d\bar{B})\bar{B}}$$

bzw.

$$(A_i - A_j)(1+d\bar{B}) > \bar{B}(c_j - c_i)$$

bzw.

$$\frac{1 + d\bar{B}}{d}(c_j - c_i) > \bar{B}(c_j - c_i)$$

bzw.

$c_j > c_i$, was zu beweisen war. □

GÜTH, OCKENFELS, und STEPHAN (1987) beweisen ein analoges Ergebnis für den Spezialfall $c_j = c \geq 0$ für $j = 1,\ldots,n$: Der Anbieter i mit den bei gleicher Menge geringsten Grenzkosten wird als Preisführer den höchsten Preis induzieren. Nun implizieren niedrigere Grenzkosten direkt eine größere Verkaufsmenge und damit einen geringeren Preis. Für den Preisführer wird dieser Effekt jedoch überkompensiert durch die Auswirkungen auf die Restnachfrage: Von allen Anbietern hat der Anbieter mit den ceteris paribus niedrigsten Grenzkosten die günstigste Restnachfragefunktion und damit den höchsten "Monopolpreis" bezüglich seiner Restnachfrage.

Wir wollen noch die Bedingung dafür analysieren, wann ein Anbieter i mit $c_i < c_j$ für alle $j \neq i$ im Spezialfall $d_j = d > 0$ für alle $j = 1,...,n$ freiwillig zur Preisführerschaft bereit ist. Hierfür gehen wir vom Spezialfall $c_i = 0$ und $c_j = c$ mit $1 > c > 0$ für alle $j \neq i$ aus. Die Bedingung

$$(+) \quad p^c x_i^*(p^c) - C_i\left[x_i^*(p^c)\right] \leq p_i^*(A_i - B_i p_i^*) - C_i(A - B p_i^*)$$

soll lediglich für den Spezialfall $A = B = d = 1$ betrachtet werden. Wegen

$$p^c = \frac{1 + (n-1)c}{n+1} \quad \text{und} \quad x_i^*(p^c) = p^c$$

ist dann

$$p^c x_i^*(p^c) - C_i\left[x_i^*(p^c)\right] = \left[\frac{1+(n-1)c}{n+1}\right]^2 \Big/ 2 - \bar{C}_i \; .$$

Analog folgt wegen

$$p_i^* = \frac{(n+1)(1+(n-1)c)}{n(n+2)} \; ,$$

daß

$$p_i^*(A_i - B_i p_i^*) - C_i(A_i - B_i p_i^*) = \frac{(1+(n-1)c)^2}{2n(n+2)} - \bar{C}_i \; .$$

Da die Bedingung

$$\left[\frac{1+(n-1)c}{n+1}\right]^2 < \frac{(1+(n-1)c)^2}{n(n+2)}$$

stets erfüllt ist, haben wir folgendes Resultat bewiesen:

Lemma 4.2.3: Im Spezialfall $A = B = d_j = 1$ für $j = 1,...,n$ sowie $c_i = 0$ und $c_j = c$ mit $1 > c > 0$ für alle $j \neq i$ ist Anbieter i selbst daran interessiert, die vollständige Konkurrenz durch Preisführerschaft mit ihm als Preisführer abzulösen.

Generell ist Preisführerschaft durchaus ein Instrument zur Verbesserung der Anbietergewinne. Trotz Lemma 4.2.3 ist es jedoch nicht selbstverständlich, daß ein Anbieter mit günstigeren Kostenbedingungen als seine Konkurrenten freiwillig die Rolle des Preisführers übernimmt.

Um zu zeigen, daß ein Anbieter nicht als Preisführer auftreten will, wenn ihm keine Kompensationszahlungen der Mitanbieter zufließen, betrachten wir die spezielle Situation $d_j = d$ für alle $j = 1,...,n$ und $c_j = c$ für alle $j \neq i$ mit $0 \leq c_i < c$, für die

$$p^c = \frac{d + (n-1)c + c_i}{d+n}$$

$$x_i^*(p^c) = \frac{d + (n-1)c - (d+n-1)c_i}{d(d+n)}$$

$$p_i^* = \frac{d + (d+(n-1)c+c_i)(d+n-1)}{(d+n-1)(d+n+1)}$$

und

$$x_i(p_i^*) = \frac{d + 2(n-1)\ c - (d+n-1)c_i}{d(d+n+1)}$$

gilt. Die Bedingung (+) ist daher äquivalent zu

$$\frac{d + (n-1)\ c - (d+n-1)c_i}{(d+n)^2} \leq \frac{\left[d + 2(n-1)\ c - (d+n-1)c_i\right]\left[d - (d+n-1)c_i\right]}{(d+n)^2 - 1}.$$

Wählt man $c_i = d/(d+n-1)$ und $1 > c > c_i$, so ist diese Ungleichung stets falsch, d.h. der Anbieter i wäre selbst nicht daran interessiert, Konkurrenz durch eigene Preisführerschaft abzulösen.

Wir haben damit gezeigt, daß der kostengünstigste Anbieter i nicht immer bereit ist, vollständige Konkurrenz durch eigene Preisführerschaft abzulösen. Wir wollen noch einmal explizit nachweisen, daß der i Preisführerschaft durch andere eigener Preisführerschaft trotz Kostenvorteils vorziehen kann. Für alle $j \neq i$ folgt für unseren Spezialfall $c_i = 0$ und $1 > c_j = c > 0$ für $j \neq i$ und $A = B = d = 1$, daß $A_j = 1 + (n-2)c$ und $B_j = n$ und daher

$$p_j^* = \frac{n + 1 + (n^2 - 2)c}{n(n+2)}$$

sowie

$$p_j^* x_i^*(p_j^*) - C_i\left[x_i^*(p_j^*)\right] = \frac{1}{2}\left[\frac{n+1+(n^2-2)c}{n(n+2)}\right]^2 - \bar{C}_i.$$

Daher zieht der kostengünstigste Anbieter i andere Preiführerschaft eigener vor, falls die Bedingung

$$\left[\frac{1+(n-1)c}{n\,(n+2)}\right]^2 < \left[\frac{n+1+(n^2-2)c}{n\,(n+2)}\right]^2$$

bzw.

(*) $n(n+2)\,(1+(n-1)c)^2 < (n+1+(n^2-2)c)^2$

erfüllt ist. Für $c = 0$ vereinfacht sich die Bedingung zu

$n(n+2) < (n+1)^2$

bzw. $0 < 1$ und ist damit stets gewährleistet. Dies verdeutlicht noch einmal, daß man bei gleichen Kostenbedingungen andere Preisführerschaft stets eigener vorzieht. Aus der stetigen Abhängigkeit der rechten und linken Seite der Ungleichung (*) von c folgt dann, daß der i auch im Bereich geringer Kostenvorteile, d.h. kleiner positiver Werte von c Preisführerschaft durch andere eigener Preisführerschaft vorzieht.

4.3 Markteintritt bei unvollständiger Information über die Nachfrage

Unser Beispiel orientiert sich an PONSSARD (1979) und an GÜTH (1992). Betrachtet wird ein homogener Oligopolmarkt mit den etablierten Anbietern (*incumbents*) i = 1,...,m($\geq$1) und den potentiellen Anbietern (*entrants*) j = m + 1 ...,n(>m). Wir gehen von der realistischen Annahme aus, daß die etablierten Anbieter die Marktbedingungen genau kennen, während die potentiellen Anbieter hierfür nur probabilistische Erwartungen haben.

Für j = m + 1,...,n sei δ_j = 1, wenn Anbieter j in den Markt eintritt, während bei Nichteintritt δ_j = 0 gilt. Die Zahl der auf dem Markt aktiven Anbieter ist dann

$$M = m + \sum_{j=m+1}^{n} \delta_j .$$

Die strategische Variable eines aktiven Anbieters k sei seine Verkaufsmenge $x_k (\geq 0)$. Mit

$$X = x_1 + ... + x_m + \sum_{\delta_k=1, k=m+1}^{n} x_k$$

bezeichnen wir die Gesamtangebotsmenge und mit

$$x = (x_1,...,x_m,(x_k)_{\delta_k=1, k=m+1,...,n})$$

den Vektor der individuellen Verkaufsmengen. Der Gewinn eines aktiven Anbieters k in Abhängigkeit von x sei wie folgt bestimmt:

$$\pi_k(x) = x_k(D-c-aX)$$

Während alle etablierten Anbieter die konkrete Realisation d des Nachfrageparameters D kennen, ist D für die potentiellen Anbieter eine Zufallsvariable, für deren konkrete Realisation d sie nur probabilistische Erwartungen haben, die für alle potentiellen Anbieter identisch sein sollen.

Wir werden zunächst von einer diskreten Zufallsvariable ausgehen, um die spieltheoretische Erfassung unvollständiger Information in einfacher Form zu verdeutlichen. Bei der konkreten Analyse des Marktes werden wir eine beliebige Verteilungsfunktion F(d) für die Zufallsvariable D mit Realisation d unterstellen.

Kann D nur die Werte $\bar{d}$ und $\underline{d}$ mit

$$\bar{d} > \underline{d} > c$$

annehmen und müssen alle aktiven Anbieter k gleichzeitig und unabhängig voneinander über x_k entscheiden, so kennen nur die etablierten Anbieter i = 1,...,m genau ihre Gewinnfunktion. Ein aktiver Neuanbieter j weiß hingegen nicht, ob er von $D = \bar{d}$ in seiner Gewinnfunktion $\pi_j(x)$ auszugehen hat. Erwartet er $\bar{d}$ mit Wahrscheinlichkeit w und $\underline{d}$ mit der Restwahrscheinlichkeit 1 − w, wobei 0 < w < 1, so kann man sagen, daß ein potentieller Anbieter den Markt mit $D = \bar{d}$ mit der Wahrscheinlichkeit w und den Markt mit $D = \underline{d}$ mit der Wahrscheinlichkeit 1 − w erwartet, während alle etablierten Anbieter den Markt genau kennen.

Gemäß dem bahnbrechenden Vorschlag von Harsanyi (1967/68) wird das Informationsdefizit der potentiellen Anbieter dadurch erfaßt, daß man einen **fiktiven anfänglichen Zufallszug** einführt, der die Variable D mit den Wahrscheinlichkeiten w bzw. 1 − w auf $\bar{d}$ bzw. $\underline{d}$ festlegt und über dessen Ergebnis nur die etablierten Anbieter informiert werden. Mit anderen Worten: Die Strategie eines etablierten Anbieters i ist eine Abbildung $d \to x_i(d)$, die jeder möglichen Realisation d von D eine Absatzmenge $x_i(d)$ zuordnet. Da ein aktiver Neuanbieter j die Realisation d nicht kennt, ist seine Strategie einfach eine Mengenentscheidung x_j, d.h. eine von der konkreten Marktnachfrage d unabhängige Verkaufsmenge.

Offenbar ist damit der Informationsmangel der Neuanbieter adäquat erfaßt: Die aktiven Neuanbieter j können nur auf ihre probabilistischen Erwartungen vertrauen, wenn sie über x_j entscheiden. Sind diese Erwartungen der Neuanbieter allgemein bekannt, so kann der fiktive anfängliche Zufallszug als allgemein bekannt (common knowledge) unterstellt werden. Der Informationsmangel der Neuanbieter über den Markt bzw. hier konkret die Marktnachfrage d ist damit in ein strategisch äquivalentes Informationsdefizit transformiert worden, das aus einem nicht allgemein beobachtbaren Zufallszug resultiert. Die unvollständige (Markt)Information wurde damit in stochastische Ungewißheit in einer Weise transformiert, die auch die informationsmäßige Abgeschlossenheit gewährleistet. Wenn der anfängliche Zufallszug als allgemein bekannt unterstellt wird, kennt jeder (potentielle) Anbieter den aufgrund dieses Zufallszuges stochastischen Markt.

Wir gehen im folgenden von einer Verteilung $F(\cdot)$ der Zufallsvariablen D aus, von der wir lediglich verlangen, daß die Wahrscheinlichkeit für die Menge der Realisationen d von D, für die die ökonomischen Nichtnegativitätsbedingungen nicht erfüllt sind, Null beträgt. Konkret besagt dies, daß die größte untere Schranke der Trägermenge von F(·) größer als die für alle (potentiellen) Anbieter gleichen Grenzkosten c ist, d.h.

$$\sup \{\hat{d}: \int_{d \leq \hat{d}} F(\tilde{d})d\tilde{d} = 0\} > c.$$

Offensichtlich erfüllt unser obiges Beispiel mit den beiden Realisationen $\bar{d}$ und $\underline{d}$ von D diese Voraussetzung. Der Entscheidungsprozeß hat, wie schon angedeutet, folgende sequentielle Struktur: Zunächst legt der Zufall gemäß der Verteilung F(·) den Wert d der Zufallsvariablen D fest. Über diesen Wert d werden nur die etablierten Anbieter $i = 1,...,m$ informiert. In Unkenntnis von d müssen dann die potentiellen Anbieter $j = m + 1,...,n$ gleichzeitig über Markteintritt ($\delta_j = 1$) oder Nichteintritt ($\delta_j = 0$) entscheiden. Der Vektor

$$\delta = (\delta_j)_{j=m+1,...,n}$$

der Markteintrittsentscheidungen wird allgemein bekanntgegeben. In Kenntnis der Menge aller aktiven Anbieter, d.h. der etablierten Anbieter $1,...,m$ und der Neuanbieter j mit $\delta_j = 1$, müssen alle aktiven Anbieter gleichzeitig ihre Angebotsmenge auswählen. Während die etablierten Anbieter $j = 1,...,m$ ihren Gewinn

$$\pi_i(x) = x_i(d-c-aX)$$

maximieren, sind die Neuabieter j mit $\delta_j = 1$ an ihrer Gewinnerwartung

$$E \pi_j(x) = \int x_j(d-c-aX)dF(d) - C_j$$

interessiert. C_j bezeichnet die Markteintrittskosten des potentiellen Anbieters j, für die wir

$$0 < C_{m+1} < C_{m+2} < ... < C_n$$

unterstellen. Für Anbieter j mit $\delta_j = 0$ sei die Gewinnerwartung Null.

Man beachte, daß dieses Spiel über ein einziges Teilspiel verfügt, das für den Vektor δ mit $M = m$ resultiert, d.h. wenn kein Neuanbieter in den Markt eintritt. Um sequentielle Rationalität zu erzwingen, muß man mithin von einem schärferen Gleichgewichtskonzept ausgehen, zum Beispiel dem perfekten (SELTEN, 1975) oder dem sequentiellen Gleichgewicht (KREPS und WILSON, 1982). Da die beliefs der aktiven Neuanbieter j, wenn sie über x_j entscheiden müssen, durch $F(\cdot)$ bestimmt sind, erweist sich die strategische Situation auf der letzten Entscheidungsstufe als äquivalent zu dem von PONSSARD (1979) analysierten Spiel, in dem keine Markteintrittsentscheidungen möglich sind. Bei sequentieller Rationalität erhalten wir daher (vgl. die detaillierte Ableitung im **Appendix**):

$$x_j^* = \frac{ED - c}{(M+1)a}$$

für alle $j = m + 1,...,n$ mit $\delta_j = 1$ und

$$x_i^*(d) = \frac{d - \frac{M-m}{M+1} ED - \frac{m+1}{M+1} c}{(m+1)a}$$

für $i = 1,...,m$ (wobei ED der Erwartungswert von D ist).

Um die Markteintrittsentscheidungen δ_j der potentiellen Anbieter $j = m + 1,...,n$ bestimmen zu können, benötigen wir die hierdurch implizierte Gewinnerwartung

$$E \pi_j(\delta_j=1) = E\left[d-c-a\left[\sum_{i=1}^{m} x_i^*(d) + \sum_{\substack{i=m+1,...,n \\ \delta_i=1}} x_i^*\right]\right] x_j^* - C_j = \frac{(ED-c)^2}{(M+1)^2 a} - C_j$$

eines aktiven Neuanbieters j mit $\delta_j = 1$. Wir unterstellen im folgenden, daß für alle $M \geq m$ die Gewinnerwartung $E \pi_j(\delta_j=1)$ stets ungleich Null ist, d.h. ein potentieller Anbieter j kann niemals indifferent zwischen der Wahl von $\delta_j = 1$ und $\delta_j = 0$ sein.

Offenbar sinkt die Gewinnerwartung $E \pi_j(\delta_j=1)$, wenn die Anzahl der neu eintretenden Anbieter sich erhöht. Da ferner $E \pi_j(\delta_j=0)$ konstant Null ist, beträgt der Anreiz, in den Markt einzutreten,

$$E \pi_j(\delta_j=1) - E \pi_j(\delta_j=0)$$

und ist damit eine fallende Funktion der Anzahl

$$\sum_{j=m+1, \delta_j=1}^{n} \delta_j$$

der neu eintretenden Anbieter. Die Entscheidungen auf der Markteintrittsstufe unter Antizipation der Ergebnisse $x_i^*(d)$ für $i = 1,...,m$ und x_j^* für $\delta_j = 1$ auf der folgenden Stufe erweisen sich daher als Markteintrittsspiel im Sinne von SELTEN und GÜTH (1982). Alle Gleichgewichtspunkte (in reinen Strategien) dieses Markteintrittsspiels implizieren daher dieselbe Anzahl $M^* - m$ aktiver Neuanbieter, für die gilt:

$$M^* = \begin{cases} m, & \text{falls } \dfrac{(ED-c)^2}{(m+1)^2 a} < C_{m+1} \\ n, & \text{falls } \dfrac{(ED-c)^2}{(n+1)^2 a} > C_n \\ m + k^* & \text{sonst} \end{cases}$$

wobei die Anzahl k^* mit $1 \leq k^* < n - m$ die Bedingungen

$$C_{m+k^*} < \frac{(ED-c)^2}{(m+k^*+1)^2 a} \quad \text{und} \quad C_{m+k^*+1} > \frac{(ED-c)^2}{(m+k^*+2)^2 a}$$

erfüllt. Im Fall $M^* = m$ wirken die Markteintrittskosten prohibitiv, da Neueintritt bei den durch $F(\cdot)$ beschriebenen und in ED erfaßten Erwartungen nicht lohnt. Man beachte, daß ex post betrachtet, d.h. gemäß den wirklichen Nachfrageparametern d dies nicht zutreffen muß. Eine empirische Untersuchung, die von den a priori–Erwartungen abstrahiert, würde hier vielleicht auf nicht erfaßte Markteintrittsschranken schließen. Anders ausgedrückt: Pessimistische Nachfrageerwartungen können eine Markteintrittsschranke darstellen. Dies illustriert, wie facettenreich sich das traditionelle Problem der Markteintrittsschranken darstellt, wenn unvollständige Information bei der Marktanalyse einbezogen wird.

Im anderen Extrem $M^* = n$ treten alle potentiellen Anbieter in den Markt ein. Ex post betrachtet kann auch dieses Resultat als auf Fehlentscheidungen basierend interpretiert werden, nämlich dann, wenn die tatsächliche Nachfrage d deutlich geringer als ED ist. Auch hier könnte eine empirische Untersuchung, die von a priori–Erwartungen abstrahiert, fälschlicherweise leichtsinnige und unüberlegte Investitionsentscheidungen konstatieren.

Ähnliche diagnostische Probleme existieren natürlich in den Fällen $m < M^* < n$. Es ist recht unwahrscheinlich, daß sich für die konkrete Realisation d der Zufallsvariablen D ex post genau die Anzahl k^* an Neuanbietern als rational erweist, die man aufgrund der a priori–Erwartungen abgeleitet hat.

Es sei noch angefügt, daß SELTEN und GÜTH (1982) durch Anwendung der Gleichgewichtsauswahltheorie für alle Fälle eindeutig einen Vektor δ von Markteintrittsentscheidungen als Lösungsverhalten auswählen. Gemäß dieser Lösung treten genau die potentiellen Anbieter $j = m + 1,...,M^*$ ein, die die geringsten Markteintrittskosten aufweisen.

Man kann unser Beispiel komplizieren, indem man die Mengenentscheidungen sequentiell treffen läßt. Müssen zum Beispiel die etablierten Anbieter $i = 1,...,m$ ihre Absatzmengen festlegen und bekanntgeben, bevor die Neuanbieter ihre Mengenentscheidungen treffen, so handelt es sich um ein **Signalisierspiel**, wie es von OCKENFELS (1989) und KAPP (1991) analysiert wurde. Die Neuanbieter können unter Umständen aus der Mengenentscheidung der etablierten Anbieter die wahre Marktnachfrage ablesen.

Unser einfaches Beispiel illustriert, daß unvollständige Information auf Märkten neuartige Interpretationsmöglichkeiten von empirischen Befunden eröffnet, aber zugleich auch große diagnostische Probleme aufwirft. Wenn man alle theoretisch möglichen Formen unvollständiger Information einbezieht, können sich je nach subjektiven Erwartungen sehr viele Marktergebnisse als rational erweisen. Wie will man ferner die subjektiven Erwartungen empirisch erheben, um genauere Aussagen zu ermöglichen? Der große Facettenreichtum von Marktmodellen, der insbesondere durch die Einbeziehung unvollständiger Information resultiert, vergrößert zweifellos den Abstand zwischen theoretischer Forschung und empirischer Anwendung. Unseres Erachtens sind die praktischen Anwendungen der Theorie unvollständiger Information bislang mehr qualitativer Natur. Quantitative empirische Anwendungen sind zunächst im Bereich der experimentellen Forschung zu erwarten, die subjektive Erwartungen erfragen und auch gezielt variieren kann.

Es sei angemerkt, daß experimentelle Befunde es als zweifelhaft erscheinen lassen, ob menschliche Entscheider den elementareren Wahrscheinlichkeitsregeln, zum Beispiel der Bayes–Regel genügen (BAYES, 1763). Aber dies verdeutlicht letztendlich nur erneut, daß die Rationalitätshypothese abzulehnen ist.

Appendix: Das Gleichgewicht auf einem homogenen Oligopolmarkt mit stochastischer Nachfrage, über deren Realisation m von n Anbietern informiert sind (PONSSARD, 1979).

Die stochastische Nachfrage sei durch

$$p(X) = A - X$$

für alle $0 \leq X \leq A$ mit $A > 0$ gegeben (nach geeigneter Wahl der Mengen– oder Geldeinheit kann man $a = 1$ setzen, ferner kann man von Produktionskosten abstrahieren, indem man $p(X)$ als Stückgewinn $p(X) - c$ versteht, d.h. man ersetzt $D - c$ durch A bzw. $d - c$ durch α). Damit ist der Gewinn $\Pi_i(x)$ des Anbieters $i = 1,...,n$ für den Verkaufsmengenvektor $x = (x_1,...,x_n)$ durch

$$\Pi_i(x) = x_i \, p(X)$$

bestimmt. Der Parameter A der Nachfragefunktion p(X) sei zufallsverteilt mit Realisationen $\alpha > 0$, deren differenzierbare Wahrscheinlichkeitsverteilungsfunktion $F(\alpha)$ sei, die die Bedingung $F(\alpha=0) = 0$ erfüllt.

Während die Anbieter $i = 1,...,m$ mit $0 \leq m \leq n$ die Realisation α der Zufallsvariablen A kennen, wenn sie ihre Mengen x_i festlegen, sind die Anbieter $j = m + 1,...,n$ hierüber nicht informiert. Da alle Mengenentscheidungen gleichzeitig getroffen werden müssen, ist eine Strategie eines Anbieters $i = 1,...,m$ eine Abbildung $x_i(\alpha)$, die jeder Realisation α von A eine Mengenentscheidung $x_i(\alpha)$ zuweist. Für die uninformierten Anbieter j ist eine Strategie durch die Verkaufsmenge x_j gegeben. Während die Anbieter $i = 1,...,m$ ihren Gewinn $\Pi_i(x)$ maximieren, können sich die uninformierten Anbieter j nur an ihrer Gewinnerwartung

$$E\,\Pi_j(x) = \int x_j \left[\alpha - \sum_{k=m+1}^{n} x_k - \sum_{l=1}^{m} x_l(\alpha)\right] F'(\alpha)d\alpha$$

mit E als Erwartungsoperator orientieren.

Im **Fall m = 0** orientieren sich daher alle Anbieter $j = 1,...,n$ an

$$E\,\Pi_j(x) = x_j \int \left[\alpha - \sum_{k=1}^{n} x_k\right] F'(\alpha)d\alpha$$

$$= x_j \left[EA - \sum_{k=1}^{n} x_k\right] \text{ mit } EA = \int \alpha\, F'(\alpha)d\alpha,$$

wobei EA wegen $F(\alpha=0) = 0$ positiv ist. Da

$$\frac{\partial E\Pi_j(x)}{\partial x_j} = EA - \sum_{k=1}^{n} x_k - x_j = 0$$

und

$$\frac{\partial^2 E\Pi_j(x)}{\partial x_j^2} - 2 < 0,$$

folgt

(*) $\quad EA - \sum_{k=1}^{n} x_k - x_j = 0 \quad$ für $j = 1,...,n$

und damit

$$x_j^* = \frac{EA}{n+1},$$

$$Ep(x^*) = EA - \frac{n}{n+1} EA = \frac{EA}{n+1}$$

und

$$E\Pi_j(x^*) = \left[\frac{EA}{n+1}\right]^2$$

für $j = 1,...,n$.

Gilt **m** > 0, so folgt aus der Maximierung von $\Pi_i(x)$ für i = 1,...,m die Bedingung

(I) $\quad \alpha - \sum_{l=1}^{m} x_l(\alpha) - \sum_{k=m+1}^{n} x_k - x_i(\alpha) = 0 \quad$ für i = 1,...,m

und aus der Maximierung von $E \, \Pi_j(x)$ für j = m + 1,...,n die analoge Bedingung

(II) $\quad EA - \sum_{l=1}^{m} x_l(\alpha) - \sum_{k=m+1}^{n} x_k - x_j = 0 \quad$ für j = m + 1,...,n.

Wendet man auf (I) den Erwartungsoperator E an, so erhält man

(III) $\quad EA - \sum_{l=1}^{m} E \, x_l(\alpha) - \sum_{k=m+1}^{n} x_k - E \, x_i(\alpha) = \quad$ für i = 1,...,m.

Durch (II) und (III) verfügt man über ein Gleichungssystem in den n Unbekannten $E \, x_i(\alpha)$ und x_j mit i = 1,...,m und j = m + 1,...,n, das offenbar zum Gleichungssystem (*) identisch ist. Wir erhalten daher das Ergebnis

$$E \, x_i^*(\alpha) = \frac{EA}{n+1} = x_j^*$$

für i = 1,...,m und j = m + 1,...,n. Einsetzen in (I) liefert

$$\alpha - \frac{n-m}{n+1} EA = x_i(\alpha) + \sum_{l=1}^{m} x_l(\alpha) \quad \text{für i = 1,...,m,}$$

weswegen

$$x_i^*(\alpha) = x_l^*(\alpha) \quad \text{für alle i,l = 1,...,m und damit}$$

$$x_i^*(\alpha) = \frac{\alpha - \frac{n-m}{n+1} EA}{m+1} \quad \text{für } i = 1,\ldots,m$$

folgt. Durch $x_i^*(\alpha)$ für alle Realisationen α von A und für alle informierten Anbieter $i = 1,\ldots,m$ sowie durch x_j^* für alle uninformierten Anbieter $j = m+1,\ldots,n$ haben wir damit auch für $m > 0$ eindeutig das Marktgleichgewicht bestimmt (zur genaueren ökonomischen Analyse dieses Gleichgewichts vgl. PONSSARD, 1979).

4.4 Kartellbildung

Um möglichst einfache Formeln zu erhalten, gehen wir von gleichen und konstanten Grenzkosten aller $n(\geq 2)$ Anbieter aus, so daß wir die normierte Nachfragefunktion $p = 1 - x$ und kostenfreie Produktion aller n Anbieter unterstellen können, deren Gewinne durch

$$\Pi_i(x) = (1-X)x_i \quad \text{für alle } i = 1,\ldots,n$$

bestimmt sind. Hierbei bezeichnet $x = (x_1,\ldots,x_n)$ den Vektor der individuellen Angebotsmengen x_i und $X = x_1+\ldots+x_n$ deren Summe. In der durch SELTEN (1973) begründeten Tradition wird Kartellbildung durch ein einfaches mehrstufiges Spiel abgebildet:

- Zunächst entscheiden alle n Anbieter simultan zwischen $\delta_i = 1$ (Beteiligung an den Kartellverhandlungen) und $\delta_i = 0$ (keine Beteiligung). $M = \{i = 1,\ldots,n : \delta_i = 1\}$ ist dann das eventuell resultierende Kartell, sofern die Anzahl m der Mitglieder von M wenigstens 1 beträgt.

– Alle Mitglieder i ∈ M wählen in Kenntnis von M eine Quote q_i im Sinne einer Höchstverkaufsmenge aller Mitglieder j ∈ M, d.h. mit q_i votiert i ∈ M für die Kartellquote $x_j \leq q_i$ für alle j ∈ M. Die dann effektiv beschlossene Quote sei durch

$$q = \max \{q_i \geq 0 : i \in M\}$$

bestimmt (d.h. kein Kartellmitglied wird ohne Zustimmung zu einer Angebotsverknappung gezwungen).

– In Kenntnis von M und q legen alle Anbieter i = 1,...,n ihre Verkaufsmenge $x_i \geq 0$ fest, wobei die Kartellmitglieder j ∈ M der zusätzlichen Restriktion $x_j \leq q$ genügen müssen.

Wegen der Symmetrie aller Kartellmitglieder j ∈ M und Kartellaußenseiter i ∈ M̄ = $\{k = 1,...,n : \delta_k = 0\}$ beschränken wir uns auf symmetrische Gleichgewichte der Form $x_j = u$ für alle j ∈ M und $x_i = v$ für alle i ∈ M̄. Ist die Quote q nicht bindend im Sinne von u < q, so muß offenbar

$$u = v = \frac{1}{n+1}$$

gelten. Im Falle von u = q folgt aus

$$\Pi_i(x) = (1-mq - \sum_{k \in \bar{M}} x_k) x_i$$

und

$$\frac{\partial}{\partial x_i} \Pi_i(x) = 1 - mq - \sum_{k \in \bar{M}} x_k - x_i = 0$$

$$\frac{\partial^2}{\partial x_i^2} \Pi_i(x) = -2$$

für alle $i \in \bar{M}$ die Lösung

$$v = \frac{1 - mq}{n - m + 1}.$$

Wegen

$$\Pi_j(x) = \left[1 - mq - \frac{n - m}{n - m + 1}(1-mq)\right] q = \frac{q(1-mq)}{n - m + 1}$$

ist daher die für alle Kartellmitglieder optimale Kartellquote q durch $q = \frac{1}{2m}$ bestimmt.

Offenbar lohnt es nicht, dem Kartell beizutreten, falls $u < q$ gilt. Wir können daher stets $u = q$ und damit $q = \frac{1}{2m}$ und

$$v = \frac{1 - mq}{n - m + 1}$$

unterstellen. Jedes Kartellmitglied verdient dann

$$\Pi_j = \frac{1}{4m(n-m+1)} \quad \text{für alle } j \in M,$$

während

$$\Pi_i = \frac{1}{4(n-m+1)^2} \quad \text{für alle } i \in \bar{M}$$

den Verdienst der Kartellaußenseiter bemißt. Ein Kartellmitglied verdient also mehr, falls $m < (n+1)/2$ gilt. Andernfalls wäre die Rolle eines Kartellaußenseiters lohnender.

Für die gleichgewichtige Anzahl m der Kartellgröße müssen die folgenden Bedingungen erfüllt sein:

(i) $\quad \Pi_j(m) = \frac{1}{4m(n-m+1)} \geq \Pi_i(m-1) = \frac{1}{4(n-m+2)^2}$,

d.h. ein Kartellmitglied j kann sich nicht durch Wahl von $\delta_j = 0$ verbessern;

(ii) $\quad \Pi_i(m) = \frac{1}{4(n-m+1)^2} \geq \Pi_j(m+1) = \frac{1}{4(m+1)(n-m)}$;

d.h. ein Kartellaußenseiter i verdient nicht mehr durch $\delta_i = 1$.

(iii) Für $m = 0$ muß natürlich nur Bedingung (ii) und für $m = n$ nur Bedingung (i) erfüllt sein.

Bedingung (i) kann zur Bedingung

(i') $\quad (n-m)^2 \geq (m-4)(n-m+1)$

umgeformt werden, anhand derer man leicht erkennt, daß alle Kartelle M mit $m \leq 4$ Bedingung (i) erfüllen. Bedingung (ii) läßt sich zu

(ii') $\quad (n-m)(2m-n-1) \geq 1$

vereinfachen, woraus man $m < n$ und $m \geq \frac{n+2}{2}$ folgern kann.

Im Bereich $m \leq 4$ ist Bedingung (i') trivialerweise stets erfüllt. Wegen (iii) sind daher alle Kartelle $m = n \leq 4$ stabil. Für $n = m \geq 5$ folgt aus (i) die Bedingung $0 \geq n - 4(\geq 1)$ und damit die Instabilität allumfassender Kartelle:

Lemma: Ein alle Anbieter einbeziehendes Kartell M mit $m = n$ ist nur im Bereich $n \leq 4$ stabil, d.h. mit Gleichgewichtsverhalten vereinbar, während im Bereich $n \geq 5$ allumfassende Kartelle M mit $m = n$ sich stets als instabil erweisen.

Man könnte von einem **engen Oligopol** sprechen, wenn ein allumfassendes Anbieterkartell stabil ist, und von einem **weiten Oligopol**, sofern die Anreize der Außenseiterposition ein derartiges Kartell im Sinne einer Verletzung von Bedingung (i) für $m = n$ destabilisieren (vgl. zu diesen Begriffen auch KANTZENBACH, 1967). Für unser Beispiel impliziert das obige Lemma eine klare und scharfe Grenze zwischen engen und weiten Oliopolmärkten: Ein enger Oligopolmarkt darf nicht mehr als 4 Anbieter aufweisen; alle Märkte mit mehr als 4 Anbietern erweisen sich als weite Oligopole (SELTEN, 1973, spricht in diesem Zusammenhang von Märkten "where 4 are few and 6 are many").

Anscheinend konkurrieren gemäß unserem einfachen Modell der Kartellbildung auf homogenen Märkten zwei Anreize miteinander: Zum einen kann das Kartell M die Angebotspolitik seiner Mitglieder in entscheidender Form vorab determinieren (durch die Wahl der Quote q auf der zweiten Stufe des Marktentscheidungsprozesses). Wir haben schon bei der spieltheoretischen Rechtfertigung der sogenannten *von Stackelberg*-Lösung in Abschnitt 2.3 festgestellt, daß dies auf homogenem Markt mit linearer Nachfrage lukrativ ist.

Zum anderen erweist sich eine die Gesamtangebotsmenge verkürzende Quote als ein (für alle Anbieter) **öffentliches Gut**, da diese den einheitlichen Verkaufspreis erhöht. Zwar freut sich jeder Anbieter über einen höheren Verkaufspreis, aber ein Anbieter wird nicht immer bereit sein, durch eigene Verkaufsbeschränkungen dazu beizutragen. Wir werden in Form der Umkehrung von Bedingung (i) mit der typischen **Außenseiterproblematik** bei der freiwilligen Bereitstellung öffentlicher Güter konfrontiert, die allumfassende Kartelle im Bereich $n \geq 5$ als illusorisch erscheinen läßt.

Man kann noch analysieren, ob sich überhaupt Anbieter zur Kooperation bereiterklären werden. Da Bedingung (ii′) für $m = 0$ niemals erfüllt ist, muß stets $m \geq 1$ gelten. Der naheliegende Grund hierfür ist, daß die Vorteile, seine Verkaufsmenge vor den anderen festlegen und bekanntgeben zu dürfen, eindeutig überwiegen, wenn nur wenige davon Gebrauch machen. Da zum Beispiel für $m = 1$ die Kartellquote $q = \frac{1}{2}$ ist, impliziert ein Kartell M mit $m = 1$ auch keine Angebotsverknappung, sondern ein größeres Angebot. Da jedes Kartell M mit $q = u$ insgesamt stets $mq = \frac{1}{2}$ verkauft, impliziert M nur dann eine Angebotsverkürzung, falls

$$\frac{m}{n+1} > \frac{1}{2} \quad \text{bzw.} \quad m > \frac{n+1}{2}.$$

Durch Auflösen von (i′) nach m erhält man die Bedingung

$$m \leq m^+ := \frac{5 + 3n - \sqrt{n^2 - 2n - 7}}{4},$$

während aus Bedingung (ii′) die Restriktion

$$m \geq m^- := \frac{1 + 3n - \sqrt{n^2 - 2n - 7}}{4} = m^+ - 1$$

folgt. Abgesehen von überaus speziellen und deshalb uninteressanten Werten n im Bereich $n \geq 5$, für die m^+ und damit m^- ganzzahlig sind, gibt es also nur eine einzige stabile Kartellgröße m mit $m^- < m < m^+$ und $m \in \mathbb{N}$. Da jedoch die m Kartellmitglieder beliebig aus n Anbietern ausgewählt werden können, entspricht der eindeutigen Kartellgröße eine Vielzahl von gleichgewichtigen Vektoren $\delta = (\delta_1,...,\delta_n)$, nämlich all jenen Vektoren δ mit $\sum_{j=1}^{n} \delta_j = m$, deren Anzahl $\begin{bmatrix} n \\ m \end{bmatrix} = \frac{n!}{m! \, (n-m)!} = \frac{n(n-1) \cdot ... \cdot 2 \cdot 1}{m(m-1) \cdot ... \cdot 2 \cdot 1 (n-m)(n-m-1) \cdot ... \cdot 2 \cdot 1}$ beträgt.

5. Heterogene Oligopolmärkte

In Kapitel 1 wurde die Auffassung begründet, daß man letztlich stets von heterogenen Märkten, d.h. von − in der Sicht der Nachfrager − unterschiedlichen Produkten der an einem Markt aktiven Anbieter ausgehen sollte. Es wurde dort auch demonstriert, wie man durch die Analyse heterogener Märkte auch den Grenzfall völliger Homogenität aller Anbieterprodukte approximieren kann.

Heterogene Märkte zeichnen sich nicht nur dadurch aus, daß die individuellen Verkaufspeise natürliche absatzpolitische Variable sind. Die Heterogenität der Produkte ist in aller Regel nicht vorgegeben, sondern Ergebnis individueller Produktgestaltung, die sich daher ebenfalls als bedeutsames absatzpolitisches Instrumentarium erweist.

Leider können wir wiederum nur beispielhaft demonstrieren, wie sich oligopolistischer Wettbewerb mit reichhaltigerem absatzpolitischen Instrumentarium analysieren läßt. Institutionenreiche Modelle heterogener Märkte sollte man von Einführungen erwarten, die sich speziell mit absatzpolitischen Fragestellungen − wie zum Beispiel Einführungen in die Handelsbetriebslehre und Marketing(lehre) − befassen.

Wir analysieren im folgenden zunächst ein Marktmodell, in dem die Anbieter nicht nur über ihre individuellen Verkaufspreise, sondern auch über die Werbeausgaben ihre Absatzmengen beeinflussen können. Danach werden Erfahrungsprodukte betrachtet, deren Qualität man erst nach dem Kauf erfährt, und Markenartikel, für die im Vergleich zu anderen (Plagiat)Produkten der Service nach einem Kauf selbstverständlich ist. Insbesondere wird hier geprüft, ob und unter welchen Umständen Plagiate ebenfalls die Reputation von Markenartikeln erlangen können.

5.1 Verkaufspreise und Werbeausgaben als absatzpolitische Instrumente

Wie in Kapitel 4 sollen die individuellen Verkaufsmengen der n Anbieter i = 1,...,n, die jeweils nur ein Produkt anbieten, linear von den individuellen Verkaufspreisen $p_1,...,p_n$ abhängen. Da es sich bei den n Produkten um Substitute handeln soll, soll die eigene Nachfragemenge x_i des Anbieters i steigen, wenn er seinen Verkaufspreis p_i senkt oder seine Konkurrenten j ≠ i ihre Verkaufspreise erhöhen.

Zusätzliche absatzpolitische Variable der n Anbieter i = 1,...,n sei das Niveau der Werbeausgaben $w_i > 0$. Man kann dies dadurch rechtfertigen, daß für die betrachtete Branche die sinnvolle Werbeform – zum Beispiel als Anzeigen-, Fernseh- oder Rundfunkwerbung – eindeutig vorgegeben ist und daß es daher nur noch zu entscheiden gilt, auf welchem Niveau man Werbung betreibt.

Durch unser einfaches Modell sollen folgende Werbeeffekte erfaßt werden: Zum einen der **Substitutionseffekt** der Werbung, gemäß dem ein Anbieter, der mehr wirbt, Nachfrage von seinen Konkurrenten abzieht, zum anderen der **Marktwerbeeffekt**, gemäß dem erhöhte Werbung auf dem Markt die nachgefragten Mengen aller Anbieter erhöht. Ein einfaches Nachfragesystem (vgl. SHUBIK und LEVITAN, 1980), das beide Werbeeffekte beinhaltet, ist durch die Nachfragefunktionen

$$x_i(p,w) = \left[\alpha_i + \sum_{j=1}^{n} \beta_j^i\, p_j\right] \cdot \left[1 + \gamma_i \sqrt{W}\right] \cdot \left[\eta_i + (1-\eta_i)\frac{nw_i}{W}\right]$$

für i = 1,...,n gegeben. Hierbei bezeichnet $p = (p_1,...,p_n)$ den Vektor der Verkaufspreise, $w = (w_1,...,w_n)$ den der Werbeausgaben und $W = w_1 +...+ w_n$ die Summe der Werbeausgaben. Für die Parameter unterstellen wir

$\alpha_i > 0, \beta_i^i < 0, \beta_j^i > 0$ für $i \neq j$, $\sum_{j=1}^{n} \beta_j^i < 0$, $\gamma_i > 0$, $0 < \eta_i < 1$

für $i = 1,...,n$. Während der erste Faktor auf der rechten Seite der obigen Gleichung das aus Kapitel 1 vertraute lineare Nachfragesystem mit den Preisen als absatzpolitischen Variablen darstellt, wird durch den zweiten Faktor der Marktwerbeeffekt und durch den dritten Faktor der Substitutionseffekt erfaßt.

Aus Vereinfachungsgründen gehen wir von linearen Produktionskosten aus. Produktionskosten und Werbeausgaben addieren sich damit zu den Gesamtkosten

$$C_i(x_i, w_i) = C_i + c_i x_i + w_i \text{ mit } C_i \geq 0 \text{ und } \frac{-\alpha_i}{\sum_{j=1}^{n} \beta_j^i} > c_i \geq 0$$

für $i = 1,...,n$. Als Gewinnfunktion erhält man daher

$$G_i(p,w) = p_i x_i(p,w) - C_i(x_i, w_i) \text{ für } i = 1,...,n.$$

Da hier die prinzipielle Analysierbarkeit derartiger Oligopolmarktmodelle demonstriert werden soll, wird nur der Spezialfall der Symmetrie mit

$$\alpha_i = \alpha, \beta_i^i = \beta_1, \beta_j^i = \beta_2 \text{ für } i \neq j, \gamma_i = \gamma, \eta_i = \eta \text{ und } c_i = c$$

erörtert. Den allgemeinen Fall kann man analog lösen.

Wir verwenden die Hilfsfunktionen

$$A_i(p) = (p_i - c)\left[\alpha + \beta_1 p_i + \beta_2 \sum_{j \neq i} p_j\right]$$

und

$$B_i(w) = \left[1+\gamma\sqrt{W}\right]\left[\eta+(1-\eta)\frac{nw_i}{W}\right],$$

mit deren Hilfe man $G_i(p,w)$ in der Form

$$G_i(p,w) = A_i(p)B_i(w) - w_i - \bar{C}_i$$

schreiben kann. Aus

$$\frac{\partial G_i(p,w)}{\partial p_i} = B_i(w)\frac{\partial A_i(p)}{\partial p_i} = 0$$

folgt

$$\frac{\partial A_i(p)}{\partial p_i} = \alpha - \beta_1 c + 2\beta_1 p_i + \beta_2 \sum_{j \neq i} p_j = 0,$$

da $B_i(w_i)$ stets positiv ist. Wegen

$$\alpha - \beta_1 c + \beta_2 \sum_{j=1}^{n} p_j = \left[\beta_2 - 2\beta_1\right] p_i$$

folgt

$$p_i^* = p_j^* \quad \text{für alle } i,j = 1,\ldots,n \text{ und damit}$$

$$p_i^* = \frac{-\alpha + \beta_1 c}{2\beta_1 + (n-1)\beta_2} \quad \text{für } i = 1,\ldots,n.$$

Wegen $\frac{-\alpha}{\beta_1 + (n-1)\beta_2} > c$ sind alle Komponenten des gleichgewichtigen Preisvektors $p^* = (p_1^*,...,p_n^*)$ größer als c. Analog folgert man aus

$$\frac{\partial G_i(p,w)}{\partial w_i} = A_i(p^*) \frac{\partial B_i(w)}{\partial w_i} - 1 = 0$$

die Bedingung

$$\frac{\partial B_i(w)}{\partial w_i} = (1-\eta)n\left[\frac{1}{W} - \frac{w_i}{W^2}\right]\left[1+\gamma\sqrt{W}\right] + \left[\eta + (1-\eta)\frac{nw_i}{W}\right]\frac{\gamma}{2}W^{-\frac{1}{2}} = \frac{1}{A_i(p^*)}$$

für i = 1,...,n. Wegen der Symmetrie

$$A_i(p^*) = \frac{-\alpha^2\beta_1 - (2\beta_1+(n-1)\beta_2)\alpha\beta_1 c}{(2\beta_1+(n-1)\beta_2)^2}$$

für i = 1,...,n folgt die Symmetrie $w_i^* = w_j^*$ für alle i,j = 1,...,n. Summation über alle Anbieter i ergibt dann die Bedingung

$$\frac{(1-\eta)(n-1)(1+\gamma\sqrt{w})}{W} + \frac{\gamma}{2}W^{-\frac{1}{2}} = \frac{1}{A_i(p^*)}$$

bzw.

$$(\sqrt{W})^2 = \left[(1-\eta)(n-1)+\tfrac{1}{2}\right]\gamma A_i(p^*)\sqrt{W} = (1-\eta)(n-1)A_i(p^*).$$

Als Lösung erhält man

$$\sqrt{W} = \left[(1-\eta)(n-1)+\tfrac{1}{2}\right]\tfrac{\gamma}{2} A_i(p^*) + \sqrt{(1-\eta)(n-1)A_i(p^*) + \left[\left[(1-\eta)(n-1)+\tfrac{1}{2}\right]\tfrac{\gamma}{2} A_i(p^*)\right]^2},$$

da $\sqrt{W}$ positiv sein muß. Wir erhalten daher das eindeutige Ergebnis

$$W^* = a^2 + 2\,ab + b^2$$

sowie

$$w_i^* = \frac{a^2 + 2\,ab + b^2}{n} \quad \text{für } i = 1,\dots,n,$$

wobei a und b durch

$$a = \left[(1-\eta)(n-1)+\tfrac{1}{2}\right]\tfrac{\gamma}{2} A_i(p^*)$$

und

$$b = \sqrt{(1-\eta)(n-1)A_i(p^*) + a^2}$$

definiert sind. Insgesamt haben wir damit gezeigt, daß das Marktgleichgewicht $(p^*, w^*) = \left[(p_1^*, w_1^*), \dots, (p_n^*, w_n^*)\right]$ eindeutig ist und der Symmetrie des Marktes entsprechend auch symmetrisch ist. Obwohl wir die Lösung explizit bestimmt haben, ist es für einen derart komplexen Markt nicht mehr so einfach, den Einfluß bestimmter Marktparameter auf das Marktergebnis zu erörtern. Offenbar hängen die Verkaufspreise nur von den durch $A_i(p)$ erfaßten Marktparametern ab, d.h. von den

Grenzkosten c sowie den sonstigen in den Preisteil $A_i(p)$ einfließenden Parametern α, β_1, β_2 und n. Umgekehrt hängen die gleichgewichtigen Werbeausgaben via $A_i(p^*)$ von den Verkaufspreisen sowie von den in $B_i(w)$ erfaßten Parametern ab. Die gleichgewichtigen Werbeausgaben w_i^* für i = 1,...,n sind wegen $W^* > 0$ alle positiv. Da

$$p_i^* = \frac{-\alpha + \beta_1 c}{2\beta_1 + (n-1)\beta_2} > c \quad \text{für i = 1,...,n}$$

äquivalent ist zu unserer Parameterbeschränkung

$$\frac{-\alpha}{\beta_1 + (n-1)\beta_2} > c ,$$

sind ferner die Verkaufspreise höher als die konstanten Grenzkosten und damit alle individuellen Verkaufsmengen $x_i(p^*,w^*)$ positiv. Das eindeutige Marktgleichgewicht (p^*,w^*) erfüllt damit die ökonomischen Nichtnegativitätsbedingungen $x_i(p^*,w^*) \geq 0$ sowie unsere Ausgangsannahme $w_i^* > 0$ für alle n Anbieter i = 1,...,n.

5.2 Erfahrungsprodukte

Heterogenität der Produkte kann auch nur bedeuten, daß die Produkte der verschiedenen Anbieter von unterschiedlicher Qualität sein könnten. Wir wollen das anhand des folgenden einfachen Modells demonstrieren:

Auf der Stufe 0 müssen alle n Anbieter i = 1,...,n entscheiden, ob sie $\delta_i = 1$, d.h. ein Produkt hoher Qualität, oder die niedrigere Produktqualität $\delta_i = 0$ wählen. Über den Vektor

$$\delta = (\delta_1, ..., \delta_n)$$

der Qualitätsentscheidungen werden nur die Anbieter, aber nicht die Nachfrager informiert.

Auf allen späteren Stufen t = 1,...,T entscheiden zunächst die Anbieter i = 1,...,n, ob sie den Preis $p_i^t = \bar{p}$ hoher Produktqualität oder den Preis $p_i^t = \underline{p}$ niedriger Produktqualität verlangen, wobei $\frac{1}{2} + \underline{p} > \bar{p} > 2\underline{p} > 0$ gelten soll. Im Lichte ihrer vorherigen Erfahrungen mit den möglicherweise bislang gekauften Produkten und in Kenntnis des gegenwärtigen Preisvektors

$$p^t = (p_1^t, ..., p_n^t) \text{ mit } p_i^t \in \{\underline{p}, \bar{p}\} \text{ für i = 1,...,n}$$

müssen dann die Nachfrager v ∈ [0,1] entscheiden, ob sie von einem Kauf in Periode t absehen oder aber, bei welchem Anbieter sie genau eine Einheit in Periode t kaufen wollen.

Die Gewinne eines Nachfragers seien

$$\sum_{t=1}^{T} \rho^{t-1} \delta_v^t \left[\frac{1+\delta_i}{2} v - p_i^t \right],$$

wobei ρ mit $0 < \rho < 1$ der für alle Nachfrager gleiche Diskontierungsfaktor ist, $\delta_v^t = 1$ bzw. $\delta_v^t = 0$ bei Kauf bzw. Nichtkauf des v in Periode t gilt und i derjenige Anbieter ist, bei dem der v ∈ [0,1] im Falle von $\delta_v^t = 1$ in Periode t gekauft hat. Durch den Koeffizient $\frac{1+\delta_i}{2}$ erfasssen wir, daß Produkte i hoher Qualität gemäß $\frac{1+\delta_i}{2} = 1$ in voller Höhe den Nutzen v stiften, während Produkte i niedriger Qualität gemäß

$$\frac{1+\delta_i}{2} = \frac{1}{2}$$ nur den halben Nutzen, d.h. v/2, stiften.

Für die Anbieter i = 1,...,n seien die Gewinne

$$\sum_{t=1}^{T} \epsilon^{t-1} \left[p_i^t - \delta_i c\right] x_i^t ,$$

wobei ϵ mit $0 < \epsilon < 1$ den für alle Anbieter i = 1,...,n gleichen Diskontierungsfaktor und c mit $\underline{p} < c < \bar{p}$ die für alle Anbieter gleichen und konstanten Grenzkosten bei hoher Produktqualität bezeichnet (die konstanten Grenzkosten bei niedriger Produktqualität sind Null), während x_i^t den Anteil der Nachfrage in Periode t bezeichnet, der durch den Anbieter i bedient wird.

Es sei darauf hingewiesen, daß gemäß diesem Modell ein Anbieter i = 1,...,n auf der Stufe 0 endgültig seine Produktqualität für den gesamten Verkaufszeitraum t = 1,...,T festlegt und daß ein Nachfrager $v \in [0,1]$ eindeutig nur dadurch die Produktqualität eines Anbieters i erfahren kann, indem er einmal bei ihm kauft. Allerdings sind auch durchaus Rückschlüsse von Preisvektoren p^t auf die Produktqualität der verschiedenen Anbieter möglich. So wird zum Beispiel ein Anbieter i mit $\delta_i = 1$, d.h. mit hoher Produktqualität, wegen $c > \underline{p}$ in einem perfekten Gleichgewicht niemals den niedrigeren Verkaufspreis $p_i^t = \underline{p}$ wählen. Bei Rationalverhalten aller Beteiligten sind also niedrige Verkaufspreise im Sinne von $p_i^t = \underline{p}$ eindeutige Signale für niedrigere Produktqualität. Gleichgewichtsverhalten impliziert daher das

Ergebnis (alle Anbieter i = 1,...,n mit $\delta_i = 1$ wählen stets den hohen Preis, d.h. $\delta_i = 1$ impliziert $p_i^t = \bar{p}$ für alle t = 1,...,T).

Da ein Anbieter i mit $\delta_i = 0$ seine niedrigere Produktqualität für alle Nachfrager $v \in [0,1]$ offenbart, wenn er nur einmal den niedrigeren Produktpreis $\underline{p}$ wählt, muß man für die Anbieter i = 1,...,n mit $\delta_i = 0$ lediglich bestimmen, bis zu welcher Periode τ_i sie am hohen Preis festhalten, um dann auf den geringeren Produktpreis umzusteigen, d.h. Anbieter i = 1,...,n mit $\delta_i = 0$ werden stets Preissequenzen der Form

$$p_i = \left[p_i^1 = \bar{p},...,p_i^{\tau_i} = \bar{p},\, p_i^{\tau_i+1} = \underline{p},...,p_i^T = \underline{p}\right]$$

realisieren, wobei die Grenzfälle $\tau_i = 0$ und $\tau_i = T$ durchaus zulässig sind.

Ob in Periode t = 1,...,T ein Anbieter i mit $\delta_i = 0$, der bislang stets den hohen Verkaufspreis $\bar{p}$ gewählt hat, weiterhin durch seine Preisgestaltung ein hohes Qualitätsniveau vorspiegelt oder aber auf den niedrigeren Preis umsteigt, hängt von folgenden Faktoren ab:

– dem Anteil $X^t(\bar{p})$ der Nachfrager, die überhaupt daran interessiert sind, zum hohen Preis zu kaufen,

– dem Anteil q_i^t der Nachfrager, die schon vorher einmal bei ihm gekauft haben und daher die Qualität seines Produkts kennen,

– und der Anzahl $M^t(\geq m = \sum_{i=1}^{n} \delta_i)$ an Anbietern, die in der Betrachtungsperiode t und früher stets nur hohe Preise verlangt haben.

Offenbar kann man nicht ausschließen, daß ein Nachfrager mehrfach "in die Zitrone beißt", d.h. mehrmals ein Produkt niedriger Qualität zum hohen Preis ersteht. Um dadurch bedingte komplizierte stochastische Prozesse für die Bestimmung der

Nachfragemengen x_i^t der Anbieter i mit $p_i^\tau = \bar{p}$ für $\tau = 1,...,t$ zu vermeiden, gehen wir im folgenden davon aus, daß ein Nachfrager auf Dauer auf Konsum verzichtet, wenn er einmal ein Produkt niedriger Qualität zum hohen Preis erworben hat (der Konsument hat sich quasi dauerhaft "den Magen verdorben") und daß ein Nachfrager einem Anbieter mit hoher Qualität stets treu bleibt. Gemäß diesen Annahmen ist durch

$$x_i^t = \delta_i q_i^t + \frac{1}{M}\left[X^t(\bar{p}) - \sum_{\delta_j=1} q_j^t - \sum_{\delta_j=0} q_j^t\right] \text{ für } i = 1,...,n,$$

(wobei nur über die Anbieter j summiert wird, die bis einschließlich Periode t stets nur den hohen Preis $\bar{p}$ verlangt haben) eine plausible (Nachfrage)Hypothese dafür gegeben, wie sich der in t zum Preis $\bar{p}$ überhaupt noch kaufbereite Teil der Nachfrage $X^t(\bar{p})$ mit $0 \leq X^t(\bar{p}) \leq 1 - \bar{p}$ auf die M Anbieter i mit $p_i^\tau = \bar{p}$ für $\tau = 1,...,t$ aufteilt.

Welcher Anteil $X^t(\bar{p})$ der beim Preis $\bar{p}$ überhaupt möglichen Nachfrage $1 - \bar{p}$ in Periode t realisiert wird, hängt nun von den Vermutungen der Nachfrager darüber ab, wie viele der M Anbieter hohe Qualität anbieten. Man kann das auch dadurch ausdrücken, daß ein Nachfrager v mit $1 \geq v > \bar{p}$ tendenziell eher zum Kauf beim Preis $\bar{p}$ bereit ist, wenn seine erwartete Anzahl $\hat{m}^t$ von Anbietern mit hoher Qualität groß ist (zum Beispiel im Falle von $\hat{m} = M^t$), und daß er unter Umständen nicht kaufen wird, falls $\hat{m}$ klein ist (zum Beispiel im Falle von $\hat{m}^t = 0$).

Offenbar muß bei rationalen Erwartungen aller Beteiligten und reinen Strategienvektoren $\hat{m}^t = m = \sum_{i=1}^{n} \delta_i$ gelten, d.h. die Konsumenten werden stets die gleichgewichtige Anzahl m an Produkten hoher Qualität erwarten. Würde nun $M^t = m$ gelten, so könnten alle Nachfrager v mit $1 \geq v > \bar{p}$, die bislang noch keine "Zitrone" erworben haben, gefahrlos kaufen. Ein Anbieter i mit $\delta_i = 0$ würde dann auf seinem hohen Preis beharren, falls

$$\frac{\bar{p}}{m}\left[X(\bar{p}) - \sum_{\delta_j=0} q_j^t - \sum_{\delta_j=1} q_j^t\right]$$

größer als der durch den niedrigen Preis implizierte Gewinn ist.

Da eine allgemeine Lösung des oben beschriebenen Modells sehr umfangreiche Lösungsüberlegungen erfordert, sei hier lediglich geprüft, ob und unter welchen Bedingungen das

Marktergebnis ($M^t = m = \sum_{i=1}^{n} \delta_i$ für $t = 1,...,T$, d.h. nur die Anbieter mit hoher Qualität wählen den hohen Preis, und alle Nachfrager erwarten, daß genau m Anbieter Produkte hoher Qualität anbieten und daß auch nur diese Anbieter den hohen Preis verlangen)

mit Gleichgewichtsverhalten vereinbar ist.

Da die Preise damit perfekte Signale der Produktqualität sind, weiß ein Nachfrager $v \in [0,1]$, daß er beim hohen Preis $\bar{p}$ gute und beim niedrigen Preis $\underline{p}$ schlechtere Qualität ersteht, falls m Anbieter den hohen Preis verlangen. Wegen $\frac{v}{2} > \underline{p}$ werden daher nur Nachfrager v mit $v > 2\underline{p}$ zum Kauf bei schlechter Qualität überhaupt bereit sein, während umgekehrt ein Kauf bei hoher Qualität nur für Nachfrager v mit $v > \bar{p}$ lohnt. Es bleibt damit für Nachfrager v mit $v > \bar{p}$ zu prüfen, ob sie lieber gute oder schlechte Qualität kaufen. Da

$$v - \bar{p} > \frac{v}{2} - \underline{p}$$

äquivalent ist zu $v > 2(\bar{p}-\underline{p})$, folgt das

Resultat (im Fall von $M^t = m$ für $t = 1,...,T$ kaufen alle Nachfrager v mit $1 \geq v > 2(\bar{p}-\underline{p})$ stets bei Anbietern mit hohem Preis $\bar{p}$, während alle Nachfrager v mit $2(\bar{p}-\underline{p}) \geq v > 2\underline{p}$ bei Anbietern mit niedrigem Preis $\underline{p}$ kaufen).

Offenbar kann nur ein Anbieter i mit $\delta_i = 0$ daran interessiert sein, einen Anbieter hoher Produktqualität durch Wahl des hohen Preises $\bar{p}$ zu imitieren; der umgekehrte Fall ist wegen $c > \underline{p}$ angeschlossen. Nun ist der (Perioden)Gewinn eines Anbieters i mit $\delta_i = 0$ für $p_i^t = \underline{p}$ durch

$$\underline{p}\,\frac{2(\bar{p}-2\underline{p})}{n-m}$$

gegeben, wenn man die insgesamt auf die Niedrigpreisanbieter zukommende Nachfrage $2(\bar{p}-2\underline{p})$ gleichmäßig auf diese verteilt. Würde der Anbieter i hingegen den hohen Preis $\bar{p}$ in der ersten Periode verlangen, so würde sich nicht nur die auf die Hochpreisanbieter zufließende Nachfrage auf $m + 1$ statt auf m Anbieter verteilen, sondern sie würde sich auch noch verringern, da ein Kauf zu $\bar{p}$ nicht mehr mit Wahrscheinlichkeit 1 hohe Produktqualität garantiert. Kauf zum Preis $\bar{p}$ für Nachfrager v lohnt dann nur noch, falls

$$\frac{m}{m+1}v + \frac{1}{m+1}\cdot\frac{v}{2} - \bar{p} > \frac{v}{2} - \underline{p}$$

bzw.

$$v > \frac{2(m+1)}{m}\left[\bar{p}-\underline{p}\right].$$

Eine hinreichende Bedingung dafür, daß ein Anbieter i mit $\delta_i = 0$ nicht versuchen wird, durch $p_i^1 = \bar{p}$ zumindest am Anfang des Verkaufszeitraums hohe Produktqualität vorzutäuschen, ist daher durch

$$(*) \quad \frac{2}{n-m} \underline{p}(\bar{p}-2\underline{p}) > \bar{p}\,\frac{m - 2(m+1)(\bar{p}-\underline{p})}{m(m+1)}$$

gegeben. Die rechte Seite der obigen Ungleichung ergibt sich dadurch, daß man die bei $m + 1$ Anbietern i mit Preisen $p_i^1 = \bar{p}$ resultierende Nachfrage $1 - \frac{2(m+1)}{m}(\bar{p}-\underline{p})$ nach den teuer angebotenen Produkten gleichmäßig auf $m + 1$ Anbieter verteilt.

Um zu beweisen, daß die Ungleichung (*) erfüllbar ist, renormieren wir die Preise gemäß $\underline{p} = \bar{p} - y$. Wegen der Bedingung

$$\tfrac{1}{2} + \underline{p} > \bar{p} > 2\,\underline{p} > 0$$

muß $1 > 2y > \bar{p} > 0$ gelten. Ungleichung (*) kann mit Hilfe des Parameters y mit $1 > 2y > \bar{p} > y$ in der Form

$$(*') \quad \frac{2}{n-m}(\bar{p}-y)(2y-\bar{p}) > \bar{p}\,\frac{m - 2(m+1)y}{m(m+1)}$$

geschrieben werden. Da die rechte Seite für alle $y > \frac{m}{2(m+1)}$ negativ ist, gibt es einen weiten Parameterbereich y mit

$$1 > 2y > \bar{p} > y > \frac{m}{2(m+1)},$$

für den die Ungleichung (*) stets erfüllt ist. Damit gilt das wesentliche

Resultat (es gibt ein Gleichgewicht, gemäß dem alle m Anbieter i mit $\delta_i = 1$ den hohen Preis $\bar{p}$ und alle n − m Anbieter i mit $\delta_i = 0$ den niedrigen Preis $\underline{p}$ in allen T Verkaufsperioden verlangen, falls die Preise $\bar{p}$ und $\underline{p} = \bar{p} - y$ die Bedingung $1 > 2y > \bar{p} > y > \frac{m}{2(m+1)}$ erfüllen).

Für den Grenzfall m = 0 ist das Resultat noch einfacher zu beweisen, da m = 0 einfach dadurch zum Gleichgewichtsresultat erklärt werden kann, indem man alle Nachfrager von der Erwartung $\hat{m} = 0$ ausgehen läßt, wenn wider Erwarten ein Anbieter i den hohen Preis verlangt, d.h. die Nachfrager würden jeden Versuch, durch $p_i^1 = \bar{p}$ eine hohe Qualität anzudeuten, als Absicht einer Täuschung interpretieren.

Für den gegebenen Vektor $\delta = (\delta_1,...,\delta_n)$ ist es den Anbietern i mit $\delta_i = 1$ damit durchaus möglich, durch hohe Preise $p_i^t = \bar{p}$ die bessere Qualität ihrer Produkte zu signalisieren. Im Sinne des von uns speziell untersuchten Marktergebnis "$M^t = m$ für alle t = 1,...,T" sei daher von der hinreichenden Bedingung $1 > 2y > \bar{p} > y > \frac{m}{2(m+1)}$ dafür ausgegangen, daß kein Anbieter j mit $\delta_j = 0$ von einer Imitation der Anbieter i mit $\delta_i = 1$ profitieren kann. Offenbar verdient ein Anbieter i mit $\delta_i = 1$ bei dem von uns untersuchten Marktergebnis

$$(\bar{p}-c) \frac{1 - 2y}{m} \sum_{t=1}^{T} \rho^{t-1} ,$$

während ein Anbieter j mit $\delta_j = 0$ die Auszahlung

$$\frac{2}{n - m} (\bar{p}-y)(2y-\bar{p}) \sum_{t=1}^{T} \rho^{t-1}$$

erhält. Der Vektor $\delta = (\delta_1,...,\delta_n)$ mit $\sum_{k=1}^{n} \delta_k = m$ ist gleichgewichtig, falls die folgenden zwei Bedingungen erfüllt sind:

(i) $(\bar{p}-c)\dfrac{1-2y}{m} > \dfrac{2}{n-m+1}(\bar{p}-y)(2y-\bar{p})$

(ii) $\dfrac{2}{n-m}(\bar{p}-y)(2y-\bar{p}) > (\bar{p}-c)\dfrac{1-2y}{m+1}$.

Während die Bedingung (i) ausdrückt, daß ein Anbieter i mit $\delta_i = 1$, d.h. hoher Produktqualität, nicht das Angebot niedriger Qualität vorzieht, ist durch (ii) die analoge Bedingung für Anbieter niedriger Qualität gegeben, die es nicht vorziehen, die bessere Qualität anzubieten. Für den Grenzfall $m = 0$ muß natürlich nur Bedingung (ii) und für den Grenzfall $m = n$ nur Bedingung (i) erfüllt sein.

Das extreme Resultat ($m = 0$, d.h. alle Anbieter bieten nur die schlechtere Qualität an)

läßt sich dadurch rechtfertigen, daß man die Differenz $\bar{p} - c$ sehr klein macht (die rechte Seite der Bedingung (ii) konvergiert dann gegen Null).

Das andere extreme Resultat ($m = n$, d.h. alle Anbieter wählen die bessere Qualität)

läßt sich rechtfertigen, wenn man ganz analog die Differenz $2y - \bar{p}$ gering wählt (dann konvergiert die rechte Seite der Bedingung (i) gegen Null).

Bimorphe Resultate der Form (m mit $1 \leq m < n$, d.h. einige Anbieter wählen hohe und andere niedrige Qualität)

sind ebenfalls ohne weiteres vorstellbar, da man stets Parameterwerte finden kann, die die Bedingung

$$\frac{n - m + 1}{2m} > \frac{(\bar{p}-y)(2y-\bar{p})}{(\bar{p}-c)(1-2y)} > \frac{n - m}{2(m+1)}$$

erfüllen. Das hierfür notwendige Erfordernis

$$\frac{n - m + 1}{m} > \frac{n - m}{m + 1}$$

ist nämlich äquivalent zu $n + 1 > 0$ und damit stets erfüllt. Auf einem Markt mit Erfahrungsprodukten ist es also möglich, daß nur niedrige oder auch nur hohe Qualität verkauft wird, aber auch, daß hohe und schlechte Qualität gleichzeitig angeboten wird, die sich aber anhand der Preissignale erkennen lassen.

5.3 Markenartikel und Reputationseffekte

Ein **Markenartikel** sei hier als Produkt verstanden, für das die Nachfrager eine hohe Qualität vermuten. Da die Produktqualität sich dem Käufer in der Regel erst im Verlauf einer unter Umständen mehrjährigen Nutzungsphase offenbart, ist dieser beim Kauf auf seine Qualitätsvermutungen angewiesen. Damit erscheint es möglich, daß Produkte trotz minderer Qualität zumindest anfänglich als Markenartikel angesehen werden und daß echte Markenartikel, d.h. Produkte hoher Qualität nicht immer als solche erkannt werden.

Wir wollen wiederum nur ein einfaches Beispiel betrachten, in dem der Markenartikel sich durch besondere nachträgliche Serviceleistungen auszeichnet. Während sich der echte Markenartikler M zu solchen Serviceleistungen verpflichtet fühlt, besteht für den Anbieter I des Imitationsprodukts keine derartige moralische Verpflichtung zum nachträglichen Service. Wir unterstellen, daß n Nachfrager i = 1,...,n jeweils in der Reihenfolge 1,...,n nacheinander darüber entscheiden, ob sie beim betrachteten Anbieter eine Einheit kaufen oder davon Abstand nehmen.

Mit der a priori–Wahrscheinlichkeit w mit $0 < w < 1$ erwarten alle n Nachfrager, daß der Anbieter vom Typ M, d.h. ein echter Markenartikler ist, während sie den Typ I, der Serviceleistungen anbieten kann, aber nicht muß, mit der Restwahrscheinlichkeit $1-w$ erwarten. Wenn der Anbieter einmal keine Serviceleistungen erbringt, wird er von allen n Nachfragern als Typ I erkannt. Der sequentielle Entscheidungsprozeß sei wie folgt:

Auf der **Stufe 0** wird der Typ $t \in \{M,I\}$ des Anbieters ausgewählt, wobei die Wahrscheinlichkeit für t = M bzw. t = I, wie schon angedeutet, w bzw. $1-w$ beträgt. Über das Ergebnis dieses Zufallszuges wird nur der Anbieter selbst, aber keiner der n Nachfrager informiert.

Auf den **späteren Stufen** i = 1,...,n muß zunächst der Nachfrager i zwischen $\delta_i = 1$, d.h. Kauf zum Preis p, und $\delta_i = 0$, d.h. Nichtkauf entscheiden. Der Nachfrager kennt dabei alle früheren Kaufentscheide sowie Serviceentscheidungen. Im Falle von $\delta_i = 1$ muß anschließend der Anbietertyp t = I, falls er auf Stufe 0 ausgewählt wurde, zwischen $d_i = 1$, d.h. nachträglichem Service, und $d_i = 0$, d.h. keinem nachträglichen Service, auswählen. Der Typ t = M ist stets zum nachträglichen Service bereit.

Offenbar ist der Typ t = M ein reiner Statist, da er zu nachträglichem Service verpflichtet ist. Wir brauchen daher die Auszahlungen des echten Markenartiklers M nicht zu spezifizieren. Die interagierenden Spieler sind lediglich die n Nachfrager sowie der Typ t = I des Anbieters. Jeder Nachfrager i erhalte den Nutzen

$$v - p \quad \text{mit} \quad v > p > 0,$$

wenn er das Gut kauft und nachträglicher Service bereitgestellt wird. Bei Kauf mit fehlendem Service sei der Nutzen $-p$, d.h. das Produkt kann ohne Service nicht genutzt werden. Bei Nichtkauf ist der Nutzen eines Nachfragers Null.

Für den Anbietertyp I bringt ein Kauf mit nachträglichem Service nur den Gewinn $p - c$ mit $p > c > 0$, während ein Kauf ohne Service einen ungeschmälerten Gewinn von p beinhaltet.

Wir bezeichnen mit q_n die Wahrscheinlichkeit des letzten Nachfragers n für den Anbietertyp t = M, wenn bislang stets von allen Nachfragern j = 1,...,n − 1 gekauft wurde und der nachträgliche Service stets erbracht wurde, d.h. q_n ist die posteriori–Wahrscheinlichkeit des Nachfragers n für t = M, nachdem er die Sequenz $(\delta_i=1, d_i=1)$ für i = 1,...,n − 1 beobachtet hat. Der Nachfrager n wird gemäß dieser Wahrscheinlichkeit den Zug $\delta_n = 1$ wählen, falls

$$q_n v > p$$

gilt. Bezeichnet w_n die Wahrscheinlichkeit für $d_n = 1$ nach $\delta_n = 1$, so lassen sich unsere Ergebnisse als

Resultat für die n–te Entscheidungsstufe (der Nachfrager n kauft, falls $q_n v > p$, der Anbietertyp I reagiert auf $\delta_n = 1$ mit $d_n = 0$, d.h. $w_n = 0$)

zusammenfassen. Für die Stufe n ist q_n mithin auch die Wahrscheinlichkeit für Service nach $\delta_n = 1$.

Würde der Anbietertyp $t = I$ auf der vorletzten Stufe $n - 1$ keinen Service erbringen, d.h. mit $d_{n-1} = 0$ auf $\delta_{n-1} = 1$ reagieren, so würde dies $q_n = 0$ implizieren und damit einen Verkauf auf der letzten Stufe n ausschließen. Würde der I hingegen nach $\delta_{n-1} = 1$ mit Wahrscheinlichkeit w_{n-1} den Zug $d_{n-1} = 1$ wählen, so ergibt sich die Wahrscheinlichkeit q_n für Service nach $\delta_n = 1$ gemäß der Regel von BAYES (1763) durch Aufdatierung gemäß

$$q_n = \frac{q_{n-1}}{q_{n-1} + (1-q_{n-1})w_{n-1}}$$

(wegen $w_n = 0$) aus der Wahrscheinlichkeit q_{n-1} des Nachfragers $n - 1$ dafür, dem Anbietertyp $t = M$ gegenüberzustehen, wenn dieser die Sequenz $(\delta_i=1, d_i=1)$ für $i = 1,...,n - 2$ beobachtet hat. Falls dieser Wert q_n die Bedingung $q_n v > p$ erfüllt, lohnt sich die Wahl von $d_{n-1} = 1$ nach $\delta_{n-1} = 1$ mit Wahrscheinlichkeit 1, da stets

$2p - c > p$ wegen $p > c$

gilt. Wegen $w_{n-1} = 1$, gilt dann aber $q_n = q_{n-1}$, so daß der Nachfrger $n - 1$ unbesorgt kaufen kann. Dies beweist das

Resultat der n − 1-ten Stufe (falls $q_{n-1} v > p$, kauft der Nachfrager $n - 1$, d.h. $\delta_{n-1} = 1$ und der Anbietertyp I reagiert auf $\delta_{n-1} = 1$ mit $d_{n-1} = 1$, d.h. $w_{n-1} = 1$).

Dann gilt aber generell, daß der Anbietertyp I auf $\delta_i = 1$ mit $i < n$ stets mit $d_i = 1$ reagieren wird und daß wegen $w_i = 1$ die Erwartung des Typs $t = W$ in der Folgeperiode $i + 1$ durch $q_{i+1} = q_i$ bestimmt ist. Da $q_1 = w$ unterstellt wurde, beweist dies

das generelle Resultat (falls $wv > p$, werden gemäß der Lösungspartie alle Nachfrager $i = 1,...,n$ auf Grund ihrer Erwartung $q_i = w$ stets $\delta_i = 1$ wählen und der Anbietertyp I wird für alle Nachfrager $i < n$ mit $d_i = 1$ auf $\delta = 1$ reagieren, während er auf $\delta_n = 1$ mit $d_n = 0$ reagiert, d.h. $w_i = 1$ für $i < n$ und $w_n = 0$).

Der Anbietertyp $t = I$ imitiert damit den echten Markenartikler $t = M$ in allen Runden $i < n$. Erst in der letzten Runde $i = n$, wenn es ihm nicht länger schaden kann, offenbart er seinen Typ, indem er den nachträglichen Service verweigert.

Die obige Analyse setzt natürlich $n < \infty$, d.h. endlich viele Nachfrager voraus. Im Grenzfall $n = \infty$ unendlich vieler Nachfrager würde der Anbietertyp stets den nachträglichen Service erbringen und sich damit genau wie ein echter Markenartikler M verhalten.

Wir wollen für den Fall $n < \infty$ noch diskutieren, ob es auch gemischte Gleichgewichte der Form geben kann, daß die Nachfrager $i = 2,...,n$ beide Züge $\delta_i = 1$ und $\delta_i = 0$ mit positiver Wahrscheinlichkeit ω_i für $\delta_i = 1$ bzw. $1 - \omega_i$ für $\delta_i = 0$ realisieren und der I für $i < n$ auf $\delta_i = 1$ mit positiver Wahrscheinlichkeit w_i den Zug $d_i = 1$ realisiert und $d_i = 0$ mit positiver Restwahrscheinlichkeit $1 - w_i$. Offenbar muß w_{n-1} wegen $w_n = 0$ dann die Bedingung

$$q_n v = \frac{q_{n-1}}{q_{n-1}+(1-q_{n-1})w_{n-1}} v = p$$

bzw.

$$w_{n-1} = \frac{q_{n-1}}{1-q_{n-1}} \cdot \frac{v-p}{p}$$

erfüllen, damit der Nachfrager n zwischen $\delta_n = 1$ und $\delta_n = 0$ indifferent ist. Damit $0 < w_{n-1} < 1$ mit Gleichgewichtsverhalten vereinbar ist, muß umgekehrt der Nachfrager n die Wahrscheinlichkeit ω_n so wählen, daß

$$p - c + \omega_n p = p \quad \text{bzw.} \quad \omega_n = \frac{c}{p}$$

gilt. Wegen $0 < c < p$ erfüllt ω_n die Bedingung $0 < \omega_n < 1$. Die analoge Bedingung $0 < w_{n-1} < 1$ für w_{n-1} erfordert

$$0 < q_{n-1} < \frac{p}{v},$$

ist also wegen $v > p > 0$ für nicht zu große q_{n-1} erfüllbar. Wäre zum Beispiel $n = 2$, so würde $q_1 = w$ gelten. Für $0 < w < \frac{p}{v}$ könnte der I nach $\delta_1 = 1$ dann mit der Wahrscheinlichkeit

$$w_1 = w_{n-1} = \frac{w}{1-w} \cdot \frac{v-p}{p}$$

den Service nach $\delta_1 = \delta_{n-1} = 1$ erbringen. Es ist folglich nur noch die Entscheidung $\omega_1 = \omega_{n-1}$ des Nachfragers $1 = n - 1$ zu untersuchen. Da $\delta_1 = 0$ die Auszahlung Null und $\delta_1 = 1$ die Auszahlung

$$\left[w+(1-w)w_1\right]v - p$$

impliziert, zieht der Nachfrager $1 = n - 1$ den Zug $\delta_1 = \delta_{n-1} = 1$ dem Zug $\delta_1 = \delta_{n-1} = 0$ vor, falls

$$\left[w+(1-w)w_1\right]v > p$$

bzw.

$$w > \left[\frac{p}{v}\right]^2$$

gilt. Wegen $1 > \frac{p}{v} > \left[\frac{p}{v}\right]^2 > 0$ hat das Intervall $\left[(p/v)^2,(p/v)\right]$ stets einen positiven Abstand seiner Schranken. Wir haben damit das

Resultat für n = 2 (für $n = 2$ ist durch $w_n = w_2 = 0$, $\omega_n = \omega_2 = \frac{c}{p}$ und $w_1 = w_{n-1} = \frac{w}{1-w} \cdot \frac{v-p}{p}$ sowie $\omega_1 = \omega_{n-1} = 1$ für $(\frac{p}{v})^2 < w < \frac{p}{v}$ eine "gemischte Gleichgewichtspartie" gegeben, die auf den Erwartungen $q_1 = w$ und $q_2 = \frac{p}{v}$ der Nachfrager basiert)

bewiesen.

Man beachte, daß dieses Ergebnis für n = 2 wegen $\frac{p}{v} > w$ auf Erwartungen der Form $q_1 = w < q_2 = \frac{p}{v}$ basiert, d.h. die Nachfrager haben in der zweiten Runde i = 2 eine höhere bedingte Wahrscheinlichkeit $q_2 = \frac{p}{v}$, dem echten Markenartikler M gegenüberzustehen, als in der ersten Runde i = 1, in der q_1 durch die a priori–Wahrscheinlichkeit w des M bestimmt ist. Durch die Wahl von $d_1 = 1$ mit einer Wahrscheinlichkeit

$$w_1 = \frac{w}{1-w} \cdot \frac{v-p}{p} < 1$$

erhöht der I also die bedingte Wahrscheinlichkeit $q_2 = \frac{w}{w+(1-w)w_1} = \frac{p}{v}$, mit der Nachfrager 2 erwartet, dem M gegenüberzustehen: Da der I mit positiver Wahrscheinlichkeit in Periode 1 keinen Service erbringt, d.h. $d_1 = 0$ wählt, erachtet ein Nachfrager nach Beobachtung von $d_1 = 1$ den echten Markenartikler M für wahrscheinlicher als vorher. Durch $w_1 < 1$ produziert der Anbietertyp I also seine Reputation als Markenartikler, d.h. eine höhere bedingte Wahrscheinlichkeit q_2 dafür, daß der auf dem Markt befindliche Anbieter vom Typ M, d.h. ein echter Markenartikler ist.

Für $2 < n < \infty$ kann man analoge Ergebnisse nachweisen, indem auch in der vorletzten Periode n − 1 verlangt wird, daß der Nachfrager i = n − 1 zwischen $\delta_i = \delta_{n-1} = 1$ und $\delta_i = \delta_{n-1} = 0$ indifferent ist (das erfordert die Bedingung $q_{n-1} = (p/v)^2$), so daß er wiederum ω_{n-1} so wählen kann, daß der I zwischen $d_{n-2} = 1$ und $d_{n-2} = 0$ indifferent wird (das erfordert die Bedingung $\omega_{n-1} = c/\left[w_{n-1}(p-c+\omega_n p) + (1-w_{n-1})p\right] = \frac{c}{p} = \omega_n$) usw. Wir verweisen auf die Beiträge von KREPS, MILGROM, ROBERTS und WILSON (1982), die für eine ähnliche strukturierte Situation derartige gemischte Gleichgewichte analysieren.

Reputationseffekte der oben beschriebenen Form (der Plagiatanbieter I versucht dadurch, daß er den nachträglichen Service erbringt, die bedingten Wahrscheinlichkeiten q_i der Nachfrager i dafür zu erhöhen, von einem echten Markenartikler zu kaufen) basieren auf der Annahme unvollständiger Information. In unserem Beispiel wurden die Nachfrager nicht über das Ergebnis des Zufallsentscheids auf der Stufe 0 informiert. Würden auch die Nachfrager über diesen Zufallsentscheid sofort informiert, so erhält man das als **Chain Store Paradox** (vgl. SELTEN, 1978) bekanntgewordene

Resultat für vollständige Information (wird der Anbietertyp M ausgewählt, so kaufen alle Nachfrager, d.h. $\delta_i = 1$ für i = 1,..,n, während im Falle von t = I der I stets den nachträglichen Service verweigert und folglich kein Nachfrager kauft, d.h. $\delta_i = 0 = d_i$ für i = 1,...,n).

Da für i = 1,...,n die Züge $\delta_i = 1$ für t = M und $\delta_i = 0$ für t = I sowie $d_i = 0$ offensichtlich gleichgewichtig sind, bleibt lediglich nachzuweisen, daß das Verhalten $d_i = 0$ für i = 1,...,n (sequentiell) rational ist (vgl. GÜTH, 1992) – das stärkere Erfordernis sequentieller Rationalität ist dadurch bedingt, daß die Entscheidungen des I irrelevant sind, wenn alle Nachfrager i = 1,...,n den Zug $\delta_i = 0$ wählen. Würde der Nachfrager n den Zug $\delta_n = 1$ wählen, so würde I typgemäß mit $d_n = 0$ reagieren. Für den Nachfrager n ist daher der Zug $\delta_n = 0$ zwingend. Wenn der Anbietertyp I den Zug $\delta_n = 0$ antizipiert, so muß er auch im Fall von $\delta_{n-1} = 1$ den Service verweigern, d.h. $d_{n-1} = 0$ wählen, da die einzige Rechtfertigung für $d_{n-1} = 1$ in der Chance besteht, einen Kauf des Nachfragers n, d.h. $\delta_n = 1$, zu ermöglichen. Generell gilt, daß für den Anbietertyp I der Zug $d_i = 0$ rational ist, wenn $\delta_j = 0$ für alle j > i gilt. Wegen $d_n = 0 = \delta_n$ folgt daher per Rückwärtsinduktion das oben beschriebene Resultat für vollständige Information.

Bei vollständiger Information werden die Nachfrager daher nur beim Markenartikler M kaufen, während der Plagiatanbieter I ohne intrinsische Serviceverpflichtung völlig leer ausgeht, d.h. den Markt verläßt. Das Resultat für vollständige Information erklärt, warum die Anbieter von Markenartikeln interessiert sind, durch institutionelle Vorkehrungen wie zum Beispiel verbindliche Garantie- und Serviceverpflichtungen, Echtheitszertifikate usw. die Bedingung vollständiger Information für die Nachfrager herbeizuführen.

5.4 Produktstandards und Preiswettbewerb

Wir wollen anhand eines einfachen Beispiels demonstrieren, daß Produktdifferenzierung aus Sicht der Nachfrager durchaus unerwünscht sein kann. Die an sich erwünschten Differenzierungsmöglichkeiten (zum Beispiel zur Persönlichkeitsentfaltung der Konsumenten) können nämlich Raum für monopolistische Ausbeutung schaffen.

Durch

$$J = \{s_1,...,s_m\}$$

sei die Menge der Produktstandards oder Produkttypen mit $m \geq 2$ bezeichnet, während

$$I = \{i_1,...,i_n\} \text{ mit } 2 \leq n \leq m$$

die Menge der Anbieterfirmen ist. Die Anzahl der Nachfrager sei größer als m. Wir gehen von folgendem Stufenspiel aus:

1. Stufe: Alle Firmen i ∈ I wählen zunächst ihren Produkttyp

$$s(i) \in J.$$

Durch $\bar{s} = (s(i))_{i \in I}$ sei der Vektor der Produkttypen für alle Firmen i ∈ I und durch

$$I(s) = \{i \in I : s = s(i)\}$$

die Menge der Firmen i ∈ I bezeichnet, die den Produkttyp s ∈ J gewählt haben. Offenbar definiert $(I(s))_{s \in J}$ eine Zerlegung der Menge I der Anbieterfirmen.

2. Stufe: In Kenntnis von $\bar{s}$ und der Zerlegung $(I(s))_{s \in S}$ von I müssen die Nachfrager ihren Produkttyp s ∈ J auswählen, auf den sie sich unwiderruflich festlegen, wobei natürlich nur die Standards s ∈ J mit I(s) ≠ ∅ wählbar sind.

3. Stufe: In Kenntnis von $\bar{s}$ und der nachfolgenden Festlegungen der Nachfrager auf die Produktklassen s ∈ J mit I(s) ≠ ∅ determinieren die Anbieter i ∈ I ihre Verkaufspreise $p_i (\geq 0)$.

4. Stufe: In Kenntnis aller vorherigen Entscheidungen müssen alle Nachfrager j mit der Festlegung auf den Produkttyp s(j) entscheiden, ob sie entweder bei genau einer der Firmen i ∈ I(s(j)) kaufen oder nicht.

Wir bezeichnen mit m_i die Anzahl der Käufer, die bei der Firma i ∈ I kaufen. Die Auszahlung des Anbieters i ist dann durch

$$u_i = m_i \, p_i$$

gegeben, d.h. wir abstrahieren von allen Kosten. Für alle Nachfrager j sei durch $|I(s(j))|$ die Anzahl der Nachfrager gegeben, die bei einer der Firmen i in $I(s(j))$ kaufen, d.h. denselben Produktstandard zur Verfügung haben. Jeder Konsument sei daran interessiert, daß möglichst viele andere Konsumenten denselben Produktstandard haben. Dies gilt zum Beispiel für Sprachkenntnise (man kann mit mehr Menschen reden), für Telefonsysteme (man kann mehr Menschen telefonisch erreichen) und auch für Produktnormen (man kann mit mehr Menschen tauschen, wie zum Beispiel beim Austausch von Videokassetten desselben Typs). Eine einfache Auszahlungshypothese, die dieses Interesse erfaßt, ist durch die Nutzenfunktion

$$u_j = \left[1 + |I(s(j))|\right] - p_i$$

des Nachfragers j für den Fall gegeben, daß er bei der Firma i ∈ $I(s(j))$ kauft. Nimmt j vom Kauf Abstand, so gilt hingegen $u_j = 0$.

Enthält I(s) mehr als zwei Anbieter, so liegt offenbar Preiswettbewerb auf einem homogenen Markt vor (vgl. Abschnitt 1.2), d.h. die Firmen i in I(s) werden alle den Preis $p_i = 0$ setzen. Enthält I(s) hingegen nur einen Anbieter, so kann dieser als Monopolist den Preis $1 + |I(s)|$ verlangen (wir unterstellen, daß die Nachfrager sich im Falle der Indifferenz für den Kauf entscheiden). Dies allein beweist schon das enorme Interesse der Anbieter, durch Auswahl verschiedener Produkttypen dem scharfen Preiswettbewerb zu entgehen.

Antizipieren die Nachfrager diese Ergebnisse, so werden sie auf der Stufe 2 nur solche Produkttypen wählen, für die sich mindestens zwei Anbieter entschieden haben. Existiert kein Produkttyp $s \in J$ mit mindestens zwei Anbieterfirmen in $I(s)$, so können sich die Nachfrager beliebig auf die Produktstandards $s \in J$ mit $I(s) \neq \emptyset$ verteilen, da sie später unabhängig von ihrer Entscheidung ohnehin nur den Nutzen Null erhalten.

Damit ist gezeigt, daß auf der Stufe 1 alle Vektoren $\bar{s}$ gleichgewichtig sind, für die $s(i) \neq s(\hat{i})$ für alle Paare $i, \hat{i} \in I$ mit $i \neq \hat{i}$ gilt. Würde durch Abweichen von $\bar{s}$ für ein solches Paar $s(i) = s(\hat{i})$ gelten, so erhalten beide Anbieter i und $\hat{i}$ nur den Gewinn von Null, d.h. sie können sich nicht verbessern. Falls sich die Nachfrage im Falle der Indifferenz annähernd gleichmäßig auf alle Anbieter verteilt (jeder Vektor $\bar{s}$ mit $s(i) \neq s(\hat{i})$ für alle Paare $i, \hat{i} \in J$ mit $i \neq \hat{i}$ impliziert dann wenigstens einen Nachfrager für alle Anbieter $i \in J$), wird jeder Anbieter $i \in J$ sogar verlieren, falls er vom Vektor $\bar{s}$ mit $s(i) \neq s(\hat{i})$ für alle $i, \hat{i} \in J$ mit $i \neq \hat{i}$ als einziger abweicht.

Natürlich sind auch andere Vektoren $\bar{s}$ gleichgewichtig, zum Beispiel solche, die wenigstens zwei verschiedene Produkttypen aufweisen, die jeweils von wengistens zwei verschiedenen Anbietern gewählt werden (wenn man dann auf einen anderen Produkttyp ausweicht, den kein anderer Anbieter gewählt hat, zieht man keine positive Nachfrage auf sich, da diese sich ganz auf die verbleibenden Produkttypen mit mehreren Anbietern konzentriert). Diese Gleichgewichte sind aber vergleichsweise schwächer (ein Anbieter kann nicht verlieren, wenn er von einem solchen Gleichgewichtsvektor $\bar{s}$ abweicht) und darum als Lösung weniger plausibel. Dies zeigt, daß auf einem solchen Markt die Anbieter vor allem deshalb an Produktdifferenzierung interessiert sind, weil sie dadurch Preiskonkurrenz vermeiden und ihre Nachfrager monopolistisch über die Verkaufspreise ausbeuten können.

6. Märkte für unteilbare Güter

Nach einer knappen Einordnung der Märkte für unteilbare Güter in die Markt- und Preistheorie werden aus einsichtigen Anforderungen an Marktordnungen die Auktions- bzw. Ausschreibungsregeln abgeleitet. Konkret wird dann für die (Auktions)Preisregel der Zielkonflikt zwischen Anreizkompatibilität und relativer Immunität gegen Bestrebungen zur Kartellbildung der Bieter aufgezeigt, der zumindest in Spezialfällen nicht durch Gewinnerwartungen entschieden werden kann. Die Kartellbildung selbst wird ebenso diskutiert wie sogenannte common value-Märkte, in denen die eigene Bewertung des Verkaufsgegenstands von den Bewertungen anderer abhängt.

6.1 Auktionen und Ausschreibungen

Bislang haben wir unterstellt, daß alle Güter beliebig teilbar sind. Wegen der Beschränkungen menschlicher Wahrnehmung und Meßbarkeit kann die Annahme kontinuierlicher Mengenvariation nur als Approximation gerechtfertigt werden, die eine elegantere mathematische Modellierung und Lösung von Märkten ermöglicht. So haben wir bislang typischerweise optimale Entscheidungen bestimmt, indem wir lokale bzw. globale Extrema abgeleitet haben, was natürlich die Möglichkeit voraussetzt, eine Entscheidungsvariable kontinuierlich variieren zu können.

Obwohl auch die Preise nur diskret variierbar sind, werden wir wie bislang von der illusorischen Annahme beliebiger Teilbarkeit des Geldes ausgehen (VAN DAMME, SELTEN, und WINTER, 1990, verdeutlichen an einem interessanten Beispiel die

Konsequenzen beschränkter Teilbarkeit des Geldes), d.h. die Preise sind weiterhin kontinuierlich variierbar. Allerdings werden wir davon ausgehen, daß die Güter unteilbar sind, d.h. nur in ganzzähligen Mengen angeboten und nachgefragt werden können.

Grundsätzlich ist kein Gut beliebig teilbar, da die menschliche Wahrnehmung sowie die Meßbarkeit von Mengen stets beschränkt ist. Selbst wenn ein Gut unteilbar ist, wie zum Beispiel das Gut "Kraftwagen", wird man häufig auf Standardmodelle beliebig teilbarer Güter zurückgreifen, wenn dieses Gut in großen Mengen gehandelt wird. Wir werden daher im folgenden Märkte betrachten, auf denen unteilbare Güter in kleiner Menge gehandelt werden, zum Beispiel Märkte, auf denen nur eine einzige Einheit eines unteilbaren Gutes verkauft wird.

Wird nur maximal eine Einheit gehandelt, so liegt Wettbewerb nur auf einer der beiden Marktseiten vor, die andere Marktseite ist monopolistisch strukturiert. Bei monopolistischem Angebot sprechen wir von einer **Auktion**, auf der die Nachfrager konkurrieren. Ein Beispiel ist eine Kunstauktion, auf der ein einmaliges Kunstwerk an einen der Bieter verkauft werden soll. Liegt jedoch ein Nachfragemonopol vor, so sprechen wir von einer **Ausschreibung**. Als Beispiel kann hier eine öffentliche Ausschreibung dienen, mittels derer der Nachfrager ein Gebäude mit eindeutig bestimmten Ausstattungsmerkmalen erstellen lassen will. Die Bieter sind dann die möglichen Baufirmen, die solch ein Produkt anbieten können.

Wie in der gesamten Markt- und Preistheorie lassen sich die Lösungen für Angebotsmonopole in analoge Lösungen für Nachfragemonopole übersetzen, indem man lediglich die Marktseiten vertauscht. Wir können uns daher ohne Einschränkung auf den Fall von Auktionen beschränken. Allerdings werden wir gelegentlich auf

Ausschreibungsregeln Bezug nehmen, da diese, insbesondere wenn es um Ausschreibungen der sogenannten Öffentlichen Hand geht, gesetzlich und damit eindeutig festgelegt sind. Wir diskutieren also auch ein gewichtiges ordnungspolitisches Problem der Finanzwissenschaft.

Sind die Regeln festgelegt (vgl. zum Beispiel die sogenannten **Verdingungsordnungen für Bauleistungen/VOB**), so ist die Modellierung von Auktionen in wesentlichen Bestandteilen vorgegeben. Wir werden hier nicht die historische Entwicklung solcher Regeln aufzeigen (vgl. hierzu zum Beispiel Volume 3, Number 3 des *Journal of Economic Perspectives*, 1989, und GANDENBERGER, 1961), sondern uns ausschließlich theoretisch mit bestimmten Aspekten solcher Regeln befassen. Wir vernachlässigen auch die umfangreiche experimentelle Literatur (vgl. zum Beispiel KAGEL und ROTH, 1994) zum Gebotsverhalten in Auktionen sowie die Felduntersuchungen von Auktionsmärkten (vgl. zum Beispiel MILGROM, 1993).

Im folgenden werden wir zunächst durch ein grundlegendes Axiom den Rahmen möglicher Auktionsregeln eingrenzen, um dann eine anreizkompatible Auktions(preis)regel abzuleiten. Abschnitt 6.3 diskutiert dann die Frage, ob bestimmte Marktteilnehmer die anreizkompatible Preisregel anderen Preisregeln vorziehen. Die Anreize zur Kartellbildung, die die verschiedenen Preisregeln implizieren, werden in Abschnitt 6.4 analysiert, ohne jedoch explizit den Prozeß der Kartellbildung und seine Ergebnisse zu erfassen. Dies wird in Abschnitt 6.5 nachgeholt. Der Fall abhängiger Bewertungen, d.h. sogenannte common value–Auktionen, werden in Abschnitt 6.6 behandelt, bevor wir unsere Ergebnisse zusammenfassend bewerten.

Auktionen werden typischerweise als Märkte mit unvollständiger Information abgebildet, die häufig komplizierte Lösungsüberlegungen erfordern. Da wir in erster

Linie an konzeptionellen Problemen interessiert sind, werden wir möglichst einfache Situationen betrachten, für die auch die Lösungen relativ einfach ableitbar sind. Selbst komplizierte Modelle, deren Lösung mathematisch anspruchsvoll ist, analysieren häufig spezielle Situationen, zum Beispiel mit a priori symmetrischen Bietern. Insgesamt muß festgestellt werden, daß sich die Auktionstheorie trotz vielfältiger Bemühungen noch nicht in ihrer Ausreifungsphase befindet.

Dieses Kapitel orientiert sich im wesentlichen an dem Überblicksaufsatz von GÜTH (1993). Im Vergleich hierzu wird hier vor allem versucht, durch ausführliche Begründungen und graphische Veranschaulichungen das intuitive Verständnis der theoretischen Ableitungen und Ergebnisse zu verdeutlichen.

Einige der Beweise basieren auf umfangreichen Berechnungen wie zum Beispiel dem Lösen von (Differential)Gleichungen. Zwar benutzen wir hier im wesentlichen immer wieder dieselbe mathematische Vorgehensweise (die im Appendix abgeleitete partielle Integrationsformel), aber nicht jeder Leser wird sich oder sollte sich bemühen, alle diese Schritte im einzelnen nachzuvollziehen.

In den längeren Beweisen sind deshalb die rein mathematischen Umformungen bzw. Lösungen durch "⌈...⌋" eingegrenzt. Für ein intuitives Verständnis unserer wesentlichen Aussagen kann man die so eingegrenzten Passagen überspringen. Nur wenn ein Leser eigenständig und konstruktiv Auktionsmärkte lösen möchte, d.h. explizit das Gebotsverhalten ableiten will (die Vermittlung solcher Fähigkeiten ist das wesentliche Anliegen dieser Einführung), sollte man versuchen, die Schritte selbständig nachzuvollziehen.

6.2 Preis = Zweithöchstgebot – Eine axiomatische Charakterisierung

Will man regelmäßig am Wirtschaftsverkehr durch Veranstaltung von Auktionen teilnehmen, so wird man nur selten die Auktionsregeln willkürlich ad hoc festlegen, da dies die Bieter abschrecken könnte. Häufig werden für ganze Branchen einheitlich durch berufsständische Vertretungen oder staatliche Organe Auktionsregeln vorgegeben. Würde jemand hiervon abweichen, sofern überhaupt möglich, so könnte sich dies sehr nachteilig auf seine Reputation bzw. die seines angebotenen Produkts auswirken. Wir wollen im folgenden Anforderungen spezifizieren, an denen sich derartige allgemeine Auktionsregeln ausrichten sollten.

Aus Vereinfachungsgründen sei unterstellt, daß der monopolistische Anbieter nur eine Einheit eines unteilbaren Gutes, d.h. ein Unikat, verkaufen will. Unter bestimmten Annahmen (zum Beispiel bei unabhängigen Bewertungen des Verkaufsgegenstandes durch die Bieter) kann man sequentielle Auktionen, d.h. mit zeitlich aufeinanderfolgenden Geboten, mit entsprechenden sealed bid–Auktionen identifizieren, in denen alle Bieter unabhängig voneinander ihre Gebote (gewissermaßen in einem "versiegelten Umschlag") abgeben (vgl. MILGROM und WEBER, 1982). Wir werden zunächst stets vom Fall unabhängiger Gebote ausgehen.

Die Bieter seien durch $i = 1,...,n$ mit $n \geq 2$ indiziert. Der ausgeschlossene Fall $n = 1$ ist uninteressant, da bei vorgegebenem Reservationspreis des Verkäufers der einzige Bieter den Preis diktieren könnte. Mit $b_i \geq 0$ sei der Überschuß des Gebots von Bieter i über den Reservationspreis des Verkäufers bezeichnet. Bieter, die weniger als den Reservationspreis, d.h. den Mindestpreis des Verkäufers bieten, können offenbar vernachlässigt werden. Der Vektor $b = (b_1,...,b_n)$ wird im folgenden Gebotsvektor genannt.

Durch die **Auktionsregeln** muß für alle möglichen Gebotsvektoren b eindeutig festgelegt werden, welcher Bieter w(b) ∈ {1,...,n} den Zuschlag erhält, d.h. das Gut erwirbt, und welchen Preis p(b) ≥ 0 er dafür an den Verkäufer zu entrichten hat. Wir werden w(b) den Käufer und p(b) den (Verkaufs)Preis nennen.

Eine wesentliche Beschränkung für die Auktionsregel (w(·), p(·)) ergibt sich aus der folgenden Anforderung (GÜTH, 1986):

Axiom N: "Neidfreiheit bezüglich der Gebote"
Kein Bieter i = 1,...,n darf den Nettotauschvektor eines anderen Bieters seinem eigenen vorziehen, wenn das Gebot b_i als die subjektive Bewertung des Verkaufsgegenstands durch den i interpretiert wird.

Grundidee von Axiom N ist, daß die wahren Bewertungen kaum jemals interpersonell überprüfbar sind. Neidfreiheit kann daher – zum Beispiel bei Beschwerden über die Vergabepraxis – nur bezüglich der geäußerten Wertvorstellungen, d.h. der Gebote gewährleistet werden. Neidfreiheit untersagt es dem Verkäufer, willkürlich einzelnen Anbietern besondere Konditionen anzubieten (bei öffentlich rechtlichen Auktionen würde dies aus dem **Gleichbehandlungsgrundsatz** folgen). Gilt Axiom N, so wird weder der Käufer beneidet, noch neidet der Käufer einem Nichtkäufer dessen Nettotauschvektor, sofern man das jeweilige Gebot als Bewertungsmaßstab zugrundedlegt.

Axiom N weicht in zweierlei Hinsicht von dem üblichen **Neidfreiheitsaxiom** (vgl. zur Konzeption FOLEY, 1967 oder für einen Überblick VARIAN, 1987) in der ökonomischen Literatur ab: Erstens bezieht sich der Neid nur auf den Nettotauschvektor und nicht auf die endgültigen (Vermögens)Positionen der Bieter. So erweist sich eine Konkurrenzallokation in einer Tauschökonomie (vgl. GÜTH, 1992) stets als neidfrei, wenn sich der Neid nur auf Nettotauschvektoren bezieht. Es ist aber im Rahmen von Konkurrenzallokation durchaus möglich, daß ein Haushalt den Konsumvektor eines anderen seinem eigenen vorzieht (dies ist stets dann der Fall, wenn beide Haushalte dieselben Präferenzrelationen bzw. Nutzenfunktionen haben und ein Haushalt von jedem Gut eine höhere Erstausstattung als der andere besitzt).

Die andere und wesentlichere Abweichung besteht in der Tatsache, daß Axiom N Neid nicht gemäß den wahren Präferenzen (die wir noch gar nicht eingeführt haben) beurteilt, sondern bezüglich der Gebote, d.h. der von den Bietern im Verlauf der Auktion geäußerten "Bewertungen" (VAN DAMME, 1985, kritisiert Axiom N aus diesem Grund). Allerdings bieten die individuellen wahren Bewertungen keine objektive Basis, um Neidfreiheit zu beurteilen. In einer öffentlichen Ausschreibung sind die individuellen Kostenbedingungen der verschiedenen Anbieterfirmen typischerweise nur der jeweiligen Firma selbst bekannt. Es kann daher bei einer Beschwerde über die Vergabepraxis niemand objektiv beurteilen, ob ein Marktergebnis bezüglich der wahren Bewertungen neidfrei ist oder nicht. Der Staat als Nachfrager kann ferner jeden Vorwurf eines Bieters dahingehend, daß das Ergebnis sich bezüglich seiner wahren Bewertung nicht als neidfrei erweist, dadurch kontern, daß dieser Bieter derartigen Neid für sich hätte ausschließen können, indem er ehrlich geboten hätte (ein Angebot in Höhe seiner wahren Kosten abgegeben hätte). Wenn nämlich ein Bieter ehrlich bietet, impliziert Axiom N auch Neidfreiheit bezüglich der wahren Bewertungen.

Theorem 1: Gilt Axiom N, so ist der Höchstbieter Käufer, d.h. $b_{w(b)} \geq b_i$ für alle i = 1,...,n, und der Preis $p(b)$ genügt der Bedingung $b_{w(b)} \geq p(b) \geq b_{2(b)}$, wobei $b_{2(b)}$ das höchste nicht zum Zug gekommene Gebot, d.h. das sogenannte Zweithöchstgebot bezeichnet.

Beweis: Gemäß seinem Gebot b_i bewertet jeder Bieter i den Nettotauschvektor des Käufers gemäß $b_i - p(b)$, wohingegen der Nettotauschvektor eines Nichtkäufers einheitlich den Wert Null hat. Axiom N erfordert daher

$$b_{w(b)} - p(b) \geq 0 \geq b_i - p(b) \quad \text{für alle } i \neq w(b).$$

Die linke Ungleichung schließt aus, daß der Käufer $w(b)$ den Nichtkauf dem Kauf zum Preise $p(b)$ vorzieht. Die rechte Ungleichung schließt Neid seitens der Nichtkäufer aus. Addiert man $p(b)$, so erhält man $b_{w(b)} \geq p(b) \geq b_{2(b)}$, wobei $b_{2(b)} = \max\{b_i : i \neq w(b)\}$ das Zweithöchstgebot bezeichnet. □

Abgesehen vom Spezialfall mehrerer Höchstgebote kann der Preis gemäß Axiom N im Intervall $[b_{2(b)}, b_{w(b)}]$ beliebig festgelegt werden. Wir wollen diese Preiswillkür durch ein weiteres Erfordernis ausschließen. Wir nennen das Gebot b_i **dominiert**, falls es ein Gebot $\hat{b}_i$ gibt, das für alle Gebotsvektoren $b_{-i} = (b_1,...,b_{i-1},b_{i+1},...,b_n)$ der Mitbieter des i nicht schlechter als b_i ist und für mindestens einen Gebotsvektor b_{-i} besser als b_i ist. Mit anderen Worten: $\hat{b}_i$ ist niemals schlechter, aber manchmal besser als b_i. Mit v_i sei die wahre Bewertung des Verkaufsgegenstandes durch Bieter i bezeichnet. Da die Bieter i mit $v_i < 0$ für einen Kauf nicht in Betracht kommen, können wir von $v_i \geq 0$ für alle Bieter $i = 1,...,n$ ausgehen.

Durch eine **Gebotsstrategie** muß jedem möglichen wahren Wert $v_i \geq 0$ des Bieters $i = 1,...,n$ ein Gebot $b_i(v_i) \geq 0$ zugeordnet werden. Die spezielle Gebotsstrategie $b_i(v_i) \equiv v_i$ soll "ehrliches Bieten" genannt werden. Das wichtige ordnungspolitische Erfordernis der **Anreizkompatibilität** verlangt, daß alle Bieter zum ehrlichen Bieten veranlaßt werden.

Axiom AK: Die Auktionsregeln $(w(\cdot), p(\cdot))$ sind **anreizkompatibel**, falls für alle Bieter $i = 1,...,n$ und alle möglichen Werte $v_i \geq 0$ die Gebotsstrategie $b_i = v_i$ die einzige nicht dominierte Strategie des Bieters i ist.

Anreizkompatible Auktionsregeln sind vorteilhaft, da sie Anreize für strategisches Bieten ausschließen. Da nur ehrliches Bieten im Sinne von $b_i = v_i$ für alle möglichen Verhaltensweisen der Mitbieter optimal ist, muß ein Bieter nur seine eigene Bewertung des Verkaufsgegenstand bestimmen, um jegliche Fehlentscheidung zu vermeiden. Insbesondere lohnt es sich daher nicht, durch Betriebsspionage Informationen über andere — zum Beispiel über deren wahre Werte v_j oder ihre Gebote b_j — zu erhalten.

Theorem 2: Gelten die Axiome N und AK, so ist der Käufer $w(b)$ Höchstbieter und der Preis $p(b)$ durch das Zweithöchstgebot $b_{2(b)}$ bestimmt.

Beweis: Gilt $p(b) = b_{2(b)}$ für alle Gebotsvektoren b, so ist $b_i = v_i$ einzige nicht dominierte Gebotsstrategie, da ein Überbieten $\bar{b}_i > v_i$ nur dann zu einem anderen Ergebnis als $b_i = v_i$ führt, falls das Höchstgebot b_j der anderen im Intervall $\bar{b}_i > b_j > v_i$ liegt. In einem solchen Fall führt $\bar{b}_i$ zu einem Kauf zum Preise $p(b) = b_j$ und damit zum negativen Gewinn $v_i - b_j$, während man bei ehrlichem Bieten leer ausgeht und damit Null gewinnt. Analog zeigt man, daß Unterbieten im Sinne von $b_i < v_i$ dominiert ist.

Man kann diese Beweisführung auch graphisch wie in Abbildung 6.2.1 anhand des Gebotsstrahls verdeutlichen. Hier bezeichnet $\bar{b}_i$ das Höchstgebot der Konkurrenten

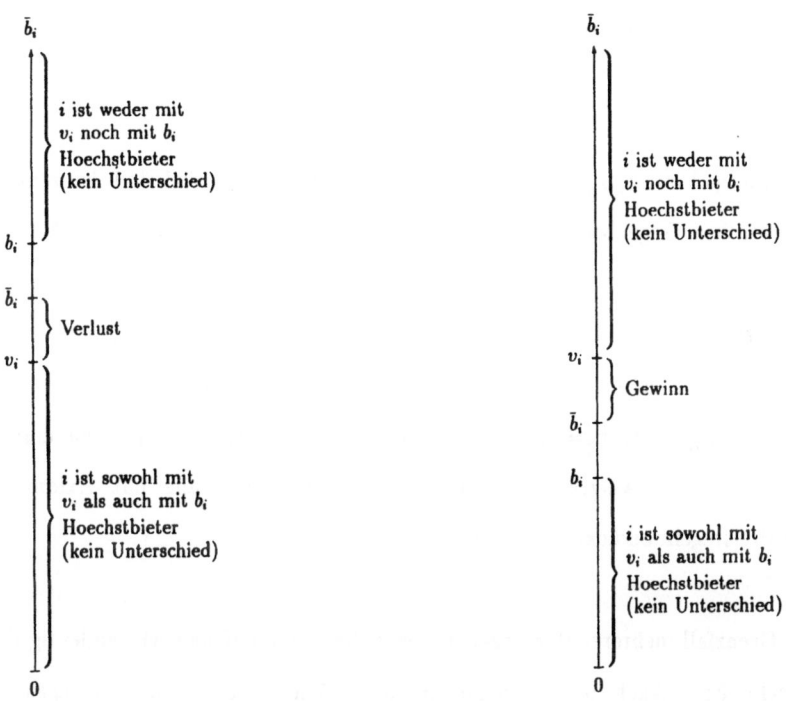

Abbildung 6.2.1

des i, d.h. $\bar{b}_i = \{\max b_j; j \neq i\}$. In dem linken Gebotsstrahl wird der Fall (a) des strategischen Überbieters mit $b_i > v_i$ illustriert. Gilt hier $\bar{b}_i > b_i > v_i$, so ist gemäß beider Gebote (dem erhöhten Gebot b_i bzw. dem wahren Gebot v_i) Bieter i nicht der Käufer, d.h. beide Gebote implizieren einen Gewinn von Null. Desgleichen resultiert kein Unterschied, falls $\bar{b}_i < v_i < b_i$ gilt: Beide Gebote (b_i und v_i) implizieren, daß i zum Preise von $\bar{b}_i$ kauft. Gilt jedoch $b_i > \bar{b}_i > v_i$, so führt nur b_i zum Kauf durch den i. Da der Preis jedoch $\bar{b}_i$ beträgt, erleidet Bieter i einen positiven Verlust in Höhe von $\bar{b}_i - v_i$. Strategisches Überbieten im Sinne von $b_i > v_i$ bei der Preisregel $p(b) = b_{2(b)}$ ist also im Zweifel schädlich. Analog zeigt man anhand des rechten Gebotsstrahls in Abbildung 6.2.1 für den Fall (b) strategischen Unterbietens, daß solches Verhalten entweder keinen Effekt hat oder im Bereich $b_i < \bar{b}_i < v_i$ einen positiven Gewinn ausschließt.

Daß Preisregeln $p(\cdot)$ mit $b_{w(b)} \geq p(b) > b_{2(b)}$ nicht anreizkompatibel sind, kann man durch ein einfaches Gegenbeispiel beweisen: Es sei $n = 2$, $v_1 > v_2 = 0$. Ferner unterstellen wir, daß die Werte v_1 und v_2 allgemein bekannt (common knowledge, vgl. GÜTH, 1992) sind. Würden beide Anbieter ehrlich bieten, d.h. $b = (b_1, b_2) = (v_1, v_2)$, und $p(v_1, v_2) > v_2 = 0$ gelten, so hätte Bieter 1 einen Anreiz, ein Gebot b_1 im Intervall $0 < b_1 < p(v_1, v_2)$ statt $b_1 = v_1$ zu wählen, da dies gemäß Axiom N zu einem geringeren Preis führt. Aufgrund von Theorem 1 sind damit alle mit Axiom N vereinbaren Preisregeln berücksichtigt. □

Bis auf den Grenzfall mehrerer Höchstgebote legen die Axiome N und AK eindeutig die Auktionsregeln fest. Auch diese Uneindeutigkeit könnte durch ein naheliegendes **Anonymitätserfordernis** A vermieden werden, das Gleichbehandlung von Bietern mit gleichen Geboten verlangt. Die Axiome N, AK und A würden verlangen, daß im Fall mehrerer Höchstgebote der Gewinner $w(b)$ gemäß einem unverzerrten Zufallszug aus der Menge der Höchstbieter ausgewählt wird.

In der Praxis verwendet man sowohl die anreizkompatible Preisregel $p(b) = b_{2(b)}$ als auch ihr Gegenteil $p(b) = b_{w(b)}$. So entspricht die **holländische Auktion** (der Preis wird von einem Höchstwert ausgehend stetig gesenkt, bis ein Bieter kauft, d.h. den gerade vorherrschenden Preis akzeptiert) der Preisregel $p(b) = b_{w(b)}$, während das **sequentielle Überbieten** (das Gut wird zum aktuellen Gebot dann verkauft, wenn zum ersten Mal nur ein Bieter das Gebot aufrechterhält) der Preisregel $p(b) = b_{2(b)}$ analog ist. Interessanterweise schreiben jedoch die öffentlich rechtlichen Auktionsvorschriften fast ausschließlich die nicht–anreizkompatible Preisregel $p(b) = b_{w(b)}$ vor (vgl. GANDENBEGER, 1961, und FINSINGER, 1985). Man könnte vermuten, daß das

Gebot der sparsamen Verwendung öffentlicher Mittel zur Ablehnung der anreizkompatiblen Preisregel bei Ausschreibungen der öffentlichen Hand geführt hat. Bei einer Ausschreibung muß die öffentliche Hand nämlich weniger für die Beschaffung von Wirtschaftsgütern ausgeben, wenn der Preis durch das niedrigste statt durch das zweitniedrigste Gebot festgelegt ist. Diese Argumentation ist jedoch zu vordergründig, da verschiedene Preisregeln unterschiedliche Gebote implizieren.

VICKREY (1961) hat schon die Anreizkompatibilität der Zweithöchstgebotspreisregel $p(b) = b_{2(b)}$ bewiesen (vgl. auch GANDENBERGER, 1961). Theorem 2 zeigt, daß nur die Zweithöchstgebotspreisregel zulässig ist, wenn man Axiom N zusätzlich zur Anreizkompatibilität fordert. Wären beide Anforderungen unumstritten, so wäre gemäß Theorem 2 das ordnungspolitische Problem, eindeutig die Auktionsregeln zu bestimmen, zufriedenstellend gelöst. Wir werden jedoch sehen, daß zumindest die Anreizkompatibilität anderen wichtigen Anforderungen entgegensteht. Zuvor soll jedoch noch diskutiert werden, welche Preisregeln die einzelnen Marktteilnehmer aus individueller Sicht wünschen.

6.3 Wer zieht welche Preisregel vor?

Es sei vorangestellt, daß diese Frage bislang nur in unzureichender Weise beantwortet werden kann. Wir werden daher nur spezielle Resultate präsentieren, die man nicht überbewerten sollte. Ist zum Beispiel der Vektor $v = (v_1,...,v_n)$ der wahren Werte aller n Bieter allgemein bekannt, so folgt

Theorem 3: Sind alle wahren Werte allgemein bekannt, so implizieren alle mit Axiom N vereinbaren Preisregeln dieselben Gewinnerwartungen für alle Marktteilnehmer, wenn man von Gleichgewichten in nicht dominierten Strategien ausgeht.

Beweis: Ohne Verlust an Allgemeinheit sei $v_1 \geq v_2 \geq v_3 \ldots \geq v_n$. Gilt $v_1 = v_2$, so erfordert jeder **Gleichgewichtspunkt**, d.h. jeder Gebotsvektor $b = (b_1,\ldots,b_n)$, von dem kein einziger Bieter allein abweichen möchte (vgl. GÜTH, 1992), in nicht dominierten Strategien die Bedingung $b_1 = v_1 = b_j = v_2$ für ein $j \geq 2$, so daß die Behauptung stets zutrifft, da Axiom N dann nur einen einzigen Preis zuläßt. Wir können daher von $v_1 > v_2$ ausgehen. Wir wollen zeigen, daß dann unabhängig von der mit Axiom N vereinbaren Preisregel stets $p(b) = v_2$ gilt. Für $p(b) = b_{2(b)}$ folgt aus der Anreizkompabilität $b = v$ und damit $p(v) = v_2$. Es verbleiben daher nur die Preisregeln $p(b) > b_{2(b)}$. Ohne Verlust an Allgemeinheit kann man davon ausgehen, daß Bieter 2 das Höchstgebot der Bieter 2, 3,...,n abgibt. Wegen $p(b) > b_{2(b)}$ muß offenbar $b_1 = b_2$ gelten, da sonst der höher Bietende sein Gebot verringern könnte, ohne den Kauf zu gefährden. Da für den Bieter 2 Gebote $b_2 > v_2$ durch $b_2 = v_2$ dominiert werden, folgt daher $b_2 = v_2$ (bei $b_1 = b_2 < v_2$ würde wenigstens ein Anbieter abweichen wollen) und damit $p(b) = v_2$. Der Verkäufer erhält daher $p(b) = v_2$. Ferner erhält Bieter 1 den Zuschlag mit dem Gewinn $v_1 - v_2$, während alle übrigen Bieter leer ausgehen. □

Man kann Theorem 3 als **Äquivalenzaussage** bezeichnen, da es alle Preisregeln im Bereich von Axiom N als auszahlungsäquivalent nachweist. Theorem 3 schließt private Information über die wahren Werte aus. Äquivalenzaussagen lassen sich auch für den Fall privater Information (nur der Bieter $i = 1,\ldots,n$ selbst kennt seinen wahren Wert v_i) nachweisen. Allerdings gehen derartige Theoreme stets von der a priori–Symmetrie aller n Bieter aus.

Es sei $F(v_i)$ die Verteilungsfunktion mit der stetigen und im gesamten Wertebereich $v_i \in [0,\bar{v}_i]$ positiven Dichte $F'(\cdot) = f(\cdot)$, die die einheitlichen Erwartungen der Mitbieter des i bezüglich v_i widerspiegelt, d.h. $F(\hat{v}_i)$ ist die Wahrscheinlichkeit, mit der die Mitbieter des i Werte v_i im Intervall $0 \leq v_i \leq \hat{v}_i$ erwarten. A priori–Symmetrie der

Bieter erfordert offenbar $\bar{v}_1 = \bar{v}_2 = ... = \bar{v}_n$, und daß $F(\cdot)$ die Erwartungen bezüglich aller wahren Werte $v_1,...,v_n$ beschreibt. Durch Renormierung der Geldeinheit kann man dann von $\bar{v}_i = 1$ für $i = 1,...,n$ ausgehen. Dieser Fall der a priori–Symmetrie wird üblicherweise als **IID–Annahme** (<u>i</u>dentical and <u>i</u>ndependent <u>d</u>istribution) bezeichnet, da die wahren Werte durch unabhängige Zufallszüge und gemäß einer identischen Verteilung $F(\cdot)$ ausgewählt werden.

Bei privater Information ist eine **Gebotsstrategie** b_i des Bieters i eine Funktion $b_i(\hat{v}_i)$, die jedem möglichen Wert $\hat{v}_i \in [0,1]$ ein Gebot $b_i(\hat{v}_i)$ zuordnet. Da die Mitbieter des i bezüglich $\hat{v}_i$ nur stochastische Erwartungen haben, ist es wichtig, für alle Werte $\hat{v}_i$ das Gebot des i zu bestimmen. Aus der Sicht des i sind dies natürlich fast ausschließlich **kontrafaktische Überlegungen**, da der i den wahren Wert v_i kennt und die Gebote $b_i(\hat{v}_i)$ für $\hat{v}_i \neq v_i$ nur bestimmt, da diese in die Erwartungen seiner Mitbieter eingehen.

Wegen der a priori–Symmetrie aller n Bieter ist es sinnvoll, sich auf **symmetrische Gleichgewichte** zu beschränken, d.h. wir gehen von $b_i(\hat{v}_i) = t(\hat{v}_i)$ für alle $\hat{v}_i \in [0,1]$ und $i = 1,...,n$ aus. Wie GÜTH und VAN DAMME (1986, Appendix A) beschränken wir uns ferner auf Gleichgewichte in monotonen und differenzierbaren Gebotsstrategien, d.h. $t'(\hat{v}_i)$ existiert und ist positiv (für eine allgemeinere Analyse vgl. PLUM, 1992).

Theorem 4: Wird für alle Bieter $i = 1,...,n$ der Wert v_i gemäß der Verteilung $F(v_i)$ mit $F(0) = 0$ und $F(1) = 1$ und stetiger und positiver Dichte $f(v_i)$ für alle $v_i \in [0,1]$ ausgewählt (IID–Annahme), so ist für alle Preisregeln der Form

$$p_\lambda(b) = (1-\lambda)\, b_{w(b)} + \lambda\, b_{2(b)} \quad \text{mit} \quad 0 \leq \lambda \leq 1$$

das Gebotsverhalten wie folgt bestimmt:

$$t(v_i) = v_i - \int_0^{v_i} \left[\frac{F(r)}{F(v_i)}\right]^{\frac{n-1}{1-\lambda}} dr \quad \text{für alle } v_i \in [0,1] \text{ und } i = 1,\ldots,n$$

Beweis: In einem Gleichgewicht muß sich das Gebot b_i des Bieters i mit wahrem Wert v_i als beste Antwort auf das Gebotsverhalten $t(\hat{v}_j)$ aller übrigen Bieter $j \neq i$ erweisen. Ob der i kauft oder nicht, hängt offensichtlich nur davon ab, ob b_i das Höchstgebot der anderen Bieter übersteigt oder nicht. Bezeichnet $y = \max\{v_j : j \neq i\}$ den höchsten wahren Wert der anderen, so ist durch $t(y)$ das Höchstgebot der Mitbieter des i bestimmt. Da der i die Werte v_j für $j \neq i$ nicht kennt, ist für ihn natürlich auch y eine Zufallsvariable mit der Verteilung $G(y) = F(y)^{n-1}$ und der zugehörigen Dichte $g(y) = (n-1) F(y)^{n-2} f(y)$. Die Gewinnerwartung des i mit wahrem Wert v_i ist daher durch

$$E_{v_i}(b_i) = \int_{t^{-1}(b_i) \geq y} \left[v_i - (1-\lambda)b_i - \lambda t(y)\right](n-1)F(y)^{n-2} f(y)\, dy$$

bestimmt. Die notwendige Bedingung für ein lokales Extremum

$$E'_{v_i}(b_i) = (v_i - b_i) \frac{dt^{-1}(b_i)}{db_i} (n-1)\, F(t^{-1}(b_i))^{n-2}\, f(t^{-1}(b_i))$$
$$- (1-\lambda) \int_{t^{-1}(b_i) \geq y} (n-1)\, F(y)^{n-2}\, f(y)\, dy = 0$$

ist äquivalent zu

$$F^{n-2}(t^{-1}(b_i)) \left[(n-1)(v_i-b_i) \frac{dt^{-1}(b_i)}{db_i} f(t^{-1}(b_i)) - (1-\lambda) F(t^{-1}(b_i))\right] = 0.$$

Für ein Gleichgewicht $t(\cdot)$, das auf lokaler Gewinnmaximierung basiert, muß die obige Bedingung für $b_i = t(v_i)$ und für alle Werte v_i erfüllt sein. Wir erhalten daher die Bedingung

$$(n-1)(v_i - t(v_i)) \frac{dt^{-1}(b_i)}{db_i} f(t^{-1}(b_i)) = (1-\lambda) F(t^{-1}(b_i)).$$

Für $\lambda = 1$ bzw. $p(b) = b_{2(b)}$ ist die rechte Seite der letzten Gleichung identisch Null, so daß $t(v_i) = v_i$ für alle $v_i \in [0,1]$ folgt, wie es der Anreizkompatibilität durch $p(b) = b_{2(b)}$ entspricht. Für $0 \leq \lambda < 1$ ersetzen wir $t^{-1}(b_i)$ durch v_i und b_i durch $t(v_i)$ und erhalten die inhomogene Differentialgleichung

$$(*) \quad \frac{dt(v_i)}{dv_i} = \frac{(n-1)(v_i - t(v_i)) f(v_i)}{(1-\lambda) \cdot F(v_i)}.$$

Die zugehörige homogene Differentialgleichung

$$(+) \quad \frac{d\hat{t}(v_i)}{dv_i} = -\frac{(n-1) f(v_i)}{(1-\lambda) F(v_i)} \hat{t}(v_i)$$

ist einfach zu lösen, da aus

$$\int \frac{1}{\hat{t}(v_i)} \frac{d\hat{t}(v_i)}{dv_i} dv_i = -\frac{n-1}{1-\lambda} \int \frac{f(v_i)}{F(v_i)} dv_i$$

die Bedingung

$$\ln \hat{t}(v_i) = C' - \frac{n-1}{1-\lambda} \ln F(v_i)$$

bzw.

$$\hat{t}(v_i) = CF(v_i)^{-\frac{n-1}{n-\lambda}}$$

mit C' bzw. C als Integrationskonstanten folgt. Um die inhomogene Differentialgleichung (*) zu lösen, streben wir eine Lösung der Form $t(v_i) = c(v_i)\hat{t}(v_i)$ an, wobei $c(\cdot)$ als differenzierbar unterstellt wird. Aus (*), (+) und

$$\frac{dt(v_i)}{dv_i} = c(v_i)\frac{d\hat{t}^{-1}(v_i)}{dv_i} + c'(v_i)\,\hat{t}(v_i)$$

ergibt sich

$$-c(v_i)\frac{(n-1)f(v_i)}{(1-\lambda)F(v_i)}\hat{t}(v_i) + c'(v_i)\,\hat{t}(v_i) = \frac{(n-1)\,f(v_i)\,(v_i - c(v_i)\,\hat{t}(v_i))}{(1-\lambda)F(v_i)}$$

bzw.

$$c'(v_i) = \frac{(n-1)f(v_i)v_i}{(1-\lambda)F(v_i)\hat{t}(v_i)}\,.$$

Einsetzen von $\hat{t}(v_i)$ und Integration beider Seiten führt zu

$$\begin{aligned}c(v_i) &= C^{-1}\cdot\frac{n-1}{1-\lambda}\int_0^{v_i} f(x)xF(x)^{\frac{n-1}{1-\lambda}-1}dx \\ &= C^{-1}\left[v_iF(v_i)^{\frac{n-1}{1-\lambda}} - \int_0^{v_i} F(x)^{\frac{n-1}{1-\lambda}}dx\right],\end{aligned}$$

wobei letztere Umformung sich der **partiellen Integrationsformel** (vgl. Beweis im Appendix)

$$\int_0^{v_i} H(x)L'(x)dx = H(x) \cdot K(x)\Big|_0^{v_i} - \int_0^{v_i} H'(x) K(x) dx$$

mit $H(x) = x$ und $k(x) = \frac{n-1}{1-\lambda} f(x) F(x)^{\frac{n-1}{1-\lambda}-1}$ bedient.]

Einsetzen in $t(x) = c(v_i) \hat{t}(v_i)$ führt zu

$$\begin{aligned} t(v_i) &= F(v_i)^{\frac{n-1}{1-\lambda}} \left[v_i F(v_i)^{\frac{n-1}{1-\lambda}} - \int_0^{v_i} F(x)^{\frac{n-1}{1-\lambda}} dx \right] \\ &= v_i - \int_0^{v_i} \left[\frac{F(r)}{F(v_i)} \right]^{\frac{n-1}{1-\lambda}} dr. \end{aligned}$$

Für alle v_i gilt daher $t'(v_i) > 0$ wegen $f(v_i) > 0$. Da ferner Abweichungen von $b_i = t(v_i)$ die Gewinnerwartung E_{v_i} des Bieters i nicht erhöhen, ist auch die hinreichende Bedingung für ein lokales Gewinnmaximum erfüllt. □

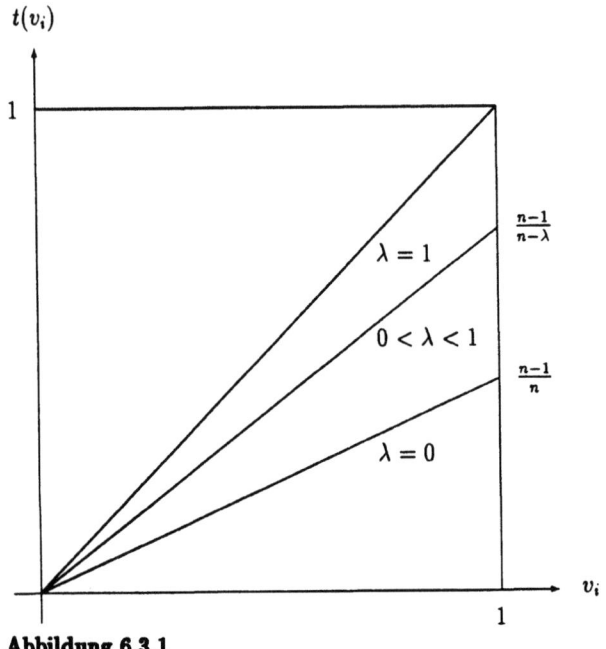

Abbildung 6.3.1

Für den einfachen Fall der uniformen Dichte mit $F(r) = r$ für alle r mit $0 \leq r \leq 1$ vereinfacht sich die Gebotsfunktion zu

$$t(v_i) = v_i - \frac{1}{\frac{n-1}{v_i^{1-\lambda}}} \int_0^{v_i^{\frac{n-1}{1-\lambda}}} r \, dr$$

$$= v_i - \frac{1}{v_i^{\frac{n-1}{1-\lambda}}} \cdot \frac{v_i^{\frac{n-1}{1-\lambda}+1}}{\frac{n-1}{1-\lambda}+1}$$

$$= v_i \left[1 - \frac{1-\lambda}{n-\lambda}\right] = v_i \frac{n-1}{n-\lambda}.$$

Wir haben diese Gebotsfunktion $t(v_i) = \frac{n-1}{n-\lambda} v_i$ sowohl für $\lambda = 1$, $0 < \lambda < 1$ und $\lambda = 0$ im Einheitsquadrat der Abbildung 6.3.1 veranschaulicht. $\lambda = 1$ entspricht das ehrliche

Bieten $t(v_i) = v_i$. Mit abnehmendem λ-Wert dreht sich der Gebotsstrahl im Uhrzeigersinn (im Koordinatenursprung). Wie sensitiv sich eine Verminderung von λ auf das Gebotsverhalten auswirkt, hängt offensichtlich von der Anzahl n der Bieter ab. Während bei n = 2 die Gebote für $\lambda = 1$ und $\lambda = 0$ bis zu 1/2 voneinander abweichen können, schrumpft der maximale Unterschied eines Gebots $t(v_i)$ für $\lambda = 1$ und $t(v_i)$ für $\lambda = 0$, wenn n größer wird. Für n → ∞ führen alle λ-Werte zum ehrlichen Bieten.

Man beachte, daß das Intervall $0 \leq \lambda \leq 1$ der Preisregeln $p_\lambda(b)$ nicht wirklich den Bereich aller Preisregeln erfaßt, der durch Axiom N abgesteckt wird. Im allgemeinen könnte nämlich das Gewicht des Zweithöchstgebots λ von b abhängen. Erst wenn man zusätzlich zu Axiom N fordert, daß der Gewichtungsparameter λ unabhängig vom Gebotsvektor b ist, umfaßt Theorem 4 alle möglichen Preisregeln.

Man kann Äquivalenzaussagen auch beweisen, ohne konkret das Gebotsverhalten abzuleiten (RILEY and SAMUELSON, 1981). Ein konstruktiver Beweis, wie der von Theorem 4, zeigt jedoch darüber hinaus, wie Auktionen mit privater Information zu lösen sind. Es läßt sich anhand des Gebotsverhaltens auch diskutieren, wie sich Parameterveränderungen – zum Beispiel die Anzahl n der Bieter, der Gewichtungsfaktor λ und Veränderungen der Verteilung $F(\cdot)$ – auf die Gebote für verschiedene wahre Werte auswirken. Mit Hilfe von Theorem 4 können wir folgende Äquivalenzaussage beweisen:

Theorem 5: Wird für alle Bieter i = 1,...,n der Wert v_i gemäß der Verteilung $F(v_i)$ mit $F(0) = 0$ und $F(1) = 1$ und stetiger und positiver Dichte $f(v_i)$ für alle $v_i \in [0,1]$ ausgewählt (IID-Annahme), so ist für alle Marktteilnehmer die Gewinnerwartung unabhängig vom Gewichtungsparameter λ der Preisregel

$$p_\lambda(b) = (1-\lambda)b_{w(b)} + \lambda b_{2(b)} \quad \text{mit } 0 \leq \lambda \leq 1.$$

Beweis: Wir berechnen zunächst die Gewinnerwartung

$$E_{v_i}(\lambda) = \int_0^{v_i} \left[v_i-(1-\lambda)t(v_i)-\lambda t(y)\right](n-1)F(y)^{n-2}f(y)dy$$

des Bieters $i = 1,\ldots,n$ mit wahrem Wert $v_i \in [0,1]$, wobei wir wiederholt die partielle Integrationsformel verwenden:

$$\begin{aligned}
\left[E_{v_i}(\lambda)\right. &= \left[v_i-(1-\lambda)t(v_i)\right]\int_0^{v_i}(n-1)F(y)^{n-2}f(y)dy \\
&\quad -\lambda\int_0^{v_i}\left[y-F(y)^{-\frac{n-1}{1-\lambda}}\int_0^y F(r)^{\frac{n-1}{1-\lambda}}dy\right](n-1)F(y)^{n-2}f(y)dy \\
&= \left[\lambda v_i+(1-\lambda)F(v_i)^{-\frac{n-1}{1-\lambda}}\int_0^{v_i}F(r)^{\frac{n-1}{1-\lambda}}dr\right]F(v_i)^{n-1}-\lambda\int_0^{v_i}(n-1)F(y)^{n-2}f(y)dy \\
&\quad +\lambda(n-1)\int_0^{v_i}F(y)^{n-2-\frac{n-1}{1-\lambda}}f(y)\left[\int_0^y F(r)^{\frac{n-1}{1-\lambda}}dr\right]dy \\
&= \lambda v_i F(v_i)^{n-1}+(1-\lambda)F(v_i)^{-\frac{(n-1)\lambda}{1-\lambda}}\left[\int_0^{v_i}F(r)^{\frac{n-1}{1-\lambda}}dr\right] \\
&\quad -\lambda v_i F(v_i)^{n-1}+\lambda\int_0^{v_i}F(y)^{n-1}dy \\
&\quad -(1-\lambda)F(v_i)^{-\frac{(n-1)\lambda}{1-\lambda}}\left[\int_0^{v_i}F(r)^{\frac{n-1}{1-\lambda}}dr\right]+(1-\lambda)\int_0^{v_i}F(y)^{n-1}dy \\
&= \int_0^{v_i}F(y)^{n-1}dy \ . \Big]
\end{aligned}$$

Der Erwartungsgewinn aller Typen $v_i \in [0,1]$ aller Bieter $i = 1,...,n$ erweist sich damit als unabhängig vom Gewichtungsparameter λ der Preisregel $p_\lambda(b)$.

Wir bestimmen nun den erwarteten Preis Ep_λ bzw. den erwarteten Gewinn des Verkäufers. Wegen $p_\lambda = (1-\lambda)t(x) + \lambda t(z)$ ist $p_\lambda(b)$ durch den höchsten wahren Wert x und den zweithöchsten wahren Wert z bestimmt. Die gemeinsame Dichte von x und z ergibt sich aus ihrer gemeinsamen Verteilung $n\,F(x)\,F(z)^{n-1}-(n-1)\,F(z)^n$ für $z \leq x$ und 0 für $z > x$ gemäß $n(n-1)\,F(z)^{n-2}\,f(z)\,f(x)$ für $z \leq x$ und 0 für $z > x$. Der erwartete Preis kann daher in der Form

$$Ep_\lambda = \int_{x=0}^{1} \int_{z=0}^{x} \left[(1-\lambda)t(x)+\lambda t(z)\right] n(n-1)\,F(z)^{n-2} f(z)\,dz\,f(x)\,dx = I_1 + I_2$$

mit

$$\left[I_1/(1-\lambda)\right. = \int_{x=0}^{1} nt(x)f(x)\left[\int_{z=0}^{x}(n-1)F(z)^{n-2}f(z)dz\right]dx$$

$$= \int_{x=0}^{1} nxF(x)^{n-1}f(x)dx - \int_{x=0}^{1} nF(x)^{-\frac{(n-1)\lambda}{1-\lambda}}\left[\int_{0}^{x}(F(r))^{\frac{n-1}{1-\lambda}}dr\right]f(x)dx$$

$$= \int_{x=0}^{1} F(x)^n dx - n\frac{1-\lambda}{1-n\lambda}\int_{0}^{1} F(r)^{\frac{n-1}{1-\lambda}}dr + n \cdot \frac{1-\lambda}{1-n\lambda}\int_{0}^{1} F(x)^n dx$$

und

$$I_2/\lambda \;=\; \int_{x=0}^{1} nf(x)\left[\int_{z=0}^{x} t(z)(n-1)F(z)^{n-2}f(z)\,dz\right]dx$$

$$=\; \int_{x=0}^{1} nf(x)\left[\int_{z=0}^{x} z(n-1)F(z)^{n-2}f(z)\,dz\right]dx$$

$$-\; \int_{x=0}^{1} nf(x)\left[\int_{z=0}^{x} F(z)^{n-2-\frac{n-1}{1-\lambda}}(n-1)f(z)\int_{r=0}^{z}F(r)^{\frac{n-1}{1-\lambda}}dr\,dz\right]dx$$

$$=\; \int_{x=0}^{1} nf(x)xF(x)^{n-1}dx \;-\; \int_{x=0}^{1} nf(x)\int_{z=0}^{x} F(z)^{n-1}dz\,dx \;+\; \int_{x=0}^{1}\frac{n(1-\lambda)}{\lambda}F(x)^{-\frac{n-1)\lambda}{1-\lambda}}$$

$$\left[\int_{r=0}^{x} F(r)^{\frac{n-1}{1-\lambda}}dr\right]f(x)dx \;-\; \int_{x=0}^{1}\frac{n(1-\lambda)}{\lambda}\left[\int_{z=0}^{x} F(z)^{n-1}dz\right]f(x)dx$$

$$=\; 1 \;-\; \int_{x=0}^{1}F(x)^{n}dx \;-\; n\int_{0}^{1}F(x)^{n-1}dz \;+\; n\int_{0}^{1}F(x)^{n}dx \;+\; \frac{n(1-\lambda)^2}{\lambda(1-n\lambda)}\int_{0}^{1}F(r)^{\frac{n-1}{1-\lambda}}dr$$

$$-\; \frac{n(1-\lambda)^2}{\lambda(1-n\lambda)}\int_{0}^{1}F(x)^{n}dx \;-\; \frac{n(1-\lambda)}{\lambda}\int_{0}^{1}F(x)^{n-1}dz \;+\; \frac{n(1-\lambda)}{\lambda}\int_{x=0}^{1}F(x)^{n}dx$$

$$=\; 1 \;-\; \int_{x=0}^{1}F(x)^{n}dx \;-\; \frac{n}{\lambda}\int_{0}^{1}F(x)^{n-1}dx \;+\; \frac{n}{\lambda}\int_{x=0}^{1}F(x)^{n}dx \;+\; \frac{n(1-\lambda)^2}{\lambda(1-n\lambda)}\int_{0}^{1}F(r)^{\frac{n-1}{1-\lambda}}dr$$

$$-\; \frac{n(1-\lambda)^2}{\lambda(1-n\lambda)}\int_{0}^{1}F(x)^{n}dx$$

geschrieben werden.]

Einsetzen in Ep_λ ergibt dann

$$E_{p_\lambda} = 1 - \int_0^1 F(x)^n \, dx - n \int_0^1 F(x)^{n-1} \, dx + n \int_0^1 F(x)^n \, dx .$$

Damit sind die Erwartungsgewinne aller Marktteilnehmer unabhängig von λ. □

Für den einfachen Fall der uniformen Dichte mit $F(v_i) = v_i$ für alle $0 \leq v_i \leq 1$ kann $E_{v_i}(\lambda)$ in der Form

$$E_{v_i}(\lambda) = \int_0^{v_i} y^{n-1} \, dy = \frac{v_i^n}{n}$$

geschrieben werden. Für alle $v_i \leq 1$ sinkt damit die Gewinnerwartung eines Bieters i mit wahrem Wert v_i, sofern die Anzahl der Bieter n insgesamt erhöht wird. Offensichtlich sind davon die Bieter i mit $v_i < 1$ stärker betroffen als ein Bieter i mit $v_i = 1$. Aus der Sicht seiner Konkurrenten, die alle Werte v_i mit $0 \leq v_i \leq 1$ als gleich wahrscheinlich ansehen, verdient Bieter i im Durchschnitt

$$E_i(\lambda) = \int_0^1 \frac{v_i^n}{n} \, dv_i = \frac{1}{n(n+1)} .$$

Die Summe dieser Gewinnerwartungen $E_i(\lambda)$ über alle n Bieter i ist daher $1/(n+1)$, was beweist, daß die Bieter insgesamt verlieren, falls die Bieterzahl steigt.

Die Preiserwartung

$$E_{p_\lambda} = 1 - \int_0^1 x^n dx - n \int_0^1 x^{n-1} dx + n \int_0^1 x^n dx = 1 + \frac{n-1}{n-1} - 1 = \frac{n-1}{n+1}$$

für den Fall der uniformen Dichte steigt analog gegen 1, wenn die Anzahl der Bieter sehr groß wird. Die Summe der Gewinnerwartungen aller beteiligten Parteien (der n Bieter und des Verkäufer) beträgt daher

$$n \frac{1}{n(n+1)} + \frac{n-1}{n-1} = \frac{n}{n+1} \; .$$

Dies ist die maximale Wertschöpfung, die sich ergibt, wenn das Gut stets an den Bieter, mit dem höchsten wahren Wert verkauft wird. Da die Zufallsvariable x, d.h. der größte Verwendungswert, die Dichtefunktion $n\, x^{n-1}$ für alle $0 \leq x \leq 1$ besitzt, ist die maximale Wertschöpfung der Erwartungsert von x, d.h.

$$\int_0^1 x n x^{n-1} dx = n \int_0^1 x^n dx = \frac{n}{n+1} \; .$$

Äquivalenzaussagen besagen im wesentlichen, daß der ceteris paribus geringere Preis durch stärkere Gewichtung λ des Zweithöchstgebots in der Erwartung genau kompensiert wird durch den Effekt, den ein größerer Wert λ auf das Gebotsverhalten ausübt. Dies kann man sehr leicht durch den Spezialfall der uniformen Dichte $F(v_i) = v_i$ für alle $0 \leq v_i \leq 1$ verdeutlichen, in dem die Gebotsfunktion $t(v_i) = \frac{n-1}{n-\lambda} v_i$ gemäß Theorem 4 linear ist. Ein höherer Wert λ führt zu einer Drehung der Gebotskurve im Koordinatenursprung $t(0) = 0$, die die Gebotskurve steiler verlaufen läßt (vgl. Abbildung 6.3.1), d.h. dem ceteris paribus geringeren Preis durch Erhöhung von λ

entsprechen höhere Gebote. Da im Breich öffentlicher Ausschreibungen (zum Beispiel im Rahmen der Verdingungsordnungen für Bauleistungen VOB) stets von $\lambda = 0$ ausgegangen wird, ist es eine interessante Frage, ob der Gesetzgeber nur die unmittelbare Wirkung einer Verringerung von λ, nämlich den ceteris paribus geringeren Preis der Niedrigstgebotspreisregel bei Ausschreibungen erkannt hat, aber den mittelbaren Effekt vernachläßigt hat, gemäß dem ein geringerer λ-Wert zu höheren Geboten führt.

Die theoretische Relevanz der Äquivalenzaussagen besteht darin, daß sie in eleganter Form verdeutlichen, wie die unmittelbare Wirkung einer veränderten Preisregel duch ihre mittelbaren Effekte völlig ausgeglichen werden kann. Die Äquivalenz der Preisregeln hat darüber hinaus kaum praktische Relevanz, da sie abgesehen vom Fall vollständiger Information über die wahren Werte a priori-Symmetrie aller Bieter voraussetzt. Für eine Auktion mit zwei Bietern kann man nachweisen, daß der Verkäufer stets $\lambda = 0$ gegenüber $\lambda = 1$ vorzieht. PLUM (1992) beweist allgemeiner für zwei Bieter mit beiderseitiger, aber asymmetrischer privater Information über die wahren Werte, daß die Preiserwartung des Verkäufers eine fallende Funktion von λ ist. Das dringende theoretische Problem besteht also darin, allgemein den Bereich der Situationen abzugrenzen, in denen der Verkäufer die $\lambda = 0$-Preisregel durchsetzen will. Der Bereich der Situationen, für die Äquivalenz gilt, kann in diesem Rahmen allenfalls als Grenze dienen zwischen Bereichen, in denen die $\lambda = 0$ bzw. $\lambda = 1$-Regel besser ist.

Selbst a priori-Symmetrie aller n Bieter garantiert nicht die Äquivalenz aller Preisregeln $p_\lambda(b) = (1-\lambda)b_{w(b)} + \lambda b_{2(b)}$: BOLLE und GÜTH (1992) lösen ein Auktionsmodell basierend auf der IID-Annahme, in dem die n Bieterfirmen in symmetrischer Form auch Minderheitsanteile der Mitbieterfirmen halten. Trotz der a priori-Symmetrie aller n Bieterfirmen gilt Äquivalenz nur im Grenzfall, wenn die

Minderheitsanteile gleich Null sind; ansonsten zieht der Verkäufer stets die Preisregel $p_0(b) = b_{w(b)}$ der Preisregel $p_1(b) = b_{2(b)}$ vor.

6.4 Anreize zur Kartellbildung

Unsere bisherigen Resultate haben die Preisregel $p_0(b) = b_{w(b)}$ als wenig wünschenswert erscheinen lassen: Sie verzichtet auf die ordnungspolitischen Vorteile der Anreizkompatibilität und kann zumindest nicht immer als vorteilhafter für den Verkäufer nachgewiesen werden. Wir wollen daher die Anreize zur Kartellbildung daraufhin untersuchen, ob sie die Preisregel $p_0(b) = b_{w(b)}$ rechtfertigen können. In Anlehnung an FEHL und GÜTH (1987) soll dies zunächst in sehr einfacher Form illustriert werden. Die Vereinfachung besteht vor allem darin, daß wir von einem gegebenen Kartell mit einem designierten Gewinner und einem exogen vorgegebenen Gewinnanspruch ausgehen und daher nur teilweise das Verhalten auf Rationalität prüfen müssen.

Zunächst sei davon ausgegangen, daß das Kartell allumfassend ist, d.h. alle Bieter $j = 1,...,n$ haben sich zu einem Kartell zusammengeschlossen und vereinbart, daß der Bieter i mit einem positiven Gewinn P den Zuschlag erhält. Innerhalb des Kartells sei stets die Annahme vollständiger Information gewährleistet, d.h. jedes Kartellmitglied kennt die wahren Werte v_j für $j = 1,...,n$, was allgemein bekannt ist. Wir werden für die beiden extremen Preisregeln $p_0(b)$ und $p_1(b)$ das dafür notwendige Gebotsverhalten aller n Bieter bestimmen, um die Gewinnanreize der Bieter $j \neq i$ für eine Abweichung von dieser Kartellvereinbarung analysieren zu können. Sind diese Gewinnanreize groß, so sprechen wir von geringer interner **Kartellstabilität**. Die zentrale Idee interner Kartellstabilität ist damit eine einfache Konkurrenzbeziehung zwischen zwei das Verhalten eines Kartellmitglieds $j \neq i$ steuernden Motivationen (man bezeichnet dies auch als eine **trade off–Beziehung**): Zum einen fühlt sich ein Kartellmitglied $j \neq i$ durch die Kartellabsprache gebunden, zum anderen kann er durch Gewinnanreize verführt werden, sein Wort zu brechen. Da man an Destabilisierung von Bieterkartellen in Auktionen und Ausschreibungen interessiert ist, impliziert das folgende Resultat eine erste Rechtfertigung für die nicht–anreizkompatible Preisregel:

Theorem 6: $p_0(b) = b_{w(b)}$ führt zu geringerer interner Kartellstabilität als $p_1(b) = b_{2(b)}$.

Beweis: Soll bei $p_1(b) = b_{2(b)}$ Bieter i den Zuschlag erhalten, so kann er selbst beliebig hoch bieten, um jeglichen Abweichungsanreiz für seine Mitbieter $j \neq i$ auszuschließen. Diese selbst sollten Gebote b_j mit $b_j \leq v_i - P$ für $j \neq i$ wählen, damit der i den Gewinn P erhält, wenn sich alle an die Kartellvereinbarung halten. Wählt der Bieter i ein Gebot $b_i > \max\{v_j : j = 1,...,n\}$, so kann ein Mitbieter j ihm nur mit Geboten b_j den Zuschlag streitig machen, die für den Abweicher j von der Kartellvereinbarung einen Verlust implizieren. Gilt $v_i > v_j$ für alle $j \neq i$, so kann der i auch ehrlich bieten.

Bei $p_0(b) = b_{w(b)}$ muß der Bieter i jedoch selbst $b_i = v_i - P$ bieten, während alle übrigen Kartellmitglieder Gebote $b_j < b_i$ realisieren müssen. Gibt es daher Mitbieter j mit $v_j > v_i - P$, so besteht für diese ein positiver Gewinnanreiz, von der Kartellvereinbarung abzuweichen. Ein solcher Bieter j könnte sich den Gewinn $v_j - (v_i - P)$ sichern, in dem er das Gebot des designierten Gewinners nur marginal überbietet. Nur wenn $v_j \leq v_i - P$ für alle $j \neq i$ gilt, würde auch die Preisregel $p_0(b) = b_{w(b)}$ keine positiven Abweichungsanreize implizieren. In diesen Fällen wäre jedoch die Kartellvereinbarung sinnlos, da sich der Bieter i den Gewinn P auch ohne Kartellabsprache sichern kann. Dies rechtfertigt unsere Behauptung, daß die interne Kartellstabilität für $p_0(b)$ geringer ist als für $p_1(b)$. □

Nun sind Kartelle nicht nur durch abweichende Mitglieder gefährdet, sondern auch durch sogenannte Kartellaußenseiter, die von der Kartellabsprache profitieren können und damit die Gewinnsteigerung durch die Kartellvereinbarung insgesamt in Frage stellen. Es sei a der Kartellaußenseiter mit dem höchsten wahren Wert $v_a (\geq 0)$. Die Erwartungen der Kartellmitglieder i = 1,...,n bezüglich v_a seien durch die Verteilung $F(v_a)$ mit der positiven Dichte $f(v_a)$ bestimmt. Wir sagen, daß die **externe Kartellstabilität** der Preisregel $p_0(b)$ geringer ist als die der Preisregel $p_1(b)$, wenn der erwartete Gewinn des designierten Kartellgewinners i für $p_0(b)$ geringer als für $p_1(b)$ ist. Grundgedanke externer Kartellstabilität ist, daß das Bestreben, ein Kartell zu bilden, "Kosten" verursacht – zum Beispiel im Sinne von Hemmungen, gegen gültige Rechtsnormen zu verstoßen, oder von Aufwendungen, eine solche Absprache zu verabreden und zu implementieren –, und daß die zusätzlichen Gewinne durch das Bieterkartell ausreichen müssen, um diese "Kosten" zu rechtfertigen. Unsere Analyse der Preisregel $p_0(b)$ unterstellt, daß der Außenseiter a über die Kartellabsprache informiert ist. Für die Preisregel $p_1(b)$ ist eine derartige Annahme entbehrlich.

Theorem 7: Die externe Kartellstabilität von $p_0(b)$ ist geringer als die von $p_1(b)$.

Beweis: Gilt die Preisregel $p_1(b)$, so folgt aus der Anreizkompatibilität $b_a(v_a) = v_a$. Der erwartete Gewinn des designierten Gewinners i, wenn alle übrigen Kartellmitglieder nicht abweichen, ist daher

$$E_{v_i}(\lambda=1) = P \int_0^{v_i-P} f(v_a)\, dv_a + \int_{v_i-P}^{v_i} (v_i - v_a)\, f(v_a)\, dv_a.$$

Hierbei wurde davon ausgegangen, daß der i ehrlich bietet, da ihn überhöhte Gebote im Sinne von $b_i > v_i$ sehr teuer zu stehen kommen können, und daß wenigstens ein Kartellmitglied $j \neq i$ das Gebot $b_j = v_i - P$ wählt.

Bei $p_0(b)$ führt das Gebot $b_i = v_i - P$ des designierten Gewinners i nur im Bereich $0 \leq v_a < b_i$ zum Gewinn, d.h.

$$E_{v_i}(\lambda=0) = P \int_0^{v_i-P} f(v_a) \, dv_a \, ,$$

da der Außenseiter $v_i - P$ überbieten wird, wenn $v_a > v_i - P$ gilt. Die Differenz

$$E_{v_i}(\lambda=1) - E_{v_i}(\lambda=0) = \int_{v_i-P}^{v_i} (v_i - v_a) f(v_a) \, dv_a$$

ist stets positiv, da $v_i - v_a$ sowie $f(v_a)$ für alle $v_i > v_a$ positiv sind und da der Gewinn P ebenfalls als positiv unterstellt wurde. □

Die nicht–anreizkompatible Preisregel $p_0(b)$ läßt sich daher durch ihre größere Immunität gegen Kartellbestrebungen der Bieter rechtfertigen: Sie bietet den Nichtgewinnern des Kartells höhere Anreize, von der Kartellvereinbarung abzuweichen, und sie macht Kartellbildung bei Existenz von Kartellaußenseitern weniger profitabel. Mit anderen Worten: Sie impliziert eine geringere interne und externe Kartellstabilität. Allerdings haben wir bislang völlig ausgeklammert, auf welche Weise man überhaupt zu einer Kartellabsprache kommt. Eine solche Analyse wollen wir im nächsten Abschnitt vorstellen.

6.5 Zur Bildung stabiler Kartelle

Die Relevanz der Kartellbildung in Auktionen und Ausschreibungen ist durch vielfältige Skandale (zum Beispiel bei Ausschreibungen der öffentlichen Hand) hinreichend belegt. Im englischen Sprachgebrauch hat sich hierfür sogar eine eigene Terminologie entwickelt: Kartelle in Auktionen und Ausschreibungen werden 'rings' genannt, die Auswahl des designierten Kartellgewinners wird als 'knockout' bezeichnet.

Häufig wird vermutet, daß Kartellbildung in der Form erfolgt, daß nur der designierte Gewinner ein ernsthaftes Gebot abgibt und daß die Rolle des designierten Gewinners von Auktion zu Auktion wechselt. Dies setzt allerdings den unrealistischen Fall unendlich vieler sukzessiver Auktionen voraus. Andernfalls gibt es eine letzte Auktion, in der der letzte designierte Gewinner sich der Enthaltung der anderen nicht sicher sein kann, womit sein Anreiz entfällt, sich in der vorletzten Auktion zu enthalten, usw. Wir wollen daher im folgenden von sukzessiv aufeinanderfolgenden Auktionen absehen und wie bisher den Fall einer einmaligen Auktion betrachten.

Unsere theoretische Analyse der Kartellbildung in Auktionen basiert auf GÜTH und PELEG (1993), die von folgendem zweistufigen Entscheidungsprozeß ausgehen: Auf der ersten Stufe, die wir **Vorauktion** nennen wollen, müssen alle Mitglieder eines Kartells C mit C ⊂ N = {1,...,n} und c ($\geq$ 2) Mitgliedern ihre endgültigen Gebote abgeben. Nach Auswahl des designierten Gewinners r ∈ C kann nur dieser in der nachfolgenden eigentlichen Auktion, kurz **Hauptauktion** genannt, sein Gebot wiederholen. Natürlich werden auch alle Nichtkartellmitglieder in der Hauptauktion und nur in dieser bieten.

Während der zweistufige Entscheidungsprozeß eine natürliche Abfolge der Entscheidungen beschreibt, ist die Annahme, daß der Kartellrepräsentant r sein Gebot der Vorauktion in der Hauptaktion wiederholen muß, weniger einsichtig. GÜTH und PELEG (1993) sehen in dieser Beschränkung eine naheliegende Idee, die vollkommene Ausbeutung des Verkäufers durch ein allumfassendes Kartell C = N zu verhindern. Da der Repräsentant eines allumfassenden Kartells einziger Bieter in der Hauptaktion wäre, könnte er den Verkäufer dadurch ausbeuten, daß er nur den Reservationspreis bietet. Es ist kaum zu vermuten, daß ein solches Vorgehen unentdeckt bleibt. Es wird sich zeigen, daß derartig extreme Marktergebnissse ausgeschlossen sind, wenn der Kartellrepräsentant sein Gebot der Vorauktion in der Hauptaktion wiederholen muß. Allerdings kann diese Annahme durchaus aufgegeben werden, ohne unser prinzipielles Vorgehen in Frage zu stellen. Insbesondere kann man wie bislang und wie im folgenden Abschnitt die Auktionsregeln durch Axiom N einschränken, auch wenn der Kartellrepräsentant r in der Hauptaktion völlig unabhängig von seinem Verhalten in der Vorauktion bieten kann (vgl. GÜTH und PELEG, 1994).

Der Vorteil des einfachen zweistufigen Entscheidungsablaufs besteht darin, daß jede Partie durch einen vollständigen Gebotsvektor $b = (b_1,...,b_n)$ charakterisiert ist: Während die Kartellmitglieder $i \in C$ ihre Gebote b_i in der Vorauktion festlegen, entscheiden die Nichtkartellmitglieder $j \notin C$, die auch als **Kartellaußenseiter** und **freie Bieter** bezeichnet werden, über ihre Gebote b_j im Verlauf der Hauptaktion. Wir können daher wieder die Frage nach den Auktionsregeln bei Kartellbildung stellen. Diese Regeln müssen für jeden Gebotsvektor b und jedes Kartell $C(\subset N)$ mit wenigstens zwei Mitgliedern bestimmen,

- wer der Repräsentant r(b) ∈ C des Kartells ist,

- wer von den Bietern j ∉ C und r(b) die Hauptauktion gewinnt, d.h. wer w(b) wird, und welchen Preis p(b) er dafür zu entrichten hat,

- welche Kompensationszahlungen $t_r^j(b)$ der Repräsentant r(b) des Kartells an die übrigen Kartellmitglieder j ∈ C zu leisten hat, um sie für ihren Gebotsverzicht in der Hauptauktion zu entschädigen.

Wir werden die möglichen Regeln analog zu unseren Überlegungen im Abschnitt 6.2 zunächst einschränken, um dann die Marktergebnisse für die so erhaltenen Regelsysteme zu bestimmen, was uns erlauben wird, die Profitabilität von Kartellen zu beurteilen.

6.5.1 Beschränkung der Regeln durch Axiome

Wir wollen zunächst Axiom N, d.h. die Neidfreiheit bezüglich der Gebote übertragen. Für die Hauptauktion impliziert Theorem 2, daß der Gewinner w(b) der Hauptauktion Höchstbieter sein muß und daß der Preis p(b) im Intervall von Höchstgebot $b_{w(b)}$ und Zweithöchstgebot $b_{2(b)}$ in der Hauptauktion liegen muß.

Neidfreiheit bezüglich der Gebote in der Vorauktion bedingt, daß der designierte Vertreter des Kartells r ∈ C in der Hauptauktion nicht den Nettotauschvektor eines anderen Kartellmitglieds seinem eigenen vorzieht sowie daß andere Kartellmitglieder nicht den Nettotauschvektor des r oder den eines anderen Kartellmitglieds dem eigenen vorziehen. Nun impliziert Axiom N für zwei Kartellmitglieder i und i' mit i, i' ≠ r offenbar, daß die Ausgleichszahlungen $t_r^i(b)$ und $t_r^{i'}(b)$ des r gleich sind, d.h.

$t_r^i(b) = t_r(b)$ für alle i ∈ C mit i ≠ r.

Geht der r in der Hauptauktion leer aus, d.h. im Falle von w(b) ≠ r, so muß offenbar $t_r(b) = 0$ gelten, da sonst der r die Position eines i ∈ C mit i ≠ r vorziehen würde. Analog zu GÜTH und PELEG (1993) gehen wir ferner davon aus, daß ein Kartellmitglied i, wenn es die Rolle r wahrnimmt, nur den aus seinem eigenen Gebot b_i resultierenden Preis $p^i(b)$ in der Hauptauktion zugrundelegen kann, wenn es gilt, Neidfreiheit zu sichern. Damit kann die Bedingung, daß der r nicht die Nettotauschvektoren der i ∈ C mit i ≠ r dem eigenen vorzieht und daß ein i ∈ C mit i ≠ r nicht umgekehrt den Nettotauschvektor des r dem eigenen vorzieht, wenn beide die Hauptauktion gewinnen, wie folgt geschrieben werden:

$$b_r - p^r(b) - (c-1)\, t_r(b) \geq t_r(b) \geq b_i - p^i(b) - (c-1)\, t_r(b) \ .$$

Die linke Ungleichung besagt, daß der r gemäß seinem Gebot b_r nicht den Nettotauschvektor $t_r(b)$ eines jeden anderen Kartellmitglieds k ∈ C mit k ≠ r seinem eigenen Nettotauschvektor vorzieht, der ihm zwar das durch b_r bewertete Verkaufsgut zubilligt, ihm dafür aber den Preis $p^r(b)$ und die Gesamtkompensationszahlung $(c-1)t_r(b)$ an die übrigen Kartellmitglieder abverlangt. Analog verlangt die rechte Ungleichung, daß der i ∈ C mit i ≠ r nicht den Nettotauschvektor des r im Vergleich zu $t_r(b)$ bevorzugt. Aus der Umformung der obigen Ungleichung erhält man

$$\frac{b_r - p^r(b)}{c} \geq t_r(b) \geq \frac{b_i - p^i(b)}{c} \quad \text{für alle i ∈ C mit i ≠ r,}$$

wobei wir stets unterstellen, daß für alle k ∈ C die Differenz $b_k - p^k(b) \geq 0$ ist, d.h. daß alle k ∈ C die Hauptauktion gewinnen würden. Offenbar folgt hieraus, daß der designierte Repräsentant r = r(b) des Kartells in der Hauptauktion dasjenige

Kartellmitglied ist, für das der Überschuß $b_k - p^k(b)$ für alle $k \in C$ maximal ist, und daß die Kompensation $t_r(b)$ des r an die übrigen Mitglieder im Intervall

$$\frac{b_s - p^s(b)}{c} \leq t_r(b) \leq \frac{b_r - p^r(b)}{c}$$

von höchstem pro Kopf–Überschuß $(b_r - p^r(b))/c$ und zweithöchstem pro Kopf–Überschuß $(b_s - p^s(b))/c$ liegen muß. Falls ein Kartellmitglied $k \in C$ die Hauptauktion nicht gewinnt, d.h. für $b_k \leq p^k(b)$, muß er gemäß Axiom N keine Kompensationszahlungen leisten. Wenn man diese Bedingung berücksichtigt, modifiziert sich das Intervall für $t_r(b)$ wie folgt:

$$\max\left\{0, \frac{b_s - p^s(b)}{c}\right\} \leq t_r(b) \leq \max\left\{0, \frac{b_r - p^r(b)}{c}\right\}.$$

Wir schließen es aus, daß ein freier Bieter $j \notin C$ den Nettotauschvektor eines Kartellmitglieds $i \in C$ mit seinem eigenen vergleicht, da die freien Bieter häufig über die Bildung des Kartells nicht informiert sind, d.h. sie unterstellen, daß alle Bieter frei sind. Die Beschränkung der Regeln gemäß Axiom N wird daher durch die folgende Aussage zusammengefaßt.

Theorem 8: Gemäß Axiom N muß bei Bildung des Kartells $C \subset N$ mit wenigstens zwei Mitgliedern

– in der Hauptauktion der Erwerber $w(b)$ des Verkaufsgegenstands Höchstbieter in der Hauptauktion sein,

- der Verkaufspreis p(b) im Intervall von Höchst- bzw. Zweithöchstgebot $b_{w(b)}$ bzw. $b_{2(b)}$ in der Hauptauktion liegen,

- der designierte Kartellrepräsentant r(b) den höchsten Überschuß $b_k - p^k(b)$ für alle $k \in C$ aufweisen,

- die Kompensationszahlung des r(b) an alle übrigen Kartellmitglieder $i \in C$ mit $i \neq r(b)$ stets den gleichen Wert $t_r(b)$ betragen, der im Intervall

$$\max\left\{0, \frac{b_s - p^s(b)}{c}\right\} \leq t_r(b) \leq \max\left\{0, \frac{b_r - p^r(b)}{c}\right\}$$

liegt.

Wenn man wie in Theorem 4 von einer konstanten Gewichtung λ mit $0 \leq \lambda \leq 1$ des Zweithöchstgebots $b_{2(b)}$ in der Hauptauktion ausgeht, erhält man das Intervall

$$p_\lambda(b) = (1-\lambda)b_{w(b)} + \lambda b_{2(b)} \quad \text{mit} \quad 0 \leq \lambda \leq 1$$

an Preisregeln. Analog läßt sich von einer konstanten Gewichtung ρ mit $0 \leq \rho \leq 1$ des zweithöchsten pro Kopf-Überschuß in der Bestimmung von $t_r(b)$ ausgehen, so daß man das Intervall an Transferregeln

$$t_r^\rho(b) = (1-\rho)\max\left\{0, \frac{b_r - p^r(b)}{c}\right\} + \rho \max\left\{0, \frac{b_s - p^s(b)}{c}\right\} \quad \text{mit } 0 \leq \rho \leq 1$$

erhält. Bei konstanten, d.h. von b unabhängigen Gewichten λ und ρ lassen sich die möglichen Regelsysteme gemäß Axiom N mit der Menge der Punkte (λ, ρ) im

Einheitsquadrat $[0,1]^2$ identifizieren. Bei konstanten Gewichten ist

$$b_r - p^r(b) \geq b_2 - p^s(b)$$

äquivalent zu $\lambda b_r \geq \lambda b_s$, d.h. für $\lambda > 0$ ist der Repräsentant $r(b)$ des Kartells C in der Hauptauktion Höchstbieter in der Vorauktion. Für $\lambda = 0$ hat man natürlich $b_k - p^k(b) = 0$ für alle $k \in C$, die die Hauptauktion gewinnen würden, und damit keinerlei Kompensationszahlungen innerhalb des Kartells C. Anhand eines Gegenbeispiels kann man folgendes Unmöglichkeitstheorem beweisen (vgl. GÜTH und PELEG, 1993):

Theorem 9: Es gibt kein Regelsystem (λ,ρ) mit $0 \leq \lambda, \rho \leq 1$, daß Axiom AK erfüllt.

Beweis: Gilt $n = 3$, $C = \{1,2\}$ und $v_1 > v_2 > v_3 = 0$ und ist der Vektor $v = (v_1, v_2, v_3)$ allgemein bekannt, so impliziert Axiom AK gemäß Theorem 2 die Gewichtung $\lambda = 1$. Falls $b = v$ gilt, hat man deshalb $p^r(b) = 0$ und $r(b) = 1$. Die Auszahlung des 1 mit

$$v_1 - (1-\rho)\frac{b_1}{2} - \rho \frac{v_2}{2} \quad \text{für alle } b_1 > v_2$$

erhöht sich für $\rho < 1$, wenn er von $b_1 = v_1$ nach $\hat{b}_1$ mit $v_1 > \hat{b}_1 > v_2$ abweicht, d.h. Axiom AK erfordert $\rho = 1$. Für alle b_2 mit $v_1 > b_2 \geq 0$ und ehrlichem Bieten sonst ergibt sich dann aber die Auszahlung des 2 als $b_2/2$, d.h. $b_2 = v_2$ ist für Bieter 2 nicht optimal. Es gibt daher keinen Vektor $(\lambda,\rho) \in [0,1]^2$, für den Axiom AK allgemein erfüllbar ist. □

Anders als bei einfachen Auktionen lassen sich die Axiome N und AK nicht gleichzeitig erfüllen, d.h. man muß entscheiden, welche der beiden Anforderungen wichtiger ist. Die allgemeine Akzeptanz von Axiom N (es lassen sich nur wenige Märkte finden, die Axiom N nicht genügen, während es kaum Märkte gibt, die Axiom AK erfüllen), läßt

Axiom N als bedeutsamer erscheinen. Räumt man Axiom N Priorität gegenüber Axiom AK ein, so besagt das nicht, daß man auf alle Anreizaspekte für ehrliches Bieten verzichtet. Der Mechanismus $\lambda = 1 = \rho$ schließt zum Beispiel jegliche Anreize für strategisches Unterbieten des wahren Wertes aus (GÜTH und PELEG, 1993, Theorem 4). $\lambda = 1 = \rho$ ist ferner der einzige Mechanismus mit dieser Eigenschaft.

6.5.2 Kartellbildung ohne Außenseiter

Bei Kartellbildung ohne Außenseiter, d.h. C = N, gibt es eigentlich nur die Vorauktion, da in der Hauptauktion r(b) einziger Bieter ist und r(b) nur sein Gebot aus der Vorauktion wiederholt. Analog zu Theorem 4, kann man zeigen (GÜTH und PELEG, 1993, Theorem 7):

Theorem 10: Wird für alle $i \in C = N$ der Wert v_i gemäß der Verteilung $F(v_i)$ mit $F(0) = 0$ und $F(1) = 1$ und stetiger und positiver Dichte $f(v_i)$ für alle $v_i \in [0,1]$ ausgewählt (IID–Annahme), so ist für alle Mechanismen (λ,ρ) mit $0 \leq \lambda, \rho \leq 1$ das eindeutige symmetrische Gleichgewicht in monotonen differenzierbaren Strategien durch

$$t(v_i) = \begin{cases} v_i + \int_{v_i}^{v_i^*} \left[\dfrac{\dfrac{\rho\lambda(n-1)}{n-\lambda} - F(x)}{\dfrac{\rho\lambda(n-1)}{n-\lambda} - F(v_i)} \right]^{-\dfrac{n(n-1)}{n-\lambda}} dx & \text{für } 0 \leq v_i \leq v_i^* \\[2em] v_i - \int_{v_i^*}^{v_i} \left[\dfrac{F(x) - \dfrac{\rho\lambda(n-1)}{n-\lambda}}{F(v_i) - \dfrac{\rho\lambda(n-1)}{n-\lambda}} \right]^{-\dfrac{n(n-1)}{n-\lambda}} dx & \text{für } v_i^* \leq v_i \leq 1 \end{cases}$$

mit $F(v_i^*) = \frac{\rho\lambda(n-1)}{n-\lambda}$ bestimmt. Im Fall der uniformen Dichte $F(v_i) = v_i$ für alle $v_i \in [0,1]$ vereinfacht sich die Lösung zu

$$t(v_i) = \frac{n^2-n}{n^2-\lambda} v_i - \frac{n-1}{n^2-\lambda} \rho\lambda \text{ für alle } 0 \leq v_i \leq 1.$$

Wir wollen hier nur den Fall der uniformen Dichte $F(v_i) = v_i$ für alle $0 \leq v_i \leq 1$ weiter diskutieren, für den das in Theorem 10 beschriebene Verhalten die Gewinnerwartung

$$E_{v_i}(\lambda,\rho) = \frac{v_i^n}{n} + \frac{(n-1)\lambda^2\rho}{n(n^2-\lambda)} + \frac{\lambda(n-1)}{n(n^2-\lambda)}(n-1-\rho)$$

jedes Bieters $i \in C = N$ mit wahrem Wert v_i ergibt, während ohne Kartellbildung die entsprechende Gewinnerwartung gemäß dem Beweis von Theorem 5 genau $E_{v_i}(\lambda) = v_i^n/n$ für alle $i = 1,...,n$ und $0 \leq v_i \leq 1$ beträgt. Für $\lambda > 0$ ziehen also alle Bieter i mit allen wahren Werten $v_i \in [0,1]$ stets die Kartellbildung ohne Außenseiter dem generellen freien Bieten vor. Die Alternative zum Kartell $C = N$ ohne Außenseiter ist natürlich nicht nur das freie Bieten, sondern unter Umständen auch die Bildung kleinerer Kartelle C mit $C \neq N$ und mindestens zwei Mitgliedern.

6.5.3 Kartelle mit Außenseitern

Wir wollen lediglich beschreiben, wie man Kartelle mit Außenseitern modellieren kann, ohne die IID–Annahme aufgeben zu müssen, die eine "relativ einfache" Lösbarkeit ermöglicht. GÜTH und PELEG (1993) unterstellen zum Beispiel, daß generell die IID–Annahme erfüllt ist und daß die freien Bieter $j \notin C \neq N$ von der Existenz des

Kartells C nichts ahnen. Die freien Bieter j ∉ C würden entsprechend Theorem 4 dann wie folgt bieten:

$$t(v_j) = v_j - \int_0^{v_j} \left[\frac{F(r)}{F(v_j)}\right]^{\frac{n-1}{n-\lambda}} dr \quad \text{für alle } 0 \leq v_j \leq 1$$

Das höchste externe Gebot $x = \max\{t(v_j): j \notin C\}$ ist aus Sicht der Kartellmitglieder i ∈ C folglich eine stochastische Variable mit der Verteilung

$$G_C(x) = F(t^{-1}(x))^{n-c} \quad \text{für alle } 0 \leq x \leq 1,$$

wobei c die Anzahl der Kartellmitglieder bezeichnet. Die freien Bieter können in dieser Weise aus der strategischen Analyse ausgeklammert werden. Es interagieren nur noch die Mitglieder i des Kartells C(≠ N), deren Erwartungen bezüglich des Höchstgebots x eines freien Bieters in der Hauptauktion durch die Verteilung $G_C(x)$ bestimmt sind.

Man kann natürlich auch direkt von einer vorgegebenen Verteilung $G_C(x)$ bezüglich des Höchstgebots x der Kartellaußenseiter ausgehen, um die strategische Interaktion auf die Kartellmitglieder zu beschränken. GÜTH und PELEG (1993) analysieren zum Beispiel alle Situationen, die die IID–Annahme bezüglich aller Kartellmitglieder i ∈ C erfüllen und in denen die Verteilung $G_C(x)$ eine stetige Dichte besitzt.

6.6. Abhängigkeit der wahren Werte

Bislang wurden die wahren Werte v_i der n verschiedenen Bieter i = 1,...,n als voneinander unabhängig unterstellt. Anhand eines einfachen Beispiels soll auch der Fall abhängiger Bewertungen aller n Bieter vorgestellt werden. Gemäß diesem Beispiel sind individuelle Bewertungsunterschiede unmöglich. Konkret sei unterstellt, daß jeder der n Bieter i = 1,...,n ein stochastisches Signal $s_i \geq 0$ erhält und daß für jeden dieser n Bieter i das höchste Signal x_i seiner Mitbieter $j \neq i$, d.h. $x_i = \max\{s_j : j \neq i\}$, eine Zufallsvariable mit Verteilung $F_i(x_i)$ und positiver und stetiger Dichte $f_i(x_i)$ im Bereich $x_i \geq 0$ ist. Der für alle n Bieter gleiche wahre Wert sei durch $(1-r)x + ry$ mit $0 \leq r < 1$ bestimmt, wobei x das höchste und y das zweithöchste Signal aller n Bieter bezeichne. Der pathologische Fall $r = 1$ (vgl. den Beweis des nächsten Theorems) wird ausgeklammert (Käufer mit dem höchsten Signal würden in diesem Grenzfall nur eine obere Schranke für den gemeinsamen wahren Wert kennen).

Man stelle sich vor, daß alle n Bieter den Verkaufsgegenstand nur erwerben wollen, um ihn an einen von n potentiellen Kunden weiterzuveräußern, die allen n Bietern bekannt sind. Konnte jeder der n Bieter nur von genau einem Kunden dessen höchstes Preisgebot erfahren und wurde kein Kunde von zwei Bietern befragt, liegt genau die von uns behandelte Situation vor, daß der Wiederverkaufswert des Verkaufsgegenstandes für alle n Bieter eine Linearkombination von x und y ist: Preise höher als x und kleiner als y (bei Preisen kleiner als y würde eine positive Überschußnachfrage auf dem Wiederveräußerungsmarkt vorliegen) können ausgeschlossen werden.

Gemäß der Auktionsregel muß jeder Bieter i = 1,...,n nach Erhalt seines Signals $s_i \geq 0$ sein Gebot $b_i(s_i)$ festlegen. Das Gut soll an den Höchstbieter w(b) zum Preis p(b) = $b_{2(b)}$ veräußert werden, d.h. wir analysieren zunächst die anreizkompatible Preisregel im Sinne des Abschnitts 6.2.

Theorem 11: Unabhängig von den Verteilungen $F_i(x_i)$ wird jeder der n Bieter i = 1,...,n mit Signal $s_i \geq 0$ stets $b_i(s_i) = s_i$ wählen, wenn die Preisregel p(b) = $b_{2(b)}$ gilt.

Beweis: Die Gewinnerwartung eines Bieters i mit Signal s_i hängt wie folgt von seinem Gebot b_i ab, wenn alle übrigen sich wie postuliert verhalten:

$$E_{s_i}(b_i) = \int_0^{b_i} \left[(1-r)s_i + rx_i - x_i\right] f_i(x_i)\, dx_i\ .$$

Hierbei haben wir unterstellt, daß der Erwerber das höchste Signal erhalten hat, wie es der Gebotsfunktion $b_j(s_j) = s_j$ für alle Bieter j und alle Signale s_j entspricht. Da

$$E'_{s_i}(b_i) = (1-r)(s_i - b_i)\, f_i(b_i)$$

und da sich $E_{s_i}(b_i)$ nicht erhöht, wenn man von $b_i(s_i) = s_i$ abweicht, folgt die Behauptung aus $f_i(b_i) > 0$ und $r < 1$. □

Wir wollen kurz ein Phänomen ansprechen, das im allgemeinen als **winner's curse** (Fluch des Gewinners) bezeichnet wird (vgl. MILGROM, 1989). Laut empirischen Befunden (Feldbeobachtungen oder experimentellen Ergebnissen) erleben Auktionsgewinner in common value–Auktionen häufig unerwartete Enttäuschungen, d.h. es stellt sich heraus, daß der wahre Wert geringer ist, als sie es für möglich erachtet haben. Offenbar kann gemäß Theorem 11 der Gewinner w(b) niemals Verluste erleiden, da er zwar sein Signal s_w bietet, aber im Falle des Kaufs nur $x_w \leq s_w$ bezahlt, d.h. es gilt stets $(1-r)s_w + rx_w \geq x_w$. Verluste sind bei Preisregeln $p(b) > b_{2(b)}$ zwar möglich, aber nicht unerwartet: Man antizipiert rational, bei Kauf das höchste Signal erhalten zu haben, wie es im Beweis von Theorem 11 zum Ausdruck kommt. Winner's curse als empirisch beobachtbares Phänomen deutet darauf hin, daß unerfahrene Bieter nicht antizipieren, daß Kauf in der Regel auch beinhaltet, das höchste Signal erhalten zu haben.

Bei der Preisregel $p(b) = b_{2(b)}$ dienen die Annahmen über $F_i(x_i)$ nur dazu, Fälle auszuschließen, in denen die lokalen Maxima der Gewinnerwartung uneindeutig sind. Ansonsten beruht Theorem 11 auf sehr allgemeinen Annahmen über die **beliefs**, das sind die Erwartungen über die Signale der Mitbieter. Ursache hierfür ist die Anreizkompatibilität der Preisregel $p(b) = b_{2(b)}$ gemäß Theorem 2. Gemäß dieser Preisregel legt das Gebot b_i nur das Preisintervall $0 \leq p \leq b_i$ fest, in dem ein Bieter i zum Kauf bereit ist; der Kaufpreis selbst, den er bei einem Kauf zum Preis p in diesem Intervall zahlen müßte, ist von seinem Gebot b_i unabhängig.

Die Annahme beliebiger Verteilungen $F_i(x_i)$ für alle n Bieter i = 1,...,n läßt sogar sogenannte **inkonsistente Erwartungen** zu (vgl. HARSANYI, 1968, die Diskussion in GÜTH, 1992a, sowie Abschnitt 3.4 dieses Buchs). Hiermit ist gemeint, daß sich die Verteilungen $F_i(x_i)$ nicht als Randverteilungen eines Zufallszuges $s = (s_1,...,s_n)$ mit Verteilung $F(s)$ rechtfertigen lassen, der die Signale aller n Bieter determiniert. Ein einfacher Fall inkonsistenter Erwartungen liegt zum Beispiel dann vor, wenn Bieter 1 und 2 das Signal s_3 als unabhängig ansehen und wenn Bieter 1 erwartet, daß s_3 gemäß der Verteilung $F_3(s_3)$ ausgewählt wird, während Bieter 2 von einer Verteilung $G_3(s_3)$ mit $F_3(\cdot) \neq G_3(\cdot)$ für fast alle Werte $s_3 \geq 0$ ausgeht. Die sogenannte **Harsanyi–Doktrin** (HARSANYI, 1968) schließt den Fall inkonsistenter Erwartungen aus, da das Wissen um diese Inkonsistenz rationale Bieter zu einer Revision ihrer Erwartungen veranlassen sollte. Als extreme Idealisierung individueller Entscheidungsrationalität, die ferner als allgemein bekannt (common knowledge) unterstellt wird, ist dies sicherlich sehr überzeugend. Dennoch offenbart sich die Vorteilhaftigkeit der Anreizkompatibilität (Axiom AK) auch in der Tatsache, daß Theorem 2 und Theorem 11 die Harsanyi–Doktrin nicht notwendig voraussetzen.

Natürlich beinhaltet Anreizkompatibilität auch, daß das Gebotsverhalten immun dagegen ist, ob die Gebote gleichzeitig und unabhängig voneinander im Sinne einer sealed bid–Auktion festgelegt werden oder ob man von einer **sequentiellen Auktion** mit **signaling–Charakter** ausgeht. Letzterer Fall würde zum Beispiel dann vorliegen, wenn man einen kontinuierlich ansteigenden Preis unterstellt (es gibt derartige Vorrichtungen, zum Beispiel bei holländischen Blumenauktionen, in denen der Preis üblicherweise kontinuierlich fällt). Jeder Bieter entscheidet durch sein Gebot b_i, bei welchem Preis er ausscheidet, und der Preisanstieg wird sofort gebremst, wenn alle bis auf einen Bieter ausgestiegen sind, der dann das Gut zu genau diesem Preis kauft. Sind alle vorherigen Ausstiegspreise allgemein beobachtbar, so muß jeder Bieter i offenbar kontinuierlich seine beliefs über das höchste Signal x_i der anderen korrigieren, da $x_i \geq p$ gilt, wenn der Preis p weiterhin ansteigt. Diese kontinuierliche Korrektur der Erwartungen $F_i(x_i)$ über x_i ändert jedoch nichts am Gebotsverhalten $b_i(s_i) = s_i$, da die optimale Entscheidung gemäß dem Beweis von Theorem 11 nicht von den konkreten beliefs $F_i(x_i)$ beeinflußt wird.

Eine andere Situation liegt dann vor, wenn der gemeinsame wahre Wert aller n Bieter nicht mehr nur eine Linearkombination von höchstem und zweithöchstem Signal, sondern von den Signalen aller n Bieter ist, d.h. der gemeinsame Wert aller n Bieter kann in der Form

$$\sum_{i=1}^{n} r_i s_i \quad \text{mit } r_i > 0 \text{ für } i = 1,...,n \text{ und } \sum_{i=1}^{n} r_i = 1$$

beschrieben werden. Daß vorherige Ausstiegspreise b_j dann auf die Signale s_j dieser Bieter j schließen lassen, folgt aus

Theorem 12: Unabhängig von den Verteilungen $F_i(x_i)$ wird jeder der n Bieter i = 1,...,n mit Signal $s_i \geq 0$ stets bei dem Preis

$$t_m(s_i | s_1, ..., s_m) = \sum_{j=1}^{m} r_j s_j + (1 - \sum_{j=1}^{m} r_j) s_i$$

aussteigen, wobei $s_1,...,s_m$ die sich induktiv aus den bisherigen Geboten $b_1,...,b_m$ gemäß dieser Formel offenbarten Signale der bisherigen Aussteiger 1,...,m sind, d.h. wir gehen ohne Verlust an Allgemeinheit davon aus, daß die Bieter in der Reihenfolge 1,...,m ausgestiegen sind, d.h. $s_1 \leq s_2 \leq ... \leq s_m$ für alle m mit $0 \leq m \leq n-1$.

Beweis: Wegen $r_i > 0$ ist die Beziehung zwischen $t_m(s_i | \cdot)$ und s_i eineindeutig, d.h. für gegebene Signale $s_1,...,s_m$ kann man s_i aus $t_m(s_i | s_1,...,s_m)$ schließen. Es bleibt damit nur zu zeigen, daß das in Theorem 12 beschriebene Gebotsverhalten optimal ist, wenn alle übrigen sich entsprechend verhalten. Würde Bieter i mit Signal s_i abweichen, so gilt es, zwei Fälle zu unterscheiden, nämlich ein niedriges Gebot $\underline{b}_i$ und ein höheres Gebot $\overline{b}_i$ als postuliert für gegebene Sequenz $s_1,...,s_m$.

Wir wollen zeigen, daß eine Abweichung $\underline{b}_i < t_m(s_i | s_1,...,s_m)$ keinen Mehrgewinn, sondern in der Regel einen Verlust bewirkt. Eine solche Abweichung führt nur dann zu einem anderen Ergebnis, falls $\underline{b}_i$ Nichtkauf und $t_m(s_i | s_1,...,s_m)$ Kauf beinhaltet, d.h. es gilt i = n und damit $s_n \geq s_{n-1} \geq ... \geq s_1$. Da der letzte Aussteiger n − 1 gemäß

$$t_{n-2}(s_{n-1} | s_1,...,s_{n-2}) = \sum_{j=1}^{n-2} r_j s_j + (r_{n-1} + r_n) s_{n-1}$$

geboten hat, folgt

$$\sum_{j=1}^{n-2} r_j s_j + (r_{n-1}+r_n) s_{n-1} \leq \sum_{j=1}^{n} r_j s_j.$$

Nun ist die linke Seite gleich dem Preis, den der n zu zahlen hat, während die rechte Seite der obigen Ungleichung der für alle Bieter gleiche Wert ist. Kauf führt daher stets zu einem nicht-negativen Gewinn, der für $s_{n-1} < s_n$ wegen $r_n > 0$ stets positiv ist.

Analog zeigt man für Abweichungen $\bar{b}_i > t_m(s_i|s_1,...,s_m)$, daß sie den Gewinn nicht erhöhen können. Eine solche Abweichung kann nur dann ein anderes Ergebnis für den i bewirken, falls $\bar{b}_i$ zum Kauf führt, während $t_m(s_i|s_1,...,s_m)$ Nichtkauf bewirkt. Daraus folgt aber, daß i $\neq$ n und daß $\bar{b}_i$ das Gebot

$$t_{n-2}(s_n|s_1,...,s_{i-1},s_{i+1},...,s_{n-1}) = \sum_{\substack{j=1\\j\neq i}}^{n-1} r_j s_j + (r_i+r_n)s_n \geq \sum_{j=1}^{n} r_j s_j$$

überschreitet. Da der i bei dem Gebot $\bar{b}_i$ die linke Seite der obigen Ungleichung als Kaufpreis zu entrichten hätte, folgt, daß $\bar{b}_i$ keinen positiven Gewinn, im Falle $s_i < s_n$ wegen $r_i > 0$ sogar einen Verlust nach sich zieht. □

Die durch Theorem 12 beschriebene Lösung beschreibt ein sogenanntes **signaling-Gleichgewicht**: Zwar erhalten die Bieter i = 1,...,n private Signale, die sie aber durch ihr Verhalten offenbaren — wenn ein Bieter i aussteigt, verrät er durch seinen Ausstiegspreis $t_m(s_i|s_1,...,s_m)$ sein privates Signal s_i; steigt ein Bieter i beim Preis $t_m(s_i|s_1,...,s_m)$ noch nicht aus, so offenbart er damit, daß er ein höheres Signal als s_i empfangen hat.

Wesentliche Annahme hierfür ist natürlich, daß die früheren Aussstiegspreise durch die verbleibenden Bieter beobachtbar sind. Würde ein Bieter i aus dem weiterhin ansteigenden Preis lediglich schließen können, daß außer ihm mindestens noch ein weiterer Bieter j noch nicht ausgestiegen ist, so kann die Lösung nur ein Gleichgewicht der Form $t(s_i)$ sein. Offenbar ist dann der sequentielle Charakter der Auktion strategisch irrelevant – die Auktion entspricht einer sealed bid–Auktion, in der alle Bieter i = 1,...,n unabhängig voneinander ihre Ausstiegspreise festlegen. Wir wollen derartige Auktionen nur unter der Annahme untersuchen, daß der für alle Bieter gemeinsame Wert gemäß (1–r) x + ry mit $0 \leq r < 1$ durch das höchste und zweithöchste Signal x bzw. y bestimmt ist. Die Lösungen sollen für alle Preisregeln $p_\lambda(b)$ mit $0 \leq \lambda < 1$ abgeleitet werden (der Grenzfall $\lambda = 1$ wird durch Theorem 11 erfaßt), wobei wir wiederum von der a priori–Symmetrie aller n Bieter i = 1,...,n gemäß

$$F_i(x_i) = F(x_i)$$

für alle höchsten Signale $x_i \geq 0$ der jeweiligen Mitbieter ausgehen.

Theorem 13: Ist für alle n Bieter i = 1,...,n die Verteilung $F_i(x_i)$ gleich $F(x_i)$, d.h. sind alle Bieter a priori gleich, so ist die Lösung in monotonen und differenzierbaren Gebotsstrategien $b_i(s_i) = t(s_i)$ für alle i = 1,...,n und alle Signale $s_i \geq 0$ die Gebotsfunktion

$$t(s_i) = s_i - \int_0^{s_i} \left[\frac{F(x_i)}{F(s_i)}\right]^{\frac{1}{1-\lambda}} dx_i \; .$$

Beweis: Die Gewinnerwartung $E_{s_i}(b_i)$ des Bieters i mit Signal s_i, der davon ausgeht, daß alle übrigen Bieter $j \neq i$ sich gemäß der Lösung $t(s_j)$ verhalten, ist durch

$$\int_0^{t^{-1}(b_i)} [(1-r)s_i + rx_i - (1-\lambda)b_i - \lambda t(x_i)] f(x_i) dx_i$$

$$= [(1-r)s_i - (1-\lambda)b_i] F(t^{-1}(b_i))$$

$$+ rt^{-1}(b_i)F(t^{-1}(b_i)) - r\int_0^{t^{-1}(b_i)} F(x_i) dx_i - \lambda \int_0^{t^{-1}(b_i)} t(x_i) f(x_i) dx_i$$

bestimmt. Die Bedingung $E'_{s_i}(b_i) = 0$ ist äquivalent zu

$$t'(s_i) = \frac{(s_i - t(s_i)) f(s_i)}{(1-\lambda)F(s_i)} \quad \text{für alle } 0 \leq \lambda < 1.$$

Diese inhomogene Differentialgleichung entspricht jedoch derjenigen im Beweis von Theorem 4, wenn man $n-1$ gleich 1 setzt. Wir erhalten daher die Lösung

$$t(s_i) = s_i - \int_0^{s_i} \left[\frac{F(x_i)}{F(s_i)}\right]^{\frac{1}{1-\lambda}} dx_i$$

für alle $i = 1,\ldots,n$ und alle Signale $x_i \geq 0$. □

Es ergibt sich damit das gleiche Gebotsverhalten für die common value–Auktion mit identisch und unabhängig verteilten Signalen $F(x_i)$ wie für die private value–Auktion, in der die individuellen wahren Werte v_i unabhängig und gemäß $F(v_i)$ identisch verteilt sind (vgl. Theorem 4 mit Theorem 13).

Offensichtlich impliziert eine Preisregel $p_\lambda(b)$ mit $\lambda < 1$, daß man sein Signal s_i unterbietet. Es ist erstaunlich, daß für alle Gewichtungsparameter λ mit $0 \leq \lambda \leq 1$ der Preisregel $p_\lambda(b)$ das Gewicht r, mit dem das zweithöchste Signal y den gemeinsamen wahren Wert festlegt, überhaupt nicht das Gebotsverhalten beeinflußt. Die Lösung ist nur scheinbar von der Anzahl n aller Bieter unabhängig: In aller Regel wird die Verteilung $F(x_i)$ von der Bieterzahl n abhängen. Im Extremfall unabhängig und identisch bestimmter Signale gemäß der Verteilung $G(s_i)$ wird die Dichte $F(x_i) = G(x_i)^{n-1}$ sowohl durch $G(\cdot)$ als auch durch die Bieterzahl n bestimmt.

6.7 Fazit und Ausblick

Mit Axiom N, der Neidfreiheit bezüglich der Gebote, haben wir einen ordnungspolitischen Ansatz gewählt, der die Implementierbarkeit der Regeln in den Vordergrund rückt. Dies verdeutlicht schon die Tatsache, daß die Gebote und nicht die wahren Werte über Neidfreiheit befinden. Auch das Axiom AK der Anreizkompatibilität postuliert eine ordnungspolitische Eigenschaft, die von vielen Aspekten (zum Beispiel den beliefs) unabhängig ist und damit einfach implementierbar ist: Lösungen in nicht dominierten Strategien erweisen sich als robust gegenüber allen Änderungen in den Erwartungen über die Anzahl und die Charakteristika der Mitbieter.

Obwohl sich die Preisregel $p(b) = b_{2(b)}$ aus diesen Gründen als überaus wünschenswert und einfach implementierbar erweist, kann sie gemäß unseren Resultaten nicht generell empfohlen werden. Ist die Gefahr groß, daß die Bieter versuchen werden, ihr Gebotsverhalten durch Kartellvereinbarungen zu kontrollieren, so kann es auf Grund der Ergebnisse in den Abschnitten 6.4 und 6.5 ratsam sein, nicht anreizkompatible Preisregeln zu verwenden. Während wir in Abschnitt 6.4 allgemein die Immunität der Preisregel $p(b) = b_{w(b)}$ gegenüber Versuchen von Kartellabsprachen verdeutlicht haben, analysiert Abschnitt 6.5 detailliert das Kartellgeschehen. Konkret folgt zum Beispiel aus Theorem 10, daß nur $p(b) = b_{w(b)}$, d.h. $\lambda = 0$, Gewinnsteigerungen gegenüber dem freien Bieter ausschließt, d.h. $E_{v_i}(0,\rho) = E_{v_i}(0)$ für alle $0 \leq v_i \leq 1$. Der ordnungspolitische Konflikt besteht also zwischen der Anreizkompatibilität einerseits und der relativen Immunität gegenüber Kartellabsprachen andererseits.

In der Literatur (vgl. zum Beispiel MYERSON, 1981) finden wir häufig Arbeiten zur Auktionstheorie, die der Implementierbarkeit weniger Bedeutung beimessen. Typischerweise wird hierbei auf das sogenannte **Revelationstheorem** zurückgegriffen, das besagt, daß man für jedes Gleichgewicht jeglicher Auktion (mit konsistenten beliefs) eine "anreizkompatible" Auktion finden kann, in der ehrliches Bieten zum selben Ergebnis führt. Allerdings verlangt "Anreizkompatibilität" hier lediglich, daß ehrliches Bieten im Gleichgewicht ist, d.h. ehrliches Bieten ist nicht notwendig die einzige nicht dominierte Gebotsstrategie.

Die Analyse von Auktionsregeln basierend auf dem Revelationstheorem erweist sich als überaus fruchtbar, wenn man den Rahmen der möglichen Ergebnisse unter der Nebenbedingung der "Anreizkompatibilität" erforschen will, d.h. sogenannte **zweitbeste (second best) Lösungen** anstrebt. Allerdings ist die praktische Implementierbarkeit derartiger Ergebnisse sehr fraglich, da in der Regel das zweitbeste Regelsystem empfindlich auf alle Gegebenheiten reagiert. So erfordern unterschiedliche Erwartungen über die wahren Werte anderer typischerweise unterschiedliche Auktionsregeln (vgl.

zum Beispiel die Ergebnisse von GÜTH und HELLWIG, 1986 und 1987, für ein anderes Allokationsproblem). Es ist kaum vorstellbar, daß man derart sensibel die Auktionsregeln anpaßt. Wir sehen in dieser Hinsicht den fundamentalen Vorteil unserer auf Axiom N aufbauenden Analyse, die auf einfache Implementierbarkeit für alle oder zumindest viele Situationen abstellt (vgl. auch die einfachen Mechanismen im Sinne von WILSON, 1985).

Natürlich bestehen auch im Rahmen der einfach implementierbaren Auktionsregeln noch Gestaltungsmöglichkeiten. Letztlich ist die Frage nach dem optimalen λ–Wert in Abschnitt 6.3 bzw. der optimalen λ,ρ–Kombination in Abschnitt 6.5 sowohl aus der Sicht des Verkäufers wie auch der Bieter ein Ausloten derartiger Möglichkeiten.
Konkret könnte man auch den Reservationspreis des Verkäufers optimal durch diesen wählen lassen (vgl. RILEY und SAMUELSON, 1981): Bei freiem Bieten aller n Bieter und der IID–Annahme $F(v_i) = v_i$ für alle $0 \leq v_i \leq 1$ würde sich zum Beispiel ein optimaler Reservationspreis von 1/2 ergeben, wenn man von $\lambda = 0$, d.h. $p(b) = b_{w(b)}$ ausgeht. Bei der anreizkompatiblen Preisregel $p(b) = b_{2(b)}$ würden positive Reservationspreise hingegen dem Verkäufer stets schaden. Analog könnte man auch überlegen, ob der Verkäufer Eintrittspreise zur Auktion verlangen sollte, d.h. ein Bieter müßte einen positiven Eintrittspreis bezahlen, um überhaupt mitbieten zu können (vgl. ENGELBRECHT–WIGGANS, 1993).

Hier wurde stets davon ausgegangen, daß alle Beteiligten risikoneutral sind. Den Einfluß von Risikoaversion hat zum Beispiel RILEY (1989) diskutiert. Man beachte jedoch, daß ein Bieter bzw. Verkäufer, der an mehreren Auktionen teilnimmt, sich intern versichern kann. Zumindest wenn die Anzahl der Auktionen, an denen man aktiv teilnimmt, sehr groß ist, scheint Risikoneutralität eine sehr natürliche Annahme.

Man kann in ähnlicher Form, wie hier für Auktionen bzw. Ausschreibungen vorgeführt, auch andere Allokationsprobleme axiomatisch bezüglich der möglichen Regeln und spieltheoretisch bei gegebenen Regeln analysieren. So diskutieren GÜTH (1986), GÜTH und VAN DAMME (1986) sowie VAN DAMME (1991) sogenannte faire Aufteilungspiele, d.h. Situationen, in denen sich die n Bieter über die Verteilung (unteilbarer) Güter einigen müssen — zum Beispiel bei Auflösung einer Firma mit mehreren Anteilseignern, bei Scheidungs— und Erbschaftsstreitigkeiten. Bei unteilbaren Gütern wird hier typischerweise von einer Versteigerung ausgegangen (vgl. zum Beispiel die gesetzlichen Regelungen für Erbschaftsstreitigkeiten). Analog zu Theorem 9 existiert gewöhnlich kein Regelsystem, das Axiome N und AK erfüllt, d.h. im Rahmen von Axiom N gibt es keine Regeln, die unabhängig vom Verhalten der anderen ehrliches Bieten stets als optimal erscheinen lassen. Das ordnungspolitische Abwägen erfordert also das Lösen von Spielen, deren Analyse ähnlich kompliziert ist wie die der Mechanismen (λ,ρ) in Abschnitt 6.5, in dem wir keine vollständigen Resultate abgeleitet haben.

Die meisten unserer Ergebnisse lassen sich auf den Fall mehrerer Einheiten eines unteilbaren Guts verallgemeinern (vgl. zum Beispiel GÜTH, 1986). Werden m ($\geq$ 2) Einheiten desselben Guts an Bieter versteigert, die maximal eine Einheit des Guts erwerben wollen, so folgt aus Axiom N, daß die m Einheiten an die m Höchstbieter verkauft werden und daß der Preis im Intervall des m.–höchsten und m+1.–höchsten Gebot liegt. Wie bisher bestimmen also das geringste zum Zuge gekommene und das höchste nicht zum Zuge gekommene Gebot die Preisgrenzen. Sollen m ($\geq$ 2) Einheiten an Bieter veräußert werden, die unter Umständen an mehr als einer Einheit interessiert sind, so erweist sich allein schon die Beschreibung der "wahren Werte" als problematischer. Es ist dann in der Regel nicht mehr möglich, die Axiome N und AK gleichzeitig zu erfüllen (GÜTH, 1986).

Appendix: Beweis der partiellen Integrationsformel

$$\int_0^{v_i} H(x) K'(x) \, dx = H(x) K(x) \Big|_0^{v_i} - \int_0^{v_i} H'(x) K(x) \, dx \, .$$

Wir definieren

$$\Psi(x) = H(x) K(x)$$

für die differenzierbaren Funktionen $H(x)$ und $K(x)$. Wegen

$$\Psi'(x) = H'(x) K(x) + H(x) K'(x)$$

gilt

$$\Psi'(x) - H'(x) K(x) = H(x) K'(x)$$

bzw.

$$\int_0^{v_i} \Psi'(x) - \int_0^{v_i} H'(x) K(x) \, dx = \int_0^{v_i} H(x) K'(x) \, dx$$

bzw.

$$H(x)\,K(x)\bigg|_0^{v_i} - \int_0^{v_i} H'(x)\,K(x)\,dx = \int_0^{v_i} H(x)\,K'(x)\,dx\,,$$

was zu beweisen war.

7. Verhandlungen als strategische Spiele

Entsprechend der normativen Ausrichtung der üblichen Mikrökonomie, der auch in dieser Einführung gefolgt wird, wird **Verhandlungstheorie** als die Theorie rationalen Entscheidens in Verhandlungssituationen verstanden. Mit anderen Worten: Verhandlungstheorie wird im wesentlichen als Anwendungsgebiet der Spieltheorie aufgefaßt, obwohl wir in einem abschließenden Abschnitt für die Verhandlungstheorie und damit stellvertretend für die gesamte Mikroökonomie dafür plädieren werden, menschliches Entscheidungsverhalten unter Berücksichtigung der Beschränkungen menschlicher Kognition zu analysieren.

Wir werden zunächst (Abschnitt 7.1) begründen, wieso man häufig von der nichtkooperativen Theorie der Verhandlungen spricht. Um diese Terminologie besser zu verdeutlichen, wird in Abschnitt 7.2 kurz auf die abkürzende, aber damit auch dem methodologischen Individualismus weniger verpflichtete kooperative Spieltheorie eingegangen. Die kooperativen Konzepte — sogenannte Werte oder mengenwertige Stabilitätsbereiche — haben eine unmittelbare Bedeutung für die nichtkooperative Theorie der Verhandlungen, wenn man naheliegende, nichtkooperative Verhandlungsspiele entwerfen kann, deren Lösungen den kooperativen Konzepten entsprechen.

In Abschnitt 7.3 werden dann nichtkooperative Verhandlungsspiele vorgestellt und untersucht, wobei wir ausgehend von einfachen Ultimatumsverhandlungen zu Verhandlungen mit alternierenden Vorschlägen übergehen, um dann das Verhandlungsmodell mit unabhängigen Forderungen sowohl für den Fall vollständiger, als auch den Fall unvollständiger Information über die Typen der anderen Parteien zu analysieren. Abschnitt 7.4 widmet sich dann ausführlich einem sogenannten signaling—(Verhandlungs)Spiel, in dem die besser informierten (Verhandlungs)Parteien ihre Insiderkenntnisse verraten können.

Im abschließenden Abschnitt 7.5 begründen wir anhand experimentell erhobener Befunde, daß die Verhandlungstheorie als Anwendungsgebiet der Spieltheorie durchaus einer verhaltenstheoretischen Ergänzung bedarf, die sich mehr den empirisch fundierten Erkenntnissen der (Sozial)Psychologie und experimentellen Wirtschaftsforschung als den abstrakten und realitätsfremden Rationalitätsanforderungen der Spieltheorie verpflichtet sieht. Die Notwendigkeit einer den Erkenntnissen der (Sozial)Psychologie sowie ihrer Nachbardisziplinen verpflichteten Verhandlungstheorie besagt nicht, daß die spieltheoretisch ausgerichtete Verhandlungstheorie wertlos ist. Einmal gibt es in den Sozialwissenschaften ein unmittelbares Interesse am Rationalverhalten, zum anderen liefert das Rationalverhalten häufig einen wichtigen Vergleichsmaßstab zur Beurteilung wirklichen Verhaltens (die sogenannten "anomalies" sind Abweichungen vom Rationalverhalten, vgl. zum Beispiel THALER, 1988), von dem man häufig ausgehen wird, um die Struktur menschlichen Entscheidens zu verstehen.

7.1 Verhandlungstheorie als Anwendungsgebiet der Spieltheorie – Die nichtkooperative Theorie der Verhandlungen –

Von **Verhandlungen** oder Verhandeln spricht man, wenn mehrere Akteure etwas verabreden, dem mehr als eine Partei zustimmen muß und das in für die beteiligten Parteien unterschiedlich vorteilhafter Weise ausgestaltet werden kann. Typische Verhandlungssituationen im Bereich der Mikroökonomie sind Verkaufsverhandlungen, in denen man die Konditionen wie Qualität des Produkts, Art und Weise der Bereitstellung und vor allem die Verkaufspreise spezifiziert, aber auch Verhandlungen zur Kartellbildung (vgl. die Abschnitte 4.4 und 6.5), um den Wettbewerb zu "regulieren", d.h. in der Regel zu beschränken. Gemäß dieser sehr allgemein gehaltenen Definition werden auf nahezu allen Märkten die Marktergebnisse "ausgehandelt". Allenfalls in Börsen oder ähnlich organisierten Märkten wird nicht mehr verhandelt, sondern einseitig und anonym über Tauschwünsche und Tauschakte entschieden, die mittels einer neutralen Instanz (Auktionator) koordiniert werden.

Aufgrund dieser Definition sind Verhandlungssituationen eine Sonderform sozialer Konflikte, d.h. sozialer Situationen, in denen die verschiedenen Akteure autonom und eigenverantwortlich entscheiden und in denen der Zielerreichungsgrad einer Partei nicht nur vom eigenen Verhalten, sondern auch von den Entscheidungen anderer abhängt. Genau derartige soziale Konflikte betrachtet aber die Spieltheorie, der wir uns schon in den vergangenen Kapiteln bedient haben.

Wenn man Verhandlungstheorie im Sinne der üblichen Mikroökonomie, d.h. der neoklassischen Theorie, auf die Theorie rationaler Entscheidungen in Verhandlungssituationen beschränkt, so ist sie dementsprechend nur ein besonderes, wenn auch überaus interessantes Anwendungsgebiet der Spieltheorie. In der Tat basieren die meisten Darstellungen der Verhandlungstheorie mehr oder weniger implizit auf dieser Abgrenzung (vgl. zum Beispiel BESTER, 1989, GÜTH und OCKENFELS, 1992, OSBORN und RUBINSTEIN, 1990, BINMORE, OSBORNE und RUBINSTEIN, 1993).

Aus der verengten Perspektive, Verhandlungstheorie nur als Theorie rationalen Entscheidens in Verhandlungssituationen zu begreifen, resultiert eine klare Programatik und Vorgehensweise für die Verhandlungstheorie: Man muß Verhandlungssituationen zunächst als strategische Spiele (vgl. die verschiedenen Darstellungsformen in GÜTH, 1992a) beschreiben, um dann mittels spieltheoretischer Lösungskonzepte diese Verhandlungsspiele zu lösen.

Dem methodologischen Individualismus der Mikroökonomie entsprechend gilt es, das Verhandlungsergebnis auf individuelle Wahlakte zurückzuführen. Gemäß der überaus verwirrenden Terminologie der Spieltheorie besagt dies, daß man die Verhandlungssituation – obwohl Verhandeln üblicherweise als Kooperation verstanden wird – als "nichtkooperatives Spiel" zu modellieren hat. Der Terminus "nichtkooperativ" soll hierbei lediglich andeuten, daß man von einer Darstellung (Spielform) ausgeht, die die individuellen Handlungsmöglichkeiten explizit erfaßt. Die Schule der Verhandlungstheorie, die Verhandlungssituationen als "nichtkooperative Spiele" beschreibt und analysiert, wird als die **nichtkooperative Theorie der Verhandlungen** bezeichnet.

7.2 Die kooperativen Konzepte

Kooperative Verhandlungslösungen basieren auf abkürzenden und daher stärker abstrahierenden Darstellungen von Verhandlungssituationen (vgl. das Kapitel über kooperative Spiele in GÜTH, 1992a). Statt zu spezifizieren, wie es durch individuelle Wahlakte zu einer Verhandlungsvereinbarung kommen kann, werden bei **Einstimmigkeitsverhandlungen** zum Beispiel nur die möglichen Einigungsergebnisse im Sinne möglicher Vektoren individueller Gewinne (die Einigungsmenge U) sowie die Auszahlungen im Konfliktfall (der Konfliktpunkt c) beschrieben.

Für den Spezialfall genau zweier Verhandlungsparteien 1 und 2 haben wir eine derartige Beschreibung mittels Abbildung 1 graphisch veranschaulicht. u_1 bezeichnet das Auszahlungs- bzw. Nutzenniveau der Partei 1 und u_2 dasjenige der Partei 2.

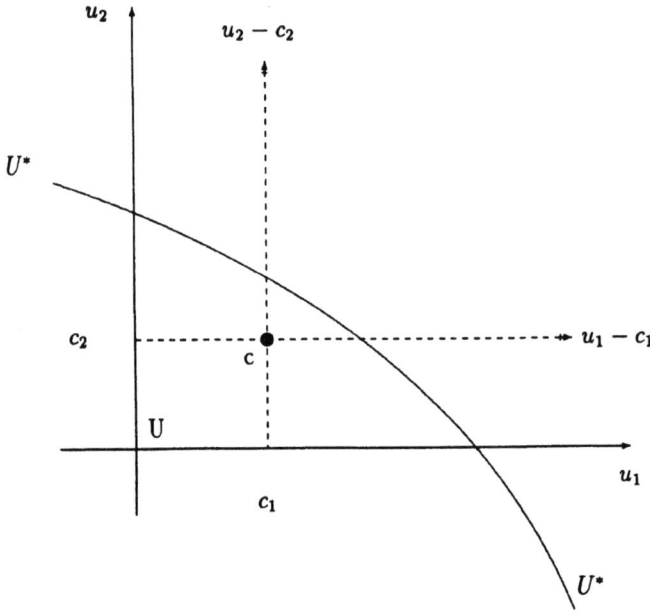

Abbildung 7.2.1

Die Einigungsmenge U ist die Menge aller erreichbaren Auszahlungsvektoren $u = (u_1, u_2)$, deren (effizienter) Rand durch die fallend verlaufende Kurve U^*U^* beschrieben wird. Der Konfliktpunkt $c = (c_1, c_2)$ ist durch die eindeutig bestimmten Gewinne c_i für $i = 1,2$ bestimmt, die die Parteien i erhalten, wenn sie sich nicht auf einen anderen Vektor u in U einigen können. Wie man sieht, kann man die Situation renormieren, indem man den Koordidnatenursprung nach c verschiebt. Mit Hilfe dieser Renormierung lassen sich alle Verhandlungssituationen einfach durch die Menge U der möglichen Verhandlungsgewinne $u = (u_1, u_2)$ beschreiben, die dann natürlich die Gewinne $u_i - c_i$ im Vergleich zum Konfliktpunkt darstellen.

In vielen Situationen mag eine derartig abstrakte Beschreibung die wichtigsten Aspekte einer Verhandlungssituation widerspiegeln. In der Regel ist jedoch unklar, ob und auf welche Weise die Parteien einen Einigungsvektor $u \in U$ anstreben können. Hierzu müßte man genau spezifizieren, welche Aktionen die beteiligten Parteien jeweils ergreifen müssen, um eindeutig einen Auszahlungsvektor $u \in U$ zu verabreden.

Der abstrakten Darstellungsform **kooperativer Spiele** entspricht ein analoges Lösungsvorgehen. Statt wie üblich von den Bedingungen individueller Entscheidungsrationalität auszugehen (vgl. PELEG und TIJS, 1993), werden abstrakte Anforderungen an Lösungsfunktionen formuliert, die jedem kooperativen Spiel (zum Beispiel jeder Einigungsmenge U) einen Einigungsgewinnvektor (das tun die sogenannten **Wertkonzepte** der kooperativen Spieltheorie) oder aber nur eine Menge von Einigungsgewinnvektoren (bei **mengenwertigen Lösungskonzepten**) zuweist.

Für die einfache Situation der Abbildung 7.2.1 könnte man zum Beispiel verlangen, daß

— die Lösung **effizient** ist, d.h. auf der Kurve $U^* U^*$ liegt,

— die Lösung **individuell rational** ist, d.h. jeder Spieler sollte mindestens c_i erhalten,

— alle Spieler gleichviel erhalten, wenn $c_1 = c_2$ gilt und U symmetrisch ist, d.h. die Lösung sollte **isomorphieinvariant** sein.

Die Beispiele verdeutlichen, daß die Rationalitätsanforderungen ad hoc–Postulate für die gewählte Darstellungsform sind, gemäß der eine Verhandlungssituation ausschließlich durch seine Einigungsmenge U und seinen Konfliktgewinnvektor c beschrieben wird.

Im allgemeinen erlauben die sogenannten kooperativen Spiele natürlich genauere Beschreibungen, insbesondere was die Auszahlungsmöglichkeiten von Teilkoalitionen (Teilmengen der Menge aller Spieler) betrifft. Aber auch hier erweisen sich die Lösungsanforderungen als ad hoc–Rationalitätspostulate für eine verkürzende Darstellung von Verhandlungssituationen. Im Vergleich hierzu basiert die nichtkooperative Theorie der Verhandlungen auf den üblichen Darstellungsformen strategischer Konflikte und kann daher die üblichen Rationalitätspostulate verwenden, die die Bedingungen individueller Entscheidungsrationalität auf soziale Konfliktsituationen verallgemeinern.

7.3 Einige einfache Verhandlungsspiele

Es soll hier aufgezeigt werden, daß sich Verhandlungssituationen genauso wie Märkte als strategische Spiele abbilden lassen, die man dann mit Hilfe der Lösungskonzepte der (nichtkooperativen) Spieltheorie analysieren kann. Lösungsideen der nichtkooperativen Spieltheorie sind – wie zum Teil schon dargelegt – die (wiederholte) Elimination **dominierter Strategien**, für die andere Strategien existieren, die niemals schlechter, aber manchmal besser sind, die (wiederholte) Elimination **inferiorer Strategien**, die niemals beste Antwort sein können, oder aber das **Gleichgewichtskonzept** bzw. seine Verfeinerungen, das wir in dieser Einführung vornehmlich verwandt haben.

Ausgehend vom einfachsten Fall ultimativer Verhandlungen werden wir zunächst Sequenzen alternierender Vorschläge zulassen, um dann Modelle unabhängiger Forderungsfestlegung zu betrachten, die häufig eine enorme Gleichgewichtsvielfalt aufweisen. Unsere Analyse umfaßt sowohl Modelle mit endlichem und unendlichem Zeithorizont als auch (Verhandlungs)Spiele mit und ohne vollständige Information über die Typen der Mitspieler.

7.3.1 Ultimatives Verhandeln

Es sei g die kleinste positive Geldeinheit (zum Beispiel 1 Pfennig) und c = Kg ein ganzahliges Vielfaches von g mit K $\geq$ 3. Der positive Geldbetrag c sei der zu verteilende Kuchen. In einer Verkaufsverhandlung, in der ein Käufer genau an einer Einheit eines unteilbaren Gutes interessiert ist, wäre c zum Beispiel die Differenz zwischen dem monetären Wert des Gutes für den Käufer und den Kosten des Verkäufers für die Bereitstellung einer zusätzlichen Einheit dieses Gutes. Durch die **Ultimatumsverhandlung** soll geklärt werden, wie der Kuchen c auf die beiden Parteien aufgeteilt wird. Die Regeln hierfür sind überaus einfach:

— Zunächst bestimmt der Verkäufer den Betrag d = kg mit 0 < k < K, den er für sich verlangt, und teilt diese Entscheidung dem Käufer mit.

— In Kenntnis von d kann sich der Käufer nur noch zwischen Annahme (der Verkäufer erhält d und der Käufer c − d) und Ablehnung eines Kaufs (beide erhalten Null) entscheiden.

Natürlich ist es möglich, daß die Rollen umgekehrt verteilt sind. Wir wollen daher allgemein davon ausgehen, daß Spieler 1 über das Ultimatum d entscheidet und Spieler 2 über Annahme bzw. Ablehnung desselben befindet.

Ultimatumsverhandlungen sind interessant, weil hierfür Rationalverhalten zu einer völlig einseitigen Gewinnverteilung führt. Hierbei gehen wir davon aus, daß beide Parteien (Spieler 1 und 2) nur an ihren Gewinnen interessiert sind. Offenbar muß Spieler 2 dann wegen 0 < k < K jedes Ultimatum akzeptieren. Wird dies von Spieler 1 antizipiert, so erweist sich für ihn

$$d^* = (K-1)g$$

als die optimale Forderung. Das

Ergebnis (Spieler 2 akzeptiert alle Forderungen und Spieler 1 verlangt $d^* = (K-1)g$ für sich)

erweist sich als das einzige teilspielperfekte Gleichgewicht (vgl. SELTEN, 1965) der Ultimatumsverhandlungen. Man kann dieses Ergebnis auch mittels wiederholter Elimination dominierter Strategien herleiten: Offenbar ist für Spieler 2 jede Strategie dominiert, die auf wenigstens eine Forderung d mit Ablehnung reagiert. Werden aber alle diese Strategien eliminiert, d.h. nimmt Spieler 2 jede Forderung an, so erweisen sich alle Forderungen d mit $d < d^*$ als dominiert. Wir erhalten somit das obige Ergebnis auch durch wiederholte Elimination dominierter Strategien.

Ist g im Vergleich zu c sehr klein, d.h. ist K sehr groß, so bedingt das Ergebnis eine völlig einseitige Gewinnverteilung: Spieler 1 erhält fast den gesamten Kuchen, obwohl Spieler 2 durch sein Vetorecht jede Vereinbarung blockieren kann. Experimentelle Befunde lassen extrem gierige Forderungen d als sehr riskant erscheinen: Spieler 2 läßt es sich häufig etwas kosten (zum Beispiel DM 19.–, vgl. GÜTH und TIETZ, 1990, Table 1), um gierige Forderungen zu bestrafen. Da dies vorhergesehen wird, ist das Forderungsverhalten sehr viel moderater als d^* (bei den relativ geringen Kuchengrößen in experimentellen Untersuchungen hat sich bislang ein durchschnittlicher Wert d von annähernd $\frac{2}{3}$ c ergeben, vgl. GÜTH und TIETZ, 1990, sowie ROTH, 1994). Die Annahme, daß Spieler Geldgewinne maximieren, ist daher eindeutig falsch.

Wir wollen hier die experimentellen Befunde nicht weiter diskutieren, da die Ultimatumsverhandlungen nur einen einfachen Einstieg in die Verhandlungstheorie ermöglichen sollen. Wie sich zeigen wird, läßt sich das Modell leicht verallgemeinern.

7.3.2 Alternierende Forderungen bei schrumpfendem Kuchen

Wie so oft in der ökonomischen Theorie gehen wir im folgenden davon aus, daß Geld beliebig teilbar ist. Der zu verteilende Kuchen sei daher einfach ein beliebig teilbarer positiver Geldbetrag c. Anders als in den Ultimatumsverhandlungen soll die Ablehnung einer Forderung (abgesehen von der letzten Periode T) nicht zum Konflikt (mit Nullgewinnen für beide Spieler) führen. Stattdessen führt Ablehnung dazu, daß nunmehr der andere Spieler eine Forderung stellt. Da beide Spieler 1 und 2 zukünftige Gewinne geringer bewerten, kann in späteren Runden t weniger als in früheren Runden t verteilt werden, weshalb wir von einem **schrumpfenden Kuchen** sprechen. Konkret seien die Regeln wie folgt spezifiziert:

— In ungeraden Runden $t = 1,3,5,...(\leq T)$ stellt Spieler 1 die Forderung d_t, während Spieler 2 in den geraden Runden $t = 2,4,...(\leq T)$ fordert.

— In jeder Runde t wird zunächst die Forderung d_t (des Spielers i) festgelegt, die der andere (Spieler j) annehmen oder ablehnen kann: Wird die Forderung d_t angenommen, so erhält i den abdiskontierten Betrag $\delta_i^{t-1} d_t$ und j den Restbetrag $\delta_j^{t-1}(c-d_t)$. Wird die Forderung abgelehnt und gilt $t = T$, so erhalten beide Parteien Null. Wird die Forderung abgelehnt und gilt $t < T$, so beginnt die nächste Runde $t + 1$.

δ_i bezeichnet für Spieler i = 1,2 den sogenannten Diskontierungsfaktor, der eine (konstante) Zeitpräferenz ausdrückt und der Bedingung $0 \leq \delta_i \leq 1$ genügen soll. Aus Vereinfachungsgründen sei im folgenden unterstellt, daß ein Spieler stets eine frühere Einigung einer späteren, aber gleich ergiebigen vorzieht und daß er die Einigung wählt, falls sie nicht schlechter als der Konfliktfall ist.

Gilt $T < \infty$, d.h. gibt es nur endlich viele Verhandlungsrunden, so kann man das Verhandlungsspiel leicht rekursiv lösen:

— Die optimale Forderung (des Spielers j) in der letzten Runde ist $d_T^* = c$, da alle Forderungen d_T annahmegemäß akzeptiert werden.

— In der vorletzten Runde gilt daher für die optimale Forderung d_{T-1}^* die Bedingung

$$c - d_{T-1}^* = \delta_j d_T^*$$

bzw.

$$d_{T-1}^* = c - \delta_j d_T^* = (1-\delta_j)c,$$

wobei j derjenige Spieler sei, der in der letzten Runde T fordert.

In der vorvorletzten Runde T − 2 erweist sich dann analog

$$c - d_{T-2}^* = \delta_i d_{T-1}^*$$

bzw.

$$d^*_{T-2} = c - \delta_i d^*_{T-1} = \left[1-\delta_i(1-\delta_j)\right]c$$

als optimal usw.

Allgemein gilt die Regel

$$d^*_t = c - \delta_k d^*_{t+1} \quad \text{für alle Perioden } t < T,$$

wobei $k \in \{1,2\}$ den in Runde $t + 1$ Fordernden bezeichnet. Offenbar kann man mit Hilfe dieser Regel und der Anfangsbedingung $d^*_T = c$ leicht alle Forderungen d^*_t für $t = 1,2,...,T$ rekursiv berechnen, die annahmegemäß alle akzeptiert werden (vgl. hierzu KRELLE, 1975). Letzteres besagt natürlich, daß gleich die erste Forderung d^*_1 akzeptiert wird und damit das Spiel endet, d.h. man wird keine alternierenden Forderungen beobachten.

Um den Fall $T = \infty$ betrachten zu können, muß man zunächst festlegen, wie die Spieler den Fall unendlicher Verhandlungen ohne Einigung bewerten. Eine einfache diesbezügliche Annahme ist, daß sie diesen Fall wie den Konflikt in den endlichen Spielen $T < \infty$, d.h. mit Null bewerten.

Der einfachste und aus konzeptioneller Sicht überzeugendste Weg, den Grenzfall $T = \infty$ zu lösen, besteht darin, die Lösung für $T = \infty$ mittels der Lösungen für $T < \infty$ durch Grenzübergang $T \to \infty$ zu bestimmen. Wir werden eine so bestimmte Lösung als **asymptotisch konvergente Lösung** des unendlichen Spiels bezeichnen. Ein anderer Lösungsansatz fußt darauf, daß bei $T = \infty$ die Verhandlungen in Runde t und $t + 2$

faktisch identisch sind (zwar werden die Einigungsgewinne unterschiedlich diskontiert, aber das entspricht nur einer Renormierung der Nutzenfunktionen beider Spieler). Die Forderungen d_t^* und d_{t+2}^* sollten daher übereinstimmen. Wir werden eine so bestimmte Lösung als **teilspielkonsistente Lösung** bezeichnen, da sie von der Konsistenz, d.h. der Identität von Lösungen für faktisch identische Teilspiele ausgeht (vgl. GÜTH, LEININGER, und STEPHAN, 1991).

Die teilspielkonsistente Lösung ergibt sich aus der Gleichheit von d_t^* und d_{t+2}^* wie folgt: Da

$$d_t^* = c - \delta_i d_{t+1}^*$$

und

$$d_{t+1}^* = c - \delta_j d_{t+2}^* = c - \delta_j d_t^*$$

erhält man die Gleichung

$$d_t^* = c - \delta_i(c - \delta_j d_t^*)$$

bzw.

$$d_t^* = \frac{1 - \delta_i}{1 - \delta_i \delta_j} c,$$

wobei i der in Runde t + 1 fordernde Spieler ist. Insbesondere folgt daher

$$d_1^* = \frac{1-\delta_2}{1-\delta_1\delta_2}c,$$

d.h. Spieler 1 erhält den Anteil $\frac{1-\delta_2}{1-\delta_1\delta_2}$ vom Kuchen, während für Spieler 2 der Anteil

$$\frac{\delta_2(1-\delta_1)}{1-\delta_1\delta_2}$$

beträgt.

Ist Spieler 2, der erst in der zweiten Runde fordern dürfte, extrem myopisch im Sinne von δ_2 annähernd Null, so erhält Spieler 1 den gesamten Kuchen. Erweist sich Spieler 2 hingegen als unendlich geduldig im Sinne von δ_2 nahe 1, so bekommt Spieler 1 fast nichts vom Kuchen.

Im Spezialfall $\delta_1 = \delta_2 = \delta$ gilt

$$\frac{d_1^*}{c} = \frac{1-\delta}{1-\delta^2} = \frac{1}{1+\delta}.$$

Werden beide Spieler ungeduldig im Sinne von $\delta \to 0$, so erhält 1 den ganzen Kuchen, während man sich für $\delta \to 1$ der Gleichaufteilung des Kuchens $d_1^*/c = 1/2$ annähert. Offenbar ist die Formel für d_t^* im Spezialfall $\delta = 1$ nicht definiert. Das Ergebnis $d_1^*/c = 1/2$ kann für diesen Fall daher nur durch Grenzwertbetrachtung bestimmt werden.

Um die **asymptotisch konvergente Lösung** für den Fall $T = \infty$ zu bestimmen, setzen wir $t = T - 2n$ und unterstellen, daß Spieler j in der letzten Runde T fordern würde. Dann läßt sich zeigen, daß

$$\frac{d^*_{2n}}{c} = 1 - \delta_i(1-\delta_j)\frac{1 - (\delta_i\delta_j)^n}{1 - \delta_i\delta_j}.$$

Beweis: Die Formel beinhaltet das Ergebnis $d^*_T/c = 1$ für $n = 0$ und

$$\frac{d^*_{T-2}}{c} = 1 - \delta_i(1-\delta_j),$$

für $n = 1$, die oben schon abgeleitet wurden. Es muß daher nur gezeigt werden, daß die Behauptung aus der Induktionsvoraussetzung

$$\frac{d^*_{2(n-1)}}{c} = 1 - \delta_i(1-\delta_j)\frac{1-(\delta_i\delta_j)^{n-1}}{1 - d_i d_j}$$

folgt. Mittels der Induktionsvoraussetzung zeigt man,

$$\frac{d^*_{2n}}{c} = 1 - \delta_i\frac{d^*_{2n-1}}{c}$$

$$= 1 - \delta_i\left[1-\delta_j\frac{d^*_{2(n-1)}}{c}\right]$$

$$= 1 - \delta_i\frac{1 - \delta_i\delta_j - \delta_j\left[1-\delta_i\delta_j-\delta_i(1-\delta_j)\left[1-(\delta_i\delta_j)^{n-1}\right]\right]}{1 - \delta_i\delta_j}$$

$$= 1 - \delta_i \frac{1 - \delta_i\delta_j - \delta_j + \delta_i\delta_j^2 + \delta_i\delta_j - \delta_i\delta_j^2 - (1-\delta_j)(\delta_i\delta_j)^n}{1 - \delta_i\delta_j}$$

$$= 1 - \delta_i(1-\delta_j) \cdot \frac{1 - (\delta_i\delta_j)^n}{1 - \delta_i\delta_j},$$

was zu beweisen war. □

Wegen $T - t = 2n$ entspricht dem Grenzübergang $T \to \infty$ der Grenzübergang $n \to \infty$.

Wegen

$$\lim_{n \to \infty} \frac{d_{2n}^*}{c} = 1 - \frac{\delta_i(1-\delta_j)}{1 - \delta_i\delta_j} = \frac{1 - \delta_i}{1-\delta_i\delta_j}$$

für $\delta_i\delta_j < 1$ zeigt sich, daß die beiden Lösungsmethoden (die Bedingung der Teilspielkonsistenz und die asymptotische Konvergenz) für das unendliche Spiel mit $T = \infty$ dasselbe Ergebnis implizieren, gemäß dem beide Spieler in jeder Periode denselben Anteil für sich verlangen. Während dieser Anteil für Spieler 1 genau

$$\frac{d_1^*}{c} = \frac{1 - \delta_2}{1 - \delta_1\delta_2} \quad \text{für } t = 1,3,5...,$$

beträgt, verlangt Spieler 2 stets

$$\frac{d_t^*}{c} = \frac{1 - \delta_1}{1 - \delta_1\delta_2} \quad \text{für } t = 2,4,6,....$$

Es sei darauf hingewiesen, daß RUBINSTEIN (1982) nachgewiesen hat, daß die oben beschriebene Lösung das einzige teilspielperfekte Gleichgewicht des Spiels mit $T = \infty$ ist. Für $T < \infty$ folgt die Eindeutigkeit aus dem Rekursionsbeweis. Für $T = \infty$ haben wir hier nur gezeigt, daß es nur ein konsistentes teilspielperfektes Gleichgewicht gibt, das außerdem mit dem eindeutigen asymptotisch konvergenten Gleichgewicht übereinstimmt. RUBINSTEIN (1985) hat das Verhandlungsmodell mit alternierenden Angeboten auch auf den Fall unvollständiger Information (über den Diskontierungsfaktor des anderen) erweitert.

7.3.3 Verhandeln durch unabhängige Festlegung von (Mindest)Ansprüchen

Bislang wurde davon ausgegangen, daß die Verhandlungspartner sequentiell, d.h. Zug um Zug entscheiden. Insbesondere das Modell alternierender Forderungen wurde häufig dadurch gerechtfertigt, daß das Phänomen alternierender Konzessionen für die Realität typisch sei. Nun reflektiert die Lösungspartie des Modells alternierender Forderungen in keiner Weise dieses Phänomen (es kommt zu einer sofortigen Einigung). Das Phänomen abwechselnder Konzessionen läßt sich darüber hinaus sehr viel natürlicher durch unvollständige Information (man muß seine größere Verhandlungsstärke beweisen, indem man ein höheres Konfliktrisiko eingeht, vgl. GÜTH und SELTEN, 1989) und durch Anspruchsausgleichsprozesse (vgl. TIETZ, 1978) erklären. Außerdem schließt ein Prozeß abwechselnder Einigungsvorschläge, der ja nur die natürliche Form menschlicher Dispute reflektiert, nicht aus, daß die letztlich entscheidenden Mindestansprüche an eine Einigung unabhängig voneinander, vielleicht sogar schon vor Beginn der Verhandlungen festgelegt werden. Wir wollen deshalb für den Fall von Einstimmigkeitsverhandlungen untersuchen, ob und wie man sich bei unabhängiger Festlegung von (Mindest)Ansprüchen einigt.

Anders als in den vorherigen Abschnitten sei die Anzahl n ($\in \mathbb{N}$) der Verhandlungsparteien mit $2 \leq n < \infty$ beliebig. Eine Einigung soll sich auf einen Gewinnvektor

$$u = (u_1,\ldots,u_n) \in \mathbb{R}^n$$

beziehen, der für jede Partei $i = 1,\ldots,n$ den Einigungsgewinn u_i festlegt. Die Konfliktgewinne können ohne Verlust an Allgemeinheit als Null angenommen werden, da Nutzenfunktionen entsprechend (man substrahiert eine Konstante) transformiert werden können. $U(\in \mathbb{R}^n)$ mit $\neq \emptyset$ sei die Menge möglicher Einigungsvektoren, die mindestens einen Vektor u mit $u_i > 0$ für $i = 1,\ldots,n$ enthält.

Der (Mindest)Anspruch der Partei i sei durch $d_i (\geq 0)$ bezeichnet. Es wird davon ausgegangen, daß alle n Parteien unabhängig voneinander ihre (Mindest)Forderungen $d_1,\ldots,d_n$ festlegen. Um eine Einigung zu ermöglichen, sei Zulässigkeit des Forderungsvektors $d = (d_1,\ldots,d_n)$ im Sinne von $d \in U$ notwendig. In diesem Fall soll jede Partei genau das erhalten, was sie für sich gefordert hat; ansonsten soll der Konflikt mit Nullgewinnen für alle Verhandlungsparteien resultieren.

Mit U^* sei die Menge der **effizienten** Auszahlungsvektoren u in U bezeichnet, die **individuell rational** im Sinne von $u_i \geq 0$ für alle $i = 1,\ldots,n$ sind, d.h.

$$U^* = \{u \in U : u \geq 0 \in \mathbb{R}^n \text{ und } u = \hat{u} \text{ für alle } \hat{u} \in U \text{ mit } \hat{u} \geq u\}.$$

Die Schreibweise $\hat{u} \geq u$ besagt hierbei, daß $\hat{u}_i \geq u_i$ für alle Parteien $i = 1,\ldots,n$ gilt. Das

Ergebnis (nur die Einigungsvektoren $d \in U^*$ sind Gleichgewichtspunkte)

läßt sich wie folgt beweisen: Offenbar ist jeder Vektor d ∈ U^* ein Gleichgewichtspunkt, da jede Erhöhung einer Forderung zu einem Forderungsvektor $\hat{d} \notin U$ führt und da d ∈ U^* jeder Partei mindestens den Konfliktgewinn von Null zubilligt. Gilt d ∈ U und d ∉ U^* und ist d nicht individuell rational (es gibt eine Partei i mit $d_i < 0$), so wäre es

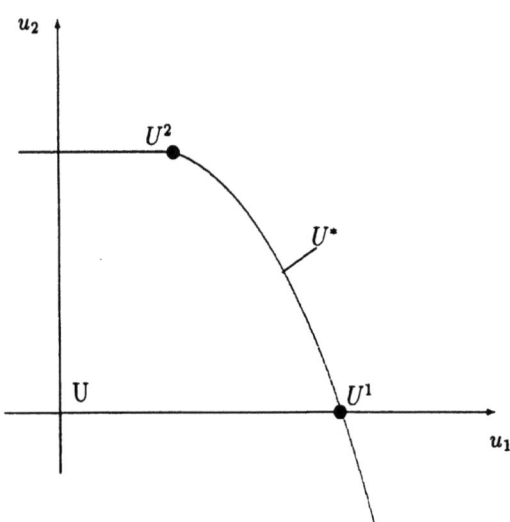

Abbildung 7.3.3.1

für i besser, durch eine erhöhte Forderung entweder mehr zu verdienen oder aber den lohnenderen Konflikt herbeizuführen. Gilt $d \geq 0$ für d ∈ U mit d ∉ U^*, so existiert stets eine Partei i, die ihre Forderung erhöhen kann, ohne daß $\hat{d} \notin U$ für den dadurch resultierenden Forderungsvektor $\hat{d}$ gilt, d.h. die Partei i kann sich gegenüber d verbessern. Damit ist das obige Ergebnis bewiesen. □

In der Abbildung 7.3.3.1 wird das Ergebnis für den Spezialfall n = 2 graphisch veranschaulicht. U^* ist das Teilstück des rechten/oberen Randes von U zwischen den Punkten U^1 und U^2. Der Punkt U^i gibt für i = 1,2 das für Spieler i höchstmögliche Auszahlungsniveau bei individueller Rationalität an (könnte ein Spieler i seine

Forderung d_i ultimativ vor den anderen festlegen und den anderen mitteilen, so würde er offenbar gemäß U^i fordern). Das Beispiel illustriert, daß bei beliebiger Teilbarkeit des Geldes das Modell unabhängiger Anspruchsfixierung typischerweise durch kontinuierlich viele Gleichgewichte gekennzeichnet ist.

Anders als das Modell alternierender Forderungen ist das Modell gleichzeitiger und damit unabhängiger Anspruchsfixierung durch eine Vielzahl von Gleichgewichten charakterisiert, so daß abgesehen von Eigenschaften der individuellen Rationalität und Effizienz das Ergebnis häufig undeterminiert bleibt. Dies scheint der entscheidende Grund dafür, daß das Modell alternierender Forderungen (die Pionierbeiträge sind KRELLE, 1975, RUBINSTEIN, 1982, und STÅHL, 1972) sich zunehmender Beliebtheit erfreut, während das auf Grund der Beiträge von NASH (1950 und 1953) früher sehr populäre Modell unabhängiger Anspruchsfixierung an Bedeutung zu verlieren scheint.

Die Eindeutigkeit des Gleichgewichts für $T = \infty$ gemäß dem Modell alternierender Forderungen (vgl. RUBINSTEIN, 1982) ist jedoch eine reine Pathologie der unrealistischen Annahme beliebiger Teilbarkeit des Geldes (vgl. VAN DAMME, SELTEN, und WINTER, 1990). Darüber hinaus basiert das Modell alternierender Forderungen auf einer fundamentalen Asymmetrie der Verhandlungsparteien ähnlich wie in den einfachen Ultimatumsverhandlungen (bei extrem myopischen Verhandlungsparteien entspricht das Modell mit alternierenden Forderungen unabhängig vom Zeithorizont T mit $1 \leq t \leq \infty$ faktisch den ultimativen Verhandlungen), die zu rechtfertigen wäre: Warum findet sich eine Partei damit ab, erst in der zweiten Runde eine Forderung stellen zu dürfen, obwohl es ceteris paribus für sie besser wäre, als erste Partei einen Einigungsvorschlag zu unterbreiten? Es mögen institutionelle

Voraussetzungen vorliegen, die diese Rollenasymmetrie rechtfertigen (zum Beispiel am Arbeitsmarkt, wenn der Nachfrager überhaupt erst die Initiative ergreift, indem er mit einem Angebot an einen Arbeitsanbieter herantritt). Aber für ein typisches Modell realer Verhandlungen ist die auferlegte Asymmetrie eher fragwürdig.

Angesichts der großen Varianz in den Verhandlungsergebnissen könnte man ein Modell mit undeterminiertem Gleichgewichtsverhalten überhaupt vorziehen wollen. Die experimentellen Befunde weisen jedoch daraufhin (vgl. ROTH, 1994), daß selbst im Modell gleichzeitiger Forderungsfestlegung, das über eine große Anzahl von Gleichgewichten verfügt, typischerweise Ungleichgewichtsverhalten beobachtet wird (im Sinne von Konflikten und ineffizienten Einigungen).

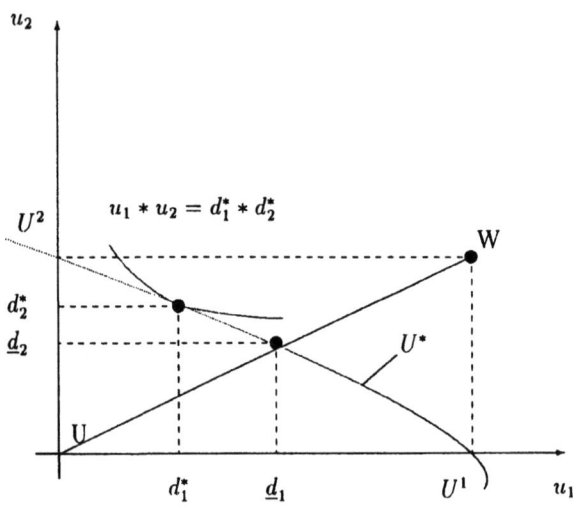

Abbildung 7.3.3.2

Falls ein Spiel mehrere Gleichgewichte aufweist, ist damit nicht notwendigerweise auch die spieltheoretische Lösung undeterminiert, da durch weitergehende Rationalitätskriterien durchaus zwischen mehr und weniger plausiblen Gleichgewichten unterschieden werden kann. So impliziert die bekannte Verhandlungslösung von NASH (1950 und 1953), daß der Forderungsvektor $d^* \in U^*$ ausgewählt wird, für den das sogenannte **Dividendenprodukt** $\prod_{i=1}^{n} d_i^* = d_1^* x ... x d_n^*$ maximal ist, d.h.

$$\prod_{i=1}^{n} d_i^* \geq \prod_{i=1}^{n} d_i \quad \text{für alle } d \in U^*.$$

Die Bezeichnung "Dividendenprodukt" ergibt sich, da für $i = 1,...,n$ der Forderungsbetrag d_i als Differenz $u_i - c_i$ zwischen Einigungsgewinn u_i und Konfliktgewinn c_i, d.h. als **Einigungsdividende** interpretiert wird. In Abbildung 7.3.3.2 haben wir für den Fall $n = 2$ die Verhandlungslösung $d^* = (d_1^*, d_2^*)$ graphisch veranschaulicht. In d^* wird die Menge U möglicher Gewinnverteilungen u durch die gleichzeitige Hyperbel $d_1^* \cdot d_2^* = u_1 \cdot u_2$ tangiert.

NASH hat seine Verhandlungslösung sowohl axiomatisch gerechtfertigt als auch mittels eines konstruktiven Lösungsverfahrens bestimmt (vgl. die ausführliche Beschreibung in GÜTH und KALKOFEN, 1989, Introduction, Section 4.1). Die Axiome sind **Effizienz**, **Unabhängigkeit von affinen Nutzentransformationen und irrelevanten Alternativen** und **Symmetrieinvarianz**. Allerdings gibt es heute alternative Charakterisierungen der Verhandlungslösung von NASH (vgl. zum Beispiel LENSBERG, 1982, und THOMSON, 1990), auf die wir hier jedoch nicht eingehen.

Eine andere Verhandlungslösung, die vor allem die Unabhängigkeit von irrelevanten Alternativen durch eine **Monotonieanforderung** ersetzt, ist diejenige von KALAI und SMORODINSKY (1975), die sich äußerst anschaulich für den Fall $n = 2$ mit Hilfe von

Abbildung 7.3.3.2 erläutern läßt. Der Punkt W ist der sogenannte Utopia–Punkt, in dem jede Partei auf ihrer in U^* maximal möglichen Auszahlung beharrt. Die Verhandlungslösung von KALAI und SMORODINSKY ist dann der Punkt $\underline{d} = (\underline{d}_1, \underline{d}_2)$ auf U^*, in dem U^* durch die Gerade, die W mit dem Konfliktpunkt $c = (0,0)$ verbindet, geschnitten wird.

Während $\underline{d} \in U^*$ vor allem durch die Maximalforderungen, d.h. in Abbildung 7.3.3.2 durch die Punkte U^1 und U^2 bestimmt ist, aber von der lokalen Steigung von U^* in $\underline{d}$ relativ unabhängig ist, gilt die Umkehrung für die Verhandlungslösung $d^* \in U^*$ von NASH: Der Verlauf von U^* nahe den extremen und daher unrealistischen Maximalforderungen hat gemäß dem Axiom, daß die Lösung nicht von irrelevanten Alternativen abhängen soll, keinen Einfluß, während die lokalen Austauschverhältnisse von U^* in d^* äußerst bedeutsam sind.

Nun ist es jedoch fraglich, ob man speziell für Verhandlungsspiele Lösungskonzepte entwerfen und begründen soll. Unserem Verständnis entsprechend sind Verhandlungsprobleme lediglich spezielle strategische Konflikte, die man mittels des üblichen spieltheoretischen Instrumentariums analysieren sollte. Für den Fall der unabhängigen Anspruchsfestlegung erfordert dies, die **Theorie der Gleichgewichtsauswahl** anzuwenden (die erste systematische Gleichgewichtsauswahltheorie stammt von HARSANYI und SELTEN, 1988).

Um die Vorgehensweise bei der Auswahl eines eindeutigen Gleichgewichts zu verdeutlichen, seien zwei unterschiedliche (Gleichgewichts)Vektoren $d = (d_1,...,d_n) \in U^*$ und $\tilde{d} = (\tilde{d}_1,...,\tilde{d}_n) \in U^*$ betrachtet. Wären d und $\tilde{d}$ die einzigen Lösungskandidaten, so hätten offenbar die Spieler j mit $d_j = \tilde{d}_j$ keinerlei Unklarheit darüber, wie sie sich zu verhalten haben. Man betrachtet daher nur die Spieler in

$$M(d,\tilde{d}) = \{i = 1,...,n : d_i \neq \tilde{d}_i\}$$

als die **aktiven Spieler** bei der Auswahl zwischen d und $\tilde{d}$ (man kann dies durch eine abgeschwächte Form des **Konsistenzaxioms** rechtfertigen, mittels dem sich Gleichgewichte axiomatisch charakterisieren lassen, vgl. PELEG UND TIJS, 1993).

Dem Vorschlag von GÜTH (1992b) entsprechend soll der Vergleich von d und $\tilde{d}$ auf Vergleiche in **Elementarspielen** zurückgeführt werden, in denen nur jeweils zwei Spieler aus $M(d,\tilde{d})$ aktiv entscheiden können. Die entscheidende Idee dieser Elementarspiele besteht darin, daß jeder der beiden Spieler davon ausgeht, daß sich alle übrigen Spieler so wie der Gegenspieler im Elementarspiel verhalten. Diese Definition impliziert, daß jedes Elementarspiel mit den Spielern $i,j \in M(d,\tilde{d})$ mit $i \neq j$ über die zwei strikten Gleichgewichte (d_i,d_j) und $(\tilde{d}_i,\tilde{d}_j)$ verfügt. (Ein Gleichgewicht heißt **strikt**, falls jeder Spieler eine Gewinneinbuße erfährt, wenn er als einziger vom Gleichgewichtsverhalten abweicht.) Für derartige Spiele wird jedoch durch die Anforderungen der **Isomorphieinvarianz**, der **Invarianz bezüglich der besten Antwortstruktur** und einer **Monotonieeigenschaft** eindeutig eines der beiden Gleichgewichte (d_i,d_j) oder $(\tilde{d}_i,\tilde{d}_j)$ ausgewählt (vgl. HARSANYI und SELTEN, 1988), nämlich (d_i,d_j), falls $d_i d_j > \tilde{d}_i \tilde{d}_j$, und $(\tilde{d}_i,\tilde{d}_j)$ im umgekehrten Fall. Für den Fall n = 2 beweist dies, daß die Verhandlungslösung d^* von NASH (1950 und 1953) ausgewählt werden muß.

Gilt n > 2, so kann $M(d,\tilde{d})$ mehr als zwei aktive Spieler i enthalten. Gemäß GÜTH (1992b) sollte man dann die **Stärkemaße**

$$R_{ij}(d,\tilde{d}) = \frac{d_i\, d_j}{\tilde{d}_i\, \tilde{d}_j}$$

für alle i,j ∈ M(d,d̃) miteinander multiplizieren, um ein **aggregiertes Stärkemaß**

$$R(d,\tilde{d}) = \prod_{\substack{i > j \\ i,j \in M(d,\tilde{d})}} R_{ij}(d,\tilde{d}) = \left[\frac{d_i \, d_j}{\tilde{d}_i \, \tilde{d}_j}\right]^{n-1}$$

zu erhalten, das die Anreize aller aktiven Spieler zusammenfaßt, sich an d statt an d̃ zu orientieren. Offensichtlich gilt für die Verhandlungslösung $d^* \in U^*$ von NASH, daß

$$R(d^*,d) > R(d,d^*)$$

für alle $d \in U^*$ mit $d \neq d^*$, d.h. die NASH–Verhandlungslösung $d^* \in U$ besiegt alle anderen Gleichgewichte im paarweisen Vergleich und sollte deshalb als eindeutige Lösung des Verhandlungsspiels angesehen werden. Die Auswahltheorie von GÜTH (1992b) – wie übrigens alle bislang entwickelten systematischen Theorien der Gleichgewichtsauswahl (HARSANYI und SELTEN, 1988, und GÜTH und KALKOFEN, 1989) – wählt mithin in der Klasse der Verhandlungsspiele mit simultaner Anspruchsfixierung die NASH–Verhandlungslösung aus.

7.3.4 Unabhängige Forderungen bei unvollständiger Information

Wir wollen verdeutlichen, wie sich die Ergebnisse verändern, wenn es unterschiedlich gut informierte Verhandlungsparteien gibt. Als Beispiel dient uns das Modell unabhängiger Forderungsfestlegung. Die Menge U sei durch

$$U = \left\{ u = (u_1,...,u_n) : \sum_{i=1}^{m} u_i \leq c \right\}$$

bestimmt. Während die Parteien

$$i \in I = \{1,...,m\} \quad \text{mit } 1 \leq m < n$$

die Kuchengröße c kennen sollen, sind die Parteien

$$j \in \bar{I} = \{m+1,...,n\}$$

nur über die Verteilung F(C) der Zufallsvariable C mit Realisation c informiert. Wir gehen davon aus, daß nur Werte

$$C \in [\underline{c},\bar{c}] \quad \text{mit } 0 \leq \underline{c} < \bar{c}$$

möglich sind, d.h. $F(\underline{c}) = \underline{0}$ und $F(\bar{c}) = \underline{1}$, und daß die Dichte von $f(\cdot) = F'(\cdot)$ von $F(\cdot)$ auf dem gesamten Intervall stetig und positiv ist.

Die Parteien $i \in I$ werden im folgenden als **Insider** bezeichnet; die Parteien $j \in \bar{I}$ werden uninformiert (oder **Outsider**) genannt. Offensichtlich ist die Situation aller Insider völlig identisch. Dasselbe gilt auch für die Uninformierten. Strategie eines Outsiders $j \in \bar{I}$ ist einfach seine Forderung d_j; für einen Insider $i \in I$ muß seine Strategie $d_i(\cdot)$ für jeden Wert $C \in [\underline{c},\bar{c}]$ eine Forderung $d_i(C)$ festlegen. In Anbetracht der Symmetrie aller Insider einerseits und aller Uninformierten andererseits erscheint es gerechtfertigt, sich nur auf symmetrische Gleichgewichte $(\delta,\varphi(\cdot))$ mit

$$d_j = \delta \quad \text{für alle } j \in \bar{I}$$

und

$$d_i(\cdot) \equiv \varphi(\cdot) \quad \text{für alle } i \in I$$

zu beschränken. Hieraus folgt unmittelbar

$$\varphi(c) = \frac{c - (n-m)\delta}{m} \quad \text{für alle } c \in [\underline{c},\bar{c}] .$$

Die Outsider überlassen es den Insidern, die Forderungssumme $m\,\varphi(c) + (n-m)\delta$ genau an den verfügbaren Kuchen c anzupassen. Das

Ergebnis (Alle Forderungsvektoren d^* mit $d_i^*(\cdot) \equiv \varphi(\cdot)$ und $d_j^* = \delta$ mit $\delta \leq \underline{c}/(n-m)$ für $n > m \geq 1$ sowie $\varphi(c) = \frac{c - (n-m)\delta}{m}$ sind Gleichgewichte des Forderungsspiels)

deutet die gleiche Vielfalt an Gleichgewichten an, die auch den Grenzfall vollständiger Information mit $\underline{c} = \bar{c}$ auszeichnet.

Wir wollen noch untersuchen, ob auch Forderungen δ mit $\delta > \underline{c}/(n-m)$ gleichgewichtig sein können, die im Bereich $\underline{c} \leq c \leq (n-m)\delta$ zum Konflikt führen (der Konflikt ist für die Insider lohnender als jede Einigung). Damit δ mit $\bar{c}/(n-m) \geq \delta \geq \underline{c}(n-m)$ optimal für den Anbieter j ist, muß die Gewinnerwartung

$$E_j(d_j) = d_j\left[1 - F\left((n-m-1)\delta + d_j\right)\right]$$

durch $d_j = \delta$ maximiert werden. Einsetzen von $d_j = \delta$ in

$$E_j'(d_j) = 1 - F\left[(n-m-1)\delta + d_j\right] - d_j\,f\left[(n-m-1)\delta + d_j\right] = 0$$

führt zur (Gleichgewichts)Bedingung

$$(*) \quad \delta = \frac{1 - F((n-m)\delta)}{f((n-m)\delta)}.$$

Für den Spezialfall der uniformen Dichte $F(C) = C$ für alle $C \in [\underline{c}, \bar{c}] = [0,1]$ folgt hieraus zum Beispiel die eindeutige Lösung

$$\delta^* = \frac{1}{n - m + 1}.$$

Allgemein folgt die Eindeutigkeit des Gleichgewichts gemäß (*), wenn man von einer nicht abnehmenden "hazard rate"

$$\frac{f(C)}{1 - F(C)}$$

ausgeht: Die rechte Seite von (*) würde dann mit δ nicht ansteigen. Die Annahme einer nicht abnehmenden hazard rate ist trivialerweise erfüllt, wenn die Dichte $f(\cdot)$ auf $[\underline{c}, \bar{c}]$ nicht fällt.

Ist zum Beispiel wegen $\underline{c} = 0$ die Bedingung $\delta \leq \underline{c}/(n-m)$ nur für $\delta = 0$ erfüllbar, so kann sich die Vielfalt an symmetrischen Gleichgewichten erheblich reduzieren. Gilt nämlich die Annahme der nicht abnehmenden hazard rate, so gibt es nur zwei symmetrische Gleichgewichte, nämlich dasjenige mit $\delta = 0$ und das durch die Gleichung (*) eindeutig bestimmte Gleichgewicht. Nun kann man das Gleichgewicht mit $\delta = 0$ leicht als nicht perfekt (SELTEN, 1975) nachweisen (Null zu fordern ist niemals besser, aber manchmal schlechter als einen positiven Betrag zu verlangen). Im Fall $\underline{c} = 0$ und einer nicht abnehmenden hazard rate gibt es daher anders als im Fall vollständiger Information genau eine symmetrische perfekte Gleichgewichtslösung, nämlich den durch $d_i^* = \delta$ für alle $i \in I$ und $d_j^*(\cdot) \equiv \varphi(\cdot)$ für alle $j \in \bar{I}$ mit

$$\delta = \frac{1 - F((n-m)\delta)}{f((n-m)\delta)}$$

und

$$\varphi(c) = \frac{c - (n-m)\delta}{m}$$

bestimmten Strategienvektor.

7.4 Ein Signaling-Verhandlungsspiel

Im folgenden betrachten wir ein einfaches Verhandlungsproblem, das durch die Beiträge von SPENCE (1973 und 1974) bekannt geworden ist. Die Gleichgewichtsvielfalt in diesem und ähnlichen Modellen hat viele Theoretiker dazu veranlaßt, ad hoc-Lösungskonzepte für die Klasse der signaling-Spiele zu entwickeln (vgl. die Diskussion in VAN DAMME, 1991). Aus unserer Sicht können ad hoc-Konzepte für spezielle Klassen von Spielen nur überzeugen, wenn sie generalisierbar und als allgemeine Lösungsidee akzeptabel sind. So wurden bekannte Konzepte wie das **sequentielle Gleichgewicht** (KREPS und WILSON, 1982), das allerdings mit dem vorher entwickelten Konzept **perfekter Gleichgewichte** (SELTEN, 1975) nahezu identisch ist, sowie das **Stabilitätskonzept** von KOHLBERG und MERTENS (1986), das wünschenswerte Stabilitätseigenschaften durch den Verzicht auf Eindeutigkeit der Handlungsempfehlung erkauft, vornehmlich durch signaling-Spiele inspiriert.

Wir wollen gemäß unserer Argumentation in Abschnitt 7.1 zeigen, daß man signaling-(Verhandlungs)Spiele durchaus mit dem üblichen spieltheoretischen Instrumentarium lösen kann. Hierbei werden wir uns auf ein einfaches Beispiel konzentrieren, das sich an dem Beitrag von VAN DAMME und GÜTH (1991) orientiert. Zuvor soll jedoch der Begriff der signaling-(Verhandlungs)Spiele kurz erläutert werden (vgl. auch Abschnitt 6.6).

7.4.1 Zum Begriff der signaling-(Verhandlungs)Spiele

In einer Verhandlungssituation mit unvollständiger Information gibt es typischerweise Verhandlungsparteien, die über Informationen verfügen, die anderen Verhandlungsparteien nicht zugänglich sind. Eine derartige Situation mit Insidern haben wir schon in Abschnitt 7.3.4 analysiert. Während wir in Abschnitt 7.3.4 von gleichzeitigen und damit unabhängigen Entscheidungen aller Parteien ausgegangen sind, basieren signaling-(Verhandlungs)Spiele typischerweise auf speziellen sequentiellen (Verhandlungs)Prozessen, gemäß denen die Insider entscheiden, bevor die Outsider (erneut) entscheiden.

Derartige sequentielle Entscheidungsprozesse können offenbar dazu führen, daß die Outsider aus den vorherigen Entscheidungen der Insider Schlüsse über die den Insidern verfügbaren Informationen ziehen, d.h. die Insider können über ihr Entscheidungsverhalten (gewollt oder ungewollt) ihren privaten Informationsstand signalisieren. Man spricht von einem **signaling-(Verhandlungs)Spiel**, wenn der sequentielle Entscheidungsprozeß Signalisieren privater Information überhaupt zuläßt.

Ob es in einem signaling-(Verhandlungs)Spiel zum Verraten privater Information durch vorherige Entscheidungen kommt oder nicht, kann natürlich erst nach Analyse solcher Spiele entschieden werden. Gleichgewichte, die Signalisieren beinhalten, werden üblicherweise als **signaling–Gleichgewichte** bezeichnet, während solche ohne Signalisiercharakter **pooling–Gleichgewichte** genannt werden. Gemäß der anschaulichen Bezeichnungsweise von HARSANYI (1967/68) definiert jeder private Informationsstand einen möglichen **Typ** einer Partei. Signaling–Gleichgewichte beinhalten daher, daß unterschiedliche Typen verschiedene für Outsider beobachtbare Aktionen wählen, während in einem pooling–Gleichgewicht alle Typen einer Partei die gleiche Aktion wählen müssen, wenn diese durch Outsider beobachtbar sind. Eine frühe Analyse von signaling–Verhandlungsspielen mit signaling– und pooling–Gleichgewichten ist die Verallgemeinerung der Verhandlungslösung von NASH (1950 und 1953) auf Spiele mit unvollständiger Information durch HARSANYI und SELTEN (1972, vgl. hierzu auch GÜTH und SELTEN, 1989).

Signaling–(Verhandlungs)Spiele sind eine besondere Herausforderung an die Spieltheorie, da typischerweise nicht nur signaling– und pooling–Gleichgewichte koexistieren, sondern beide auch in großer Zahl. Durch die Analyse derartiger Spiele wurde klar, daß man weitergehende Rationalitätskonzepte als das Gleichgewichtskonzept anwenden muß, um interessante Aussagen zu ermöglichen. In der Spieltheorie hat dies zu der **Refinementdebatte** (man versucht, den Gleichgewichtsbegriff zu verschärfen, ohne notwendigerweise eine eindeutige Lösung auszuwählen, vgl. VAN DAMME, 1991) und auch zu der **Theorie der Gleichgewichtsauswahl** (vgl. vor allem HARSANYI und SELTEN, 1988, und GÜTH und KALKOFEN, 1989) geführt. Die Ziele und Vorgehensweisen beider Schulen sollen hier nicht näher diskutiert werden (vgl. GÜTH, 1992).

7.4.2 Einstellungsverhandlungen bei unbekannter Qualität des Arbeitnehmers

Eine Firma F soll mit einem Arbeitnehmer über eine Einstellung verhandeln, wobei es der Firma F nicht klar ist, ob der Arbeitnehmer vom Typ P(roduktiv) oder U(nproduktiv) ist. Durch entsprechende Normierung der Arbeitsleistung sei die Produktivität von P gleich 1, während die von U Null beträgt. Die Firma F erwartet mit Wahrscheinlichkeit λ mit $1 > \lambda > \frac{1}{2}$ den Arbeitnehmertyp P und mit $1 - \lambda$ den Typ U. Diese Erwartungen von F seien auch dem Arbeitnehmer bekannt.

Vor der Einstellungsverhandlung soll der Arbeitnehmer eine Ausbildung (zum Beispiel ein Studium der Wirtschaftswissenschaften) absolvieren können, die jedoch keinerlei Auswirkungen auf seine Produktivität hat (und es ist ja zumindest fraglich, ob ein Studium der Wirtschaftswissenschaften die Produktivität erhöht). Entscheidend ist jedoch, daß es für den Typ P erheblich einfacher ist als für den Typ U, ein bestimmtes Ausbildungsniveau $y(\geq 0)$ zu erreichen. Wir wollen hier analog zu VAN DAMME und GÜTH (1991) davon ausgehen, daß die Ausbildungskosten für den P durch $y/2$ und für den U durch y bestimmt sind. Diese Typenabhängigkeit der Ausbildungskosten sei auch der Firma F bekannt.

Der Verhandlungsprozeß sei wie folgt:

— Um die unvollständige Information der Firma F über die Produktivität des Jobaspiranten zu repräsentieren, unterstellen wir einen fiktiven Zufallszug, der den Arbeitnehmertyp P bzw. U mit der Wahrscheinlichkeit λ bzw. $1 - \lambda$ auswählt. Über das Ergebnis wird nur der Arbeitnehmer informiert, obwohl die Regeln des fiktiven Zufallszug als allgemein bekannt vorausgesetzt werden.

- In Kenntnis seines Typs t ∈ {P,U} legt der Arbeitnehmer sein Ausbildungsniveau y_t (≥ 0) fest und teilt dieses zusammen mit seiner Lohnforderung w_t der Firma F mit.

- In Kenntnis des Ausbildungsniveaus y und der Lohnforderung w, aber nicht wissend, ob dieses Arbeitsangebot vom Typ t = P oder t = U stammt, muß die Firma F über die Einstellung des Arbeitnehmers befinden.

Gemäß diesen Regeln ist die Lohnverhandlung selbst eine **Ultimatumsverhandlung**. Wir erhalten jedoch ein völlig analoges Ergebnis, wenn wir von mehreren Firmen ausgehen, die dem Arbeitnehmer Lohnangebote unterbreiten, von denen er das günstigste auswählen kann (vgl. VAN DAMME und GÜTH, 1991).

Wird der Arbeitnehmer eingestellt, so erhält die Firma den Gewinn 1 − w bzw. −w, falls sie den Typ t = P bzw. t = U eingestellt hat. Der Arbeitnehmer selbst erhält w − y, falls er vom Typ U, bzw. w − y/2, falls er vom Typ P ist. Wird der Arbeitnehmer nicht eingestellt, so ist der Gewinn der Firma F Null, während den Arbeitnehmertypen Verluste in Höhe der jeweiligen Ausbildungskosten entstehen: y für t = U bzw. y/2 für t = P.

7.4.3 Die Gleichgewichtsvielfalt im ungestörten Spiel

Die Gleichgewichtsvielfalt im sogenannten **ungestörten Spiel** (das ist genau das Spiel, das wir definiert haben) beruht auf den weitgehend undefinierten Produktivitätserwartungen der Firma F. Gilt $y_P \neq y_U$, haben also die beiden Arbeitnehmer ein unterschiedliches Ausbildungsniveau gewählt, so ist die Produktivitätserwartung der Firma F, die $y = y_P$ beobachtet hat und von einem Strategienvektor mit $y_P \neq y_U$ ausgeht, offenbar 1, während die analoge Erwartung für $y = y_U$ gleich Null ist. Für alle übrigen Ausbildungsniveaus, d.h. y mit $y \neq y_P$ und $y \neq y_U$, ist die Produktivitätserwartung der Firma F jedoch nicht analog definierbar, da derartige Ausbildungsniveaus gar nicht gewählt werden sollten. In ähnlicher Weise gilt für Strategienvektoren mit $y_P = y_U$, daß die Produktivitätserwartung nach $y = y_P = y_U$ gleich λ ist, während sie für alle $y \neq y_P = y_U$ nicht definiert ist. Die Undeterminiertheit der Produktivitätserwartungen bzw. allgemein der beliefs der weniger informierten Spieler erlaubt eine große Gleichgewichtsvielfalt, da diese beliefs dann willkürlich festgelegt werden können. Wir wollen dies anhand unseres Beispiels konkret verdeutlichen.

Mit $q_t(y)$ für t $\epsilon\{P,U\}$ sei die Wahrscheinlichkeit bezeichnet, mit der der Arbeitnehmertyp t das Ausbildungsniveau y wählt, d.h. die Gesamtwahrscheinlichkeit dafür, daß F das Ausbildungsniveau y beobachten wird, beträgt

$$q(y) = \lambda \, q_P(y) + (1-\lambda) q_U(y).$$

Offenbar kann die bedingte Produktivitätserwartung der Firma F, die y beobachtet, nur dann definiert werden (wegen BAYES, 1763, sagt man auch, daß die **BAYES-Regel** nur dann anwendbar ist), wenn q(y) positiv ist. In diesem Fall ist die Produktivitätserwartung von Firma F, die y beobachtet, durch

$$\mu(y) = \lambda \, q_P(y)/q(y)$$

eindeutig definiert, während für alle y mit q(y) = 0 die Produktivitätserwartungen nicht definiert und damit beliebig wählbar sind. Wir wollen zeigen, daß dies zu einer enormen Gleichgewichtsvielfalt führt.

Pooling–Gleichgewichte unterstellen $y_P = y_U$ und damit $\mu(y) = \lambda$ für $y = y_P = y_U$. Der Arbeitnehmer kann dann den Lohn $w_y = \lambda$ verlangen (wir unterstellen, daß F jedes Ultimatum akzeptiert, das keinen Verlust impliziert). Für alle übrigen Ausbildungsniveaus sei die Produktivitätserwartung Null (d.h. F geht davon aus, daß allenfalls der U–Typ von $y = y_P = y_U$ abweichen könnte) und damit natürlich auch der Lohn. Es muß daher nur noch überprüft werden, ob für beide Typen die Ausbildung $y = y_P = y_U$ lohnt. Offenbar ist die Bedingung hierfür durch

$$y \leq \lambda$$

gegeben, da sich die Ausbildung stets dann für den P lohnt, falls dies für den U–Typ zutrifft. Damit haben wir folgendes

Ergebnis (für alle Ausbildungsniveaus $\bar{y}$ mit $0 \leq \bar{y} \leq \lambda$ existiert ein pooling–Gleichgewicht mit $y_P = y_U = \bar{y}$)

bewiesen. Wegen $\lambda > 1/2$ besitzt das Spiel also unendlich viele pooling–Gleichgewichte.

Für **signaling–Gleichgewichte** mit $y_U \neq y_P$ muß natürlich $y_U = 0$ gelten, da der einzige Grund des U, in Ausbildung zu investieren, darin besteht, sich vom produktiven Arbeitnehmertyp ununterscheidbar zu machen (in der Biologie nennt man das **Mimikry**). Für alle übrigen Ausbildungsniveaus y sei wieder völlig willkürlich von einer Produktivitätserwartung und einem Lohn von Null ausgegangen. Da Ausbildung wiederum lohnen muß, ist die Bedingung

$$y_P/2 \leq 1 \text{ bzw. } y_P \leq 2$$

erforderlich. Ferner darf es sich für den U–Typ nicht lohnen, den P–Typ zu imitieren, d.h. es muß $y_P \geq 1$ gelten. Das

Ergebnis (für alle Ausbildungsniveaus $\hat{y}$ mit $1 \leq \hat{y} \leq 2$ gibt es ein signaling–Gleichgewicht mit $y_U = 0$ und $y_P = \hat{y}$)

beweist, daß es neben der Vielfalt an pooling–Gleichgewichten noch eine unendliche Vielfalt an signaling–Gleichgewichten gibt, was das ökonomische Verhalten als weitgehend undeterminiert erscheinen läßt.

7.4.4 Uniform perfekte Gleichgewichte

Um maßtheoretische Terminologie zu vermeiden, sei im folgenden davon ausgegangen, daß nur endlich viele, diskrete Ausbildungsniveaus ("Ausbildungsabschlüsse") wählbar sind. Im **ϵ–uniform gestörten Verhandlungsspiel** muß jedes Ausbildungsniveau y mit der kleinen, aber positiven Mindestwahrscheinlichkeit ϵ realisiert werden (vgl. HARSANYI und SELTEN, 1988). Die Idee der **uniform perfekten Gleichgewichte** besteht dann darin, die Gleichgewichte π^ϵ der ϵ–uniform gestörten Spiele zu bestimmen und ein Gleichgewicht π des ungestörten Spiels nur dann als Lösung des ungestörten Spiels zu akzeptieren, wenn es sich im Sinne von

$$\pi = \lim_{\epsilon \to 0} \pi^\epsilon$$

als Grenzfall von Gleichgewichten π^ϵ in den ϵ–uniform gestörten Spielen nachweisen läßt.

Der Vorteil der (uniform) gestörten Spiele liegt klar auf der Hand: Im (uniform) gestörten Spiel gilt stets q(y) > 0, d.h. die Produktivitätserwartungen der Firma F sind gemäß $\mu(y) = q_p(y)/q(y)$ stets eindeutig definiert. Man kann daher nicht mehr willkürlich die beliefs der Firma F festlegen. Wir wollen aufzeigen, daß schon dies zu einer Reduktion der Gleichgewichtsvielfalt führen kann.

Offenbar kann man davon ausgehen, daß Ausbildungsniveaus $y_U \geq 1$ nur mit der Mindestwahrscheinlichkeit ϵ realisiert werden, da die Firma niemals Lohnforderungen größer als 1 freiwillig akzeptieren wird. Damit kann sich der P–Typ stets sicher sein, den Lohn λ zu erhalten, falls er $y_P \geq 1$ wählt, d.h. $y_P = 1$ garantiert ihm mindestens den Gewinn $\lambda - 1/2$. Wegen

$$\lambda - \frac{1}{2} \geq 1 - \frac{y_P}{2} \quad \text{bzw.} \quad y_P \geq 3 - 2\lambda$$

werden daher alle Ausbildungsniveaus $y_P \geq 3 - 2\lambda$ ebenfalls nur mit der Mindestwahrscheinlichkeit ϵ realisiert.

Im ϵ–uniform gestörten Spiel entspricht einem pooling–Gleichgewicht ein Strategienvektor π^ϵ, gemäß dem beide Arbeitnehmertypen dasselbe Ausbildungsniveau $\bar{y}$ freiwillig mit größerer als Mindestwahrscheinlichkeit ϵ realisieren. Wäre für beide Arbeitnehmer $t \in \{P,U\}$ die Wahrscheinlichkeit $q_t(\bar{y})$ maximal, so wäre $\mu(y) = \lambda$ für alle Ausbildungsniveaus y, d.h. das einzige Gleichgewicht dieser Form wäre durch $\bar{y} = 0$ gegeben, das wir das **beste pooling–Gleichgewicht** nennen wollen.

Es gibt jedoch weitere pooling–Gleichgewichte, in denen der U–Typ des Arbeitnehmers alle Ausbildungsniveaus y mit $y \leq \bar{y}$ mit mehr als ϵ–Wahrscheinlichkeit realisiert, während der P–Typ $\bar{y}$ mit $0 < \bar{y} < \lambda$ mit maximaler Wahrscheinlichkeit wählt. Wir haben die ein solches pooling–Gleichgewicht approximierenden Gleichgewichte π^ϵ in Abbildung 7.4.4.1 graphisch veranschaulicht. Die geknickte Kurve w(y) mit $w(y) = \lambda - \bar{y} + y$ im Bereich $y \leq \bar{y}$ ist die Lohnkurve, die im Bereich $0 \leq y \leq \bar{y}$ mit der

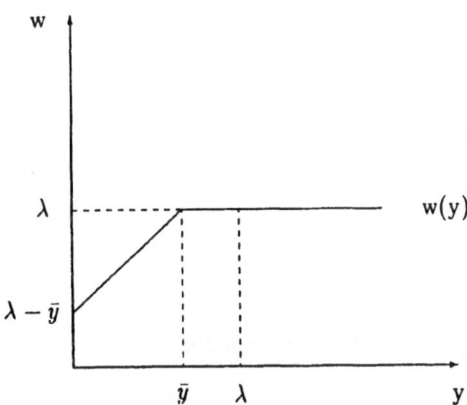

Abbildung 7.4.4.1

Isogewinnkurve des Gewinns $\lambda - \bar{y}$ für den U–Typ zusammenfällt. Da gemäß der Lohnfunktion w(y) alle Ausbildungsniveaus y_U im Bereich $0 \leq y_U \leq \bar{y}$ denselben Gewinn $\lambda - \bar{y}$ für den U–Typ des Arbeitnehmers implizieren, kann der U–Typ alle diese Niveaus mit beliebigen Wahrscheinlichkeiten realisieren. Man kann daher die (gemischte) Ausbildungsstrategie $q_u^\epsilon(y)$ des U–Typs so festlegen, daß sie genau die Produktivitäts– und damit Lohnerwartung w(y) generiert. Hierbei ist von $q_P^\epsilon(y) = \epsilon$ für alle $y \neq \bar{y}$ auszugehen, da gemäß der vorgegebenen Lohnfunktion für den P–Typ einzig das Ausbildungsniveau $y_P = \bar{y}$ optimal ist (die Isogewinnkurve des P–Typs verläuft nur halb so steil wie die des U–Typs).

Wenn ϵ gegen Null konvergiert, kann $q_U^\epsilon(y)$ für alle y mit $0 \leq y \leq \bar{y}$ und $y \neq \bar{y}$ natürlich ebenfalls gegen Null konvergieren: Da der P–Typ diese Niveaus nur mit Wahrscheinlichkeit ϵ realisiert, konvergiert die aus $\mu(y) = \dfrac{\lambda \epsilon}{\lambda \epsilon + (1-\lambda) q_U^\epsilon(y)} = \lambda - \bar{y} + y$ resultierende Wahrscheinlichkeit $q_U^\epsilon(y) = \lambda \epsilon \dfrac{1 - \lambda + \bar{y} - y}{\lambda - \bar{y} + y}$ für $\bar{y} > y \geq 0$ gegen Null für $\epsilon \to 0$. Dies zeigt, daß das Gleichgewicht π^ϵ das pooling–Gleichgewicht Π mit $q_P(\bar{y}) = 1 = q_U(\bar{y})$ approximiert (für $\epsilon \to 0$), was das

Ergebnis (alle pooling–Gleichgewichte $\bar{y}$ mit $0 \leq \bar{y} < \lambda$ sind uniform perfekt)

beweist.

Ein signaling–Gleichgewicht im uniform gestörten Spiel kann natürlich nicht darauf beruhen, daß $y_U = 0$ und $(3-2\lambda \geq) y_P (\geq 1)$ mit jeweils maximal möglicher Wahrscheinlichkeit realisiert werden. Offenbar muß der U–Typ alle Ausbildungsniveaus y mit $0 \leq y \leq \lambda$ freiwillig wählen, um eine Lohnerwartung $w(y) \leq y$ in diesem Bereich zu generieren. Für y_P ist die Lohnerwartung annähernd 1, während sie für alle y mit $y < \lambda$ und $y \neq y_P$ stets $w(y) \leq \lambda$ betragen muß.

Aus der Bedingung (die größte Verführung des P besteht darin, $y = \lambda$ statt y_P zu wählen)

$$1 - \frac{y_P}{2} \geq \lambda - \frac{\lambda}{2}$$

folgt

$2 - \lambda \geq y_P$. Das

Ergebnis (alle signaling–Gleichgewichte mit $y_U = 0$ und y_P mit $1 \leq y_P \leq 2 - \lambda$ sind uniform perfekt)

erlaubt zwar noch vielfältige Gleichgewichte, reduziert wegen $2 > 2 - \lambda$ und $3 - 2\lambda > 2 - \lambda$ jedoch die Menge der gemäß der Lösung möglichen Ausbildungsniveaus schon erheblich.

7.4.5 Die Formationsstruktur der gestörten Spiele

Wir wollen zeigen, daß man durch weitergehende Rationalitätserfordernisse eines der eben beschriebenen uniform perfekten Gleichgewichte eindeutig als Lösung auswählen kann. Hierzu betrachten wir Teilstrukturen von Spielen, die durch Ausschluß bestimmter Strategien bestimmter Spieler resultieren. Eine solche Teilstruktur heißt **Formation** (HARSANYI und SELTEN, 1988), falls sie alle besten Antworten auf alle Verhaltensweisen im Rahmen dieser Teilstruktur enthält. Mit anderen Worten: Eine Formation ist bezüglich der besten Antworten abgeschlossen (alle besten Antworten auf Formationsverhalten liegen in der Formation). Eine solche Formation nennen wir **minimal**, falls sie keine echte Teilformation enthält. Der Schnitt zweier Formationen ist offenbar selbst eine Formation. Es gibt daher eine eindeutige Konstellation minimaler Formationen.

Der Formationsbegriff verallgemeinert den Begriff **strikter Gleichgewichte** (jeder Spieler verliert, wenn er von seinem Gleichgewichtsverhalten abweicht), die leider nicht immer – und typischerweise nicht in signaling–Spielen – existieren. Wenn man ausgehend von einem uniform perfekten Gleichgewicht π die minimale Formation generiert, die π enthält, so wollen wir diese Formation mit $\Psi(\pi)$ bezeichnen. Vergleicht man zwei uniform perfekte Gleichgewichte π und $\tilde{\pi}$, so wollen wir das Gleichgewicht π als **lösungsgeeigneter** ansehen, wenn in den ϵ–uniform gestörten Spielen mit kleinem, aber positivem Störungsparameter ϵ die Beziehung $\pi \in \Psi(\tilde{\pi})$ gilt, aber nicht $\tilde{\pi} \in \Psi(\pi)$, d.h. wenn man $\tilde{\pi}$ erwägt, kann man gemäß dem minimalen Formationsbegriff π nicht ausschließen, während die Erwägung von π nicht dazu führt, auch $\tilde{\pi}$ als Lösungskandidat einzubeziehen. Wir werden zeigen, daß dieses intuitiv überzeugende Lösungskriterium schon ausreicht, eines der oben beschriebenen uniform perfekten Gleichgewichte als Lösung auszuwählen (gemäß der Terminologie von HARSANYI und SELTEN, 1988, verlangen wir, daß die Lösung eine minimale Formation lösen muß).

Wir wollen zunächst beweisen, daß nur das beste pooling–Gleichgewicht π^o mit $q_U(0) = 1 = q_P(0)$ eine minimale Formation $\Psi(\pi^o)$ aufspannt und daß alle anderen uniform perfekten Gleichgewichte π mit $\pi \neq \pi^o$ Formationen $\Psi(\pi)$ aufspannen, die π^o enthalten und daher nicht minimal sein können. Natürlich muß man dabei die ϵ–uniform gestörten Spiele zugrundelegen.

Geht man von π^o aus, so ist $w(y) = \lambda$ für alle $y \geq 0$. Dann ist aber $y = 0$ das einzig optimale Ausbildungsniveau für beide Arbeitnehmertypen, was das

> **Ergebnis** ($\Psi(\pi^o) = \{\pi^o\}$, d.h. die Teilstruktur, in der beide Arbeitnehmertypen nur das Ausbildungsniveau Null wählen können, ist eine minimale Formation)

beweist. Betrachtet man irgendein anderes pooling–Gleichgewicht π, so müssen offenbar alle y_u mit $0 \leq y_u < \lambda$ in der Formation $\Psi(\pi)$ enthalten sein, da in den ϵ–uniform gestörten Spielen diese Werte mit mehr als ϵ–Wahrscheinlichkeit verwandt werden. Dann wird für $q_u^\epsilon(0) = \epsilon$ die Lohnerwartung für $y_P = 0$ durch λ gegeben, so daß (aus $\lambda > 1/2$ und $y_P \geq 1$ folgt $\lambda > 1 - y_P/2$) die Formation $\Psi(\pi)$ auch $y_P = 0$ enthalten muß, d.h. es gilt $\pi^o \in \Psi(\pi)$ und daher das

Ergebnis (jedes pooling Gleichgewicht π mit $\pi \neq \pi^o$ spannt eine Formation $\Psi(p)$ auf, die nicht minimal ist und π^o enthält).

Es verbleibt daher die Betrachtung der uniform perfekten signaling–Gleichgewichte π: Wegen $w(y) = y$ für alle $0 \leq y < \lambda$ müssen alle y_U mit $0 \leq y_u < \lambda$ in $\Psi(\pi)$ enthalten sein, was wiederum die Lohnerwartung von λ für $y_P = 0$ ermöglicht. Nun impliziert π für den P–Typ maximal eine Gewinnerwartung von $1/2$, da $1 - y_P \leq 1/2$ äquivalent zu $y_P \geq 1$ ist. Wegen $\lambda > 1/2$ ist es daher für den P–Typ lukrativer, $y_P = 0$ zu wählen, wenn dies die Lohnerwartung λ impliziert. Es gilt also wiederum $\pi^o \in \Psi(\pi)$, womit $\Psi(\pi)$ nicht minimal ist. Wir fassen unser Ergebnis zusammen durch das

Theorem: Die eindeutige Lösung der Einstellungsverhandlungen ist das beste pooling–Gleichgewicht π^o mit $q_P(0) = 1 = q_U(0)$.

Wir erhalten damit ein eindeutiges ökonomisches Resultat, wenn wir einfach dasjenige Gleichgewicht π^o als Lösung auswählen, dessen Formation $\Psi(\pi^o)$ minimal ist und keines der anderen Gleichgewichte π enthält und das in der Formation $\Psi(\pi)$ jedes anderen Gleichgewichts π ($\neq \pi^o$) enthalten ist, die daher nicht minimal ist. Wie VAN DAMME und GÜTH (1991) zeigen, benötigt man weitergehende Rationalitätsanforderungen, wenn man auch die Situationen mit $0 < \lambda \leq 1/2$ einbeziehen will. Hier sollte lediglich mit einfachen Mitteln demonstriert werden, wie man trotz der enormen Gleichgewichtsvielfalt in signaling–(Verhandlungs)Spielen zu ökonomich gehaltvollen Aussagen gelangt.

7.5 Zur behavioristischen Spiel- und Verhandlungstheorie

Bislang haben wir uns streng auf spieltheoretische Beiträge zur Verhandlungstheorie beschränkt, die vom Rationalverhalten aller beteiligten Parteien ausgehen. Ob und in welcher Form experimentell beobachtetes Spiel- und Verhandlungsverhalten die Rationalitätshypothese der Spieltheorie und damit der spieltheoretisch ausgerichteten Verhandlungstheorie widerlegen, hängt natürlich von der Interpretation derartiger Befunde ab. So reagieren bestimmte Verfechter der Rationalitätshypothese auf widerlegende Befunde, indem sie die Spielbeschreibung anzweifeln (vgl. zum Beispiel OCHS und ROTH, 1989, BOLTON, 1991, sowie McKELVEY und PALFREY, 1992). GÜTH (1994) beschreibt diese Richtung als (neoklassischen) Reparaturbetrieb, da diese nur Reparaturen an der (spiel)theoretischen Abbildung einer realen, zum Beispiel experimentellen Situation zuläßt, aber Zweifel an der (neoklassischen) Rationalitätshypothese selbst ausschließt.

Um die Rationalitätshypothese prinzipiell durch experimentelle Befunde widerlegen zu können, muß man daher bestimmte "Reparaturmöglichkeiten" ausschließen. Wir wollen dies anhand der Ultimatumsverhandlungen verdeutlichen, die vielfach experimentell untersucht worden sind (vgl. die Überblicksartikel von GÜTH und TIETZ, 1990, sowie ROTH, 1994).

Da der Kuchen c in den Experimenten einfach als positiver Geldbetrag vorgegeben wird, könnte man die Auszahlungen der Spieler mit den von ihnen verdienten Geldgewinnen gleichsetzen. Die so konkretisierte Rationalitätshypothese wird durch die experimentellen Beobachtungen eindeutig widerlegt: Viele Spieler 2 wählen nämlich Konflikt, wenn Spieler 1 ihnen einen zwar noch erheblichen Betrag c − d überläßt, der aber nur einen geringen Anteil am Gesamtkuchen repräsentiert. Man läßt es sich also etwas kosten, einen gierigen Spieler 1 zu bestrafen. Hiermit ist die Hypothese, daß man versucht, seine Geldauszahlung zu maximieren, eindeutig und unzweifelhaft widerlegt.

Auf derartig eindeutige experimentelle Befunde wird jedoch in unterschiedlicher Form reagiert. In der Tradition des neoklassischen Reparaturbetriebs hat BOLTON (1991) zum Beispiel zusätzliche Determinanten der Spielernutzen wie zum Beispiel ein originäres Interesse an gerechten Auszahlungsaufteilungen eingeführt. GÜTH (1994) kritisiert an diesem Vorgehen, daß man damit nur das zu erklärende Phänomen auf eine andere Ebene verlagert (statt das Verhalten direkt zu erklären, muß man nun erklären, warum der "Nutzen" von der Gerechtigkeit der Geldaufteilung abhängen soll). Das schließt natürlich nicht aus, daß derartige Erklärungen durchaus informativ sein können (man würde sehr viel über die Struktur des Verhaltens lernen, wenn man wüßte, daß es sich allein durch ein Interesse an gleichen Geldgewinnen erklären ließe).

Eine andere Schule der experimentellen Wirtschaftsforschung, der sich der Autor verpflichtet fühlt, reagiert auf derartige Befunde mit der fundamentalen Ablehnung der Rationalitätshypothese überhaupt. Ausgangspunkt hierfür ist die Tatsache, daß in komplexen Verhandlungssituationen das Rationalverhalten für menschliche Entscheider kognitiv überhaupt nicht erfaßbar ist. So widerlegen die experimentellen Befunde zu Verhandlungsspielen mit alternierenden Forderungen (vgl. die beeindruckenden Resultate von NEELIN, SONNENSCHEIN und SPIEGEL, 1988) die Hypothese der Rückwärtsinduktion schon ab einem Planungshorizont von $T = 3$ Runden. Wer für größere, aber endliche Rundenzahl T mit variablen Diskontfaktoren einmal versucht hat, das teilspielperfekte Gleichgewicht per Rückwärtsinduktion zu bestimmen, wird gewiß Verständnis für das "nicht rationale", aber oft durchaus vernünftige Verhalten der Teilnehmer in diesen Experimenten aufbringen.

Aus der Ablehnung von "Maximierungsverhalten" folgt die Aufgabe, eine an den kognitiven Möglichkeiten der Menschen ausgerichtete Theorie wirklichen Entscheidens (und damit wirklichen Verhandelns) zu entwickeln, für die es glücklicherweise erfolgversprechende Ansätze in der (Sozial- und Wirtschafts)Psychologie sowie in der verwandten Tradition des ökonomischen Behaviorismus gibt. Grundsätzlich gehen **verhaltenstheoretische Ansätze** nicht von Maximierung irgendwelcher Nutzenindikatoren, sondern von Anspruchserfüllung aus, wobei das jeweilige Anspruchsniveau durchaus von früheren eigenen Erfahrungen oder Zielerreichungsgraden anderer abhängen kann.

Generell sollte eine behavioristische Verhandlungstheorie natürlich genauso wie die Spieltheorie auf einer Theorie individueller Entscheidungen aufbauen. GÜTH (1994) entwirft ein Grundmuster für eine derartige Theorie, deren Merkmale wir kurz andeuten wollen:

Bei jeder anstehenden Entscheidung wird ein Entscheider gemäß diesem Grundmuster zunächst prüfen, ob er oder andere schon einmal mit einer derartigen Entscheidung konfrontiert worden sind und ob es hierfür gegebenenfalls gute Entscheidungsroutinen im **Repertoire erfolgreicher Verhaltensweisen** gibt. Dieses Repertoire wird durch eine **Erfolgskontrolle** ausgeführter eigener Entscheidungen aber auch der anderer stets aufdatiert, was vordergründig irrational anmutende Phänomene wie postdecisional regret als durchaus vernünftig erscheinen läßt.

Hauptcharakteristikum des von GÜTH (1994) entworfenen Grundmusters ist die Annahme einer **Hierarchie von endlich vielen Entscheidungsstufen**, die jeweils einen Entscheidungsgenerator und einen Entscheidungsfilter definieren. Ein **Entscheidungsgenerator** ist eine eingeschränkt rationale kognitive Analyse des vorgegebenen Entscheidungsproblems, wobei spätere Stufen auf anspruchsvolleren

Analysen der vorgegebenen Situation basieren, d.h. man berücksichtigt mehr Aspekte bzw. untersucht diese gründlicher, je weiter man in der Hierarchie der Entscheidungsstufen fortschreitet.

Der **Entscheidungsfilter** untersucht dann das so generierte Verhalten auf Akzeptanz, zum Beispiel im Lichte von Erwägungen, die die eingeschränkt rationale Analyse vernachlässigt hat, oder im Lichte der Erwägungen früherer Stufen in der Entscheidungshierarchie. Eine Verhaltensweise wird ausgeführt, wenn sie den Akzeptanztest besteht. Ansonsten wird man zu einer anspruchsvolleren Analyse (der nächsten Stufe) übergehen. Grundsätzlich könnte ein Scheitern des Akzeptanztests, zum Beispiel auf der höchsten Stufe, natürlich auch dazu führen, daß man wieder auf eine eher rudimentäre Analyse der Situation zurückfällt.

Natürlich bietet ein derartiges Muster für menschliche Entscheidungsüberlegungen keinen allgemeinen Algorithmus zur Bestimmung menschlicher Entscheidungen an. Hierzu muß man für die konkrete Situation sinnvolle Annahmen über menschliche Erfahrungen (zur Bestimmung des Repertoires erfolgreicher Verhaltensweisen) und die der Situation adäquaten kognitiven Analyseformen (die der Relevanz der Situation angemessen sind und den beschränkten kognitiven Fähigkeiten Rechnung tragen) treffen. GÜTH (1994) zeigt für das Beispiel der Ultimatumsverhandlungen, daß dies in sehr naheliegender und intuitiv überzeugender Weise möglich ist. Die Erweiterung auf andere Situationen kann nur schrittweise vorgenommen werden und sollte stets wie in GÜTH (1994) gestützt auf empirische Befunde erfolgen.

8. Bestandsaufnahme und Bewertung der normativen Markt- und Preistheorie

Markt- und Preistheorie kann und wird in verschiedener Form verstanden und dargeboten. Hier wurde sie letztlich als eine Folge von Anwendungen der (nichtkooperativen) Spieltheorie auf Marktmodelle vorgestellt, die die verschiedenen institutionellen Aspekte realer Märkte beleuchten soll. Der große Vorteil dieser methodischen Ausrichtung ist natürlich die beeindruckende Konsistenz der Verhaltensannahmen, wie sie besonders in Kapitel 2 zum Ausdruck kommt. Während in der traditionellen Markt- und Preistheorie quasi zu jeder Marktform ad hoc-Annahmen über das Marktverhalten postuliert werden, basieren alle unsere Analysen auf dem Gleichgewichtskonzept der (nichtkooperativen) Spieltheorie, das sich vor allem auf COURNOT (1838) und NASH (1950) zurückverfolgen läßt, bzw. auf Verschärfungen dieses Konzepts (vgl. vor allem VAN DAMME, 1991, und HARSANYI und SELTEN, 1988).

Der Preis für die unseres Erachtens überaus bedeutsame methodische Konsistenz ist andererseits die völlige Konzentration auf die normative oder präskriptive Fragestellung der Markt- und Preistheorie. Anders als die traditionelle Markt- und Preistheorie (und anders auch als einige naive Spieltheoretiker) glauben wir nicht, daß wirkliche Menschen den spieltheoretischen Rationalitätsanforderungen genügen können. Allein der Strategienbegriff der Spieltheorie schließt dies schon aus, da er vollständige Entscheidungsüberlegungen erfordert, die die beschränkten kognitiven Fähigkeiten der Menschen überfordert und zu denen Menschen auch freiwillig nicht bereit sind.

Allerdings lassen sich, wie in Kapitel 2 demonstriert wird, die meisten Beiträge der traditionellen Markt- und Preistheorie auch nur als mehr oder minder einfache Anwendungen der Spieltheorie und damit als normative Aussagen rechtfertigen. Weniger bedeutsam ist die normative Orientierung für die empirische Markt- und Preistheorie (zum Beispiel als empirische Industrieökonomik, vgl. *Handbook of Industrial Organization*, Hrsg. SCHMALENSEE und WILLIG, 1989). Obwohl die Schätzansätze (zum Beispiel in der Form von Regressionsfunktionen) häufig normativ begründet werden, kann man für dieselben Schätzfunktionen in der Regel Rechtfertigungen liefern, die nur eingeschränkt rationale Entscheider unterstellen. Abgesehen von wenigen lobenswerten Ausnahmen verwendet man im Rahmen solcher empirischen Studien allerdings zu häufig Daten der amtlichen Statistik, die zu stark und in zu fragwürdiger Weise aggregiert sind, um eine Datenbasis für Marktstudien zu garantieren, die sich auf sinnvolle Marktabgrenzung im Sinne von Abschnitt 2 stützen. Es sei aber betont, daß es einige wenige lobenswerte Ausnahmen gibt (vgl. SUTTON, 1991), die sich um aussagekräftigere Datensätze bemühen.

Auch in der experimentellen Wirtschaftsforschung (vgl. *Handbook of Experimental Economics*, Hrsg. KAGEL und ROTH, 1994) sowie in der ökonomischen Psychologie (vgl. *Handbook of Economic Psychology*, 1988, Hrsg. VAN RAAIJ, VAN VELDHOVEN und WÄRNERYD) versucht man, das wirkliche Marktverhalten zu erklären, wobei häufig das normative Verhalten den Vergleichsmaßstab und Ausgangspunkt darstellt (so spricht THALER, 1987, von Anomalien, d.h. von Abweichungen von der Norm rationalen Handelns). Ein Vorteil dieser Forschungsrichtungen ist, daß man Marktsituationen, die sich in der Realität nicht eindeutig verifizieren lassen (zum Beispiel ist es unmöglich, individuelle Nutzenfunktionen oder subjektive Wahrscheinlichkeiten exakt zu erfassen, da menschliche Entscheider in der Regel gar nicht in diesen Kategorien denken), experimentell abbilden kann (indem man zum Beispiel durch Geldauszahlungen entsprechende individuelle Anreize setzt und durch Zufallszüge subjektive Erwartungen induziert). Natürlich muß man vorsichtig sein, wenn man experimentell generierte Erkenntnisse auf reale Märkte überträgt, da diese Aspekte aufweisen können, die man in der experimentellen Laborsituation bewußt oder unbewußt ausgeklammert hat. Zur eindeutigen (empirischen) Verifizierung von theoretischen Ergebnissen abstrakter Marktmodelle scheint die experimentelle Methode jedoch unverzichtbar.

Trotz der Fortschritte bei den empirischen Studien zur Markt- und Preistheorie (vgl. die entsprechenden Beiträge im *Handbook of Industrial Organization*, Hrsg. SCHMALENSEE und WILLIG, 1989, im *Handbook of Experimental Economics*, Hrsg. KAGEL und ROTH, 1994, im *Handbook of Economic Psychology*, 1988, Hrsg. VAN RAAIJ, VAN VELDHOVEN und WÄRNERYD) klafft immer noch eine beträchtliche Lücke zwischen der rasch fortschreitenden Modellierung und spieltheoretischen Analyse immer neuer Marktmodelle (vgl. zum Beispiel die mittlerweile schon überholte Bestandsaufnahme durch TIROLE, 1989) und der sehr arbeitsaufwendigen empirischen Überprüfung solcher normativer Analysen.

Die Rationalitätshypothese für das individuelle Verhalten wird auch durch die sogenannte evolutionäre Ökonomik abgelehnt (vgl. die frühen Beiträge von BOYD und RICHERSON, 1985, CAVALLI SFORZA und FELDMANN, 1981, und NELSON und WINTER, 1982). Individuelles Rationalverhalten ist gemäß dieser Forschungsrichtung nur dann akzeptabel, wenn es sich als Endresultat eines evolutionären Erneuerungs- und Auswahlprozesses auf Märkten nachweisen läßt. Tatsächlich weisen die Endresultate biologischer Evolutionsprozesse gewisse normative Eigenschaften auf. Zum Beispiel sind die sogenannten evolutionär stabilen Strategien symmetrische Gleichgewichtspunkte (vgl. MAYNARD SMITH und PRICE, 1973, sowie SELTEN, 1983 und 1988). Mit anderen Worten: Mit Rationalverhalten ist nur zu rechnen, wenn es sich als "survival of the fittest", d.h. als bestes Angepaßtsein an die

Marktumgebung begründen läßt. Das Problem der evolutionären Ökonomik ist jedoch, daß die dynamischen Modellansätze der Evolutionsbiologie nur in Ausnahmefällen (wenn man zum Beispiel menschliche Verhaltensweisen erklären will, die auch für menschliche Primaten gelten) anwendbar sind, da die Evolutionsbiologie hauptsächlich die genetischen Selektionsprozesse betrachtet, während die menschliche Evolution vor allem phänotypische Aspekte betrifft, d.h. auf Prozessen kultureller Evolution beruht.

Geht man von genetisch bestimmtem Verhalten aus, so schüttet man das Kind mit dem Bade aus: Die Annahme perfekter Rationalität wird dann nämlich durch die fehlender Kognition und Antizipation ersetzt, die weder für Menschen noch für höher entwickelte Säugetiere zutrifft. Umgekehrt befindet sich abgesehen von einigen spekulativen Studien (es werden häufig ad hoc–Annahmen für die evolutionären Auswahlprozesse unterstellt, um dann per Computer das Konvergenzverhalten zu untersuchen) und simplen Übertragungen früherer Konzepte (vgl. die kritische Stellungnahme von GÜTH und KLIEMT, 1994) die Modellierung und Erforschung kultureller Evolution noch im Anfangsstadium. Insbesondere sind die empirischen Befunde noch überaus mager, da es hierfür unter Umständen Daten zu beschaffen gilt, für die die amtliche Statistik kaum hilfreich ist. Eine evolutionäre Ökonomik, die sich auf Computersimulationen oder analytische Ergebnisse überaus simplifizierender Evolutionsprozesse verläßt, könnte jedoch leicht ihr Ziel verfehlen, Marktverhalten als Ergebnis von Prozessen marktlicher Innovation und Diffusion derartiger Neuerungen zu erklären. Erfolgsversprechende Ansätze der evolutionären Ökonomik sollten auf empirisch überzeugenden Annahmen darüber beruhen, wann und wie Menschen ihr (Markt)Verhalten ändern bzw. zu ändern suchen und wann und wie sie auf Verhaltensänderungen anderer reagieren.

Unseres Erachtens weist die an der Spieltheorie methodisch ausgerichtete Markt- und Preistheorie einen hohen Reifegrad aus, auf den die ökonomische Theorie mit Stolz (zurück)blicken kann. Wegen der empirischen Fragwürdigkeit der Rationalitätshypothese (vgl. die detailliertere Diskussion von GÜTH, 1992b) rechtfertig dies zwar keine optimistischen Hoffnungen für ein gutes Verständnis tatsächlichen Marktverhaltens, die normative Frage nach dem individuell rationalen Verhalten in Marktsituationen hat jedoch schon stets eine eigenständige und nicht zu unterschätzende Rolle in den Sozialwissenschaften gespielt: Oft sind wir weniger an den Gründen für nicht vollständig rationales Verhalten interessiert (zum Beispiel weil diese offensichtlich sind), sondern daran zu erfahren, wie man sich rational hätte entscheiden sollen. Auf die Rolle der normativen Theorie als Ausgangspunkt und Vergleichsmaßstab zur Beurteilung eingeschränkt rationalen (Markt)Verhaltens wurde schon hingewiesen.

Wer am Ende dieser nicht immer leicht lesbaren Einführung in die Markt- und Preistheorie enttäuscht darüber ist, nicht unmittelbar praktisch verwertbare Methoden und Erkenntnisse gewonnen zu haben, sollte daher nicht nur dem Autor ob seiner Stoffauswahl und Gewichtung grollen, sondern auch seine eigenen Anspruchsniveaus (dies ist ein wichtiges Konzept der Theorie eingeschränkt rationalen (Markt)Verhaltens, vgl. SAUERMANN und SELTEN, 1962, sowie TIETZ, 1990) überprüfen. Menschliches Verhalten erklären zu können, ist eines der ehrgeizigsten Ziele in den Sozialwissenschaften, das dem Streben nach Unsterblichkeit des Menschen durch die medizinische Forschung entspricht. Wir sollten dieses hohe Ziel zwar nicht aus den Augen verlieren, uns aber auch vor naiven Hoffnungen hüten: Die Markt- und Preistheorie wird sich mit dieser Aufgabe beschäftigen müssen, so lange es Märkte gibt. Versprechungen letzter Antworten sind ebenso wenig glaubhaft, wie das der Unsterblichkeit durch medizinische Scharlatane.

Akzeptiert man die Einschränkung dieser Einführung, nur die normative oder präskriptive Markt- und Preistheorie zu vermitteln (da dieses Gebiet in fast allen ökonomischen Studiengängen fester Bestandteil der wirtschaftstheoretischen Ausbildung ist), so wird ein überaus reichhaltiges Instrumentarium zur Modellierung institutionell komplexer Märkte und zur (spiel)theoretischen Analyse derartiger Marktmodelle vermittelt. Wir konnten hier nur beispielhaft demonstrieren, welche vielfältigen Aspekte realer Märkte durch (spiel)theoretische Modelle erfaßbar und (spiel)theoretisch analysierbar sind. Eine vollständige Darstellung aller Anwendungsmöglichkeiten erscheint von vornherein aussichtslos und ist unseres Erachtens kein vernünftiges Ziel einer Einführung, die ein Instrumentarium zur Analyse von Märkten vermitteln möchte (eine mehr um Vollständigkeit bemühte Einführung ist zum Beispiel die schon erwähnte Einführung von TIROLE, 1989).

Durch die verschiedenen Modellanalysen soll vor allem auch verdeutlicht werden, wie man in mehr oder minder eleganter Form analytische Ergebnisse für mehr oder minder einfache Klassen von Marktmodellen ableitet. Die hier vorgestellten Methoden reichen aus, viele interessante Facetten realer Märkte abzubilden und (spiel)theoretisch zu untersuchen. Die eigentlichen Beschränkungen auf diesem Gebiet sind weniger die der spieltheoretischen Methodik als die der eingeschränkten Rationalität der Spiel- und Markttheoretiker, die auf Grund ihrer kognitiven Beschränkungen vor bestimmten Modellanalysen zurückschrecken oder, falls sie es nicht tun, manchmal daran verzweifeln. Die Kunst der normativen Markt- und Preistheorie besteht also vor allem darin, die interessanten Aspekte realer Märkte in einer Art und Weise zu erfassen, die bei realistischem Aufwand noch analytische Resultate zuläßt. Es wäre schön, wenn diese Einführung Versuche inspiriert, aus eigener Ansicht bedeutsame und interessante Marktinstitutionen selbständig (spiel)theoretisch abzubilden und zu analysieren.

Literaturverzeichnis:

ALLEN, B. und M. HELLWIG (1986): Bertrand–Edgeworth oligopoly in large markets, *Review of Economic Studies*, Vol.53, 311–323.

BAYES, T. (1763): An essay towards solving a problem in the doctrine of chances, *Philosophical Transactions of the Royal Society*, Vol.53, 376–398, London.

BECKER, G.S. (1976): The economic approach to human behavior, Chicago University Press.

BERTRAND, J. (1883): Théorie Mathématique de la Richesse Sociale, *Journal des Savants*, 499–508.

BESTER, H. (1989): Non–cooperative bargaining and imperfect competition: A survey, *Zeitschrift für Wirtschafts– und Sozialwissenschaften (ZWS)*, Vol. 109, 265–286

BINMORE, K., M.J. OSBORNE und A. RUBINSTEIN (1993): Noncooperative models of bargaining, *Handbook of Game Theory* (Hrsg. R. AUMANN und S. HART). North Holland.

BOLLE, F. und W. GÜTH (1992): Competition among mutually dependent sellers, *Journal of Institutional and Theoretical Economics*, Vol. 148, 209–239.

BOLTON, G. (1991): A comparative model of bargaining: Theory and evidence, *The American Economic Review*, Vol. 81, 1096–1136.

BOYD, R. und R.I. RICHERSON (1985): *Culture and the evolutionary process*, University of Chicago Press, Chicago etc.

CAVALLI SFORZA, L.L. und M.W. FELDMANN (1981): *Cultural transmission and evolution: A quantitative approach*, Princeton University Press, Princeton, NJ.

CHAMBERLIN, E.H. (1933): *The theory of monopolistic competition, A reorientation of the theory of value*, 8. Aufl., Cambridge 1965.

COASE, R. (1972): Durability and monopoly, *Journal of Law and Economics*, Vol.15, 143–149.

COURNOT, A. (1838): *Recherches sur les principes mathématiques de la théorie des richesses.* Übersetzt ins Deutsche von W.G. Waffenschmidt: Untersuchungen über die mathematischen Grundlagen des Reichtums, Verlag Gustav Fischer, Jena.

DAMME, E.E.C. van und W. GÜTH (1991): Equilibrium selection in the Spence–signaling game, in: *Game Equilibrium Models* (Hrsg. R. SELTEN), Vol. II: Methods, Morals, and Markets, Springer–Verlag, Heidelberg etc., 263–288.

DAMME, E.E.C. van, R. SELTEN und E. WINTER (1990): Alternating bid bargaining with a smallest money unit, *Games and Economic Behavior*, Vol. 2, 188–201.

ENGELBRECHT–WIGGANS, R. (1993): Optimal auctions revisited, *Games and Economic Behavior*, Vol. 5, 227–239.

ENGELHARD, J. (1993): *Ein unmoralisches Angebot*, Bastei Lübbe, Bergisch Gladbach.

FEHL, U. und W. GÜTH (1987): Internal and external stability of bidder cartels in auctions and public tenders — A comparison of pricing rules, *International Journal of Industrial Organization*, Vol. 5, 303–313.

FINSINGER, J. (1985): Die Ausschreibung, *Jahrbuch für Sozialwissenschaft* 36, 302–321.

FOLEY, D. (1967): Ressource allocation and the public sector, *Yale Economic Essays*, Vol.7, 45–98.

FREY, B.S. (1990): *Ökonomie ist Sozialwissenschaft*, Vahlen, München.

GANDENBERGER, O. (1961): *Die Ausschreibung*, Quelle & Meyer, Heidelberg.

GÜTH, W. (1986): Auctions, public tenders, and fair division games — An axiomatic approach, *Mathematical Social Sciences*, Vol. 11, 283–294.

GÜTH, W. (1991): Game Theory's basic question: Who is a player? — Examples, concepts, and their behavioral relevance, *Journal of Theoretical Politics*, Vol.3, 403–435.

GÜTH, W. (1992): *Theorie der Marktwirtschaft*, Springer–Verlag Heidelberg etc.

GÜTH, W. (1992a): *Spieltheorie und ökonomische (Bei)Spiele*, Springer–Verlag, Heidelberg etc.

GÜTH, W. (1992b): Equilibrium selection by unilateral deviation stability, in: *Rational Interaction* (Hrsg. SELTEN, R.), Springer–Verlag, Heidelberg etc., 161–189.

GÜTH, W. (1992c): Industrieökonomik und Spieltheorie — Muß Liebe weh tun?, *Ifo–Studien*, H.3/4.

GÜTH, W. (1993): A simple justification of quantity competition and the Cournot–oligopoly solution, *CentER–Discussion Paper* No.9305, University of Tilburg, Niederlande.

GÜTH, W. (1993): Märkte für unteilbare Güter — Auktionen und Ausschreibungen, *Arbeitspapier* Universität Frankfurt/M.

GÜTH, W. (1994): On ultimatum bargaining experiments — A personal review, *Journal of Economic Behavior and Organization*, forthcoming.

GÜTH, W. und M. HELLWIG (1986): The private supply of a public good, *Zeitschrift für Nationalökonomie*, Supplementum 5 "Welfare Economics of the Second Best", 121–159.

GÜTH, W. und M. HELLWIG (1987): Competition versus monopoly in the supply of public goods, in: *Efficiency, Institutions, and Economic Policy* (Hrsg. R. PETHIG, und U. SCHLIEPER), 183–217.

GÜTH, W. und B. KALKOFEN (1989): *Unique solutions for strategic games*, Springer–Verlag, Heidelberg etc.

GÜTH, W., W. LEININGER und G. STEPHAN (1991): On supergames and folk theorems − A conceptual discussion, in: *Game Equilibrium Models* (Hrsg. R. SELTEN), Vol. II: Methods, Morals, and Markets, Springer−Verlag, Heidelberg etc., 56–70.

GÜTH, W., P. OCKENFELS und J. STEPHAN (1989): Price leadership on homogenous and heterogenous markets, Proceedings des 12. Symposium über Operations Research in Passau 1987, *Methods of Operation Research*, Vol.59, 225–248.

GÜTH, W. und P. OCKENFELS (1992): Game theoretic analysis of bargaining models, *Control and Cybernetics*, Vol.21, No.1, 185–229.

GÜTH, W. und B. PELEG (1993): On ring formation in auctions, *CentER−Discussion Paper* No.9357, University of Tilburg, Niederlande.

GÜTH, W. und B. PELEG (1994): Ring formations with independent bids, *Working paper*, University of Frankfurt/M.

GÜTH, W. und K. RITZBERGER (1992): On durable goods monopolies and the (anti−) Coase−conjecture, *CentER−Discussion Paper* No.9215, University of Tilburg, Niederlande

GÜTH, W. und R. SELTEN (1989): On the time aspect of international negotiations and the probability for reaching an agreement: An incomplete information approach, in: *Processes of International Negotiations* (Hrsg. F. MAUTNER−MARKHOF). Westview Press, Boulder, 319–331.

GÜTH, W. und R. TIETZ (1990): Ultimatum bargaining behavior − A survey and comparison of experimental results, *Journal of Economic Psychology*, Vol.11, No.3, 417–449.

GÜTH, W. und E. VAN DAMME (1986): A comparision of pricing rules for auctions and fair division games, *Social Choice and Welfare*, Vol. 3, 177–198.

HARSANYI, J.C. (1967/68): Games with incomplete information played by 'Bayesian' players; part I: The basic model, part II: Bayesian equilibrium points, part III: The basic probability distribution of the game, *Management Science*, Vol. 14, 159–182, 320–334, 486–502.

HARSANYI, J.C. und R. SELTEN (1972): A generalized Nash solution for two−person bargaining games with incomplete information, *Management Science*, Vol. 18, 80–106.

HARSANYI, J.C. und R. SELTEN (1988): *A general theory of equilibrium selection in games*, M.I.T Press, Cambridge Mass.

HOTELLING, H. (1931): The economics of exhaustible ressources, *Journal of Political Economy*, Vol. 39, 137–175.

KAGEL, J. und A.E. ROTH (1994, Hrsg.): *Handbook of Experimental Economics*.

KALAI, E. und M. SMORODINSKY (1975): Other solutions to Nash's bargaining problem, *Econometrica*, Vol. 43, 513–518.

KANTZENBACH, E. (1967): *Die Funktionsfähigkeit des Wettbewerbs*, 2. Aufl., Göttingen.

KOHLBERG, E. und J.-F. MERTENS (1986): On the strategic stability of equilibria, *Econometrica*, Vol. 54, 1003–1039.

KRELLE, W. (1975): *A new theory of bargaining – Applied to the problem of wage determination and strikes*, Bonn.

KRELLE, W. (1976): *Preistheorie, I. Teil: Monopol– und Oligopoltheorie*, 2. Aufl., Mohr–Verlag, Tübingen.

KRELLE, W. (1976): *Preistheorie, II. Teil: Theorie des Polypols, des bilateralen Monopols (Aushandlungstheorie), Theorie mehrstufiger Märkte, gesamtwirtschaftliche Optimalitätsbedingungen. Spieltheoretischer Anhang*, 2. Aufl., Mohr–Verlag, Tübingen.

KREPS, D.M. (1990): *A course in microeconomic theory*, Harvester Wheatsheaf, New York etc.

KREPS, D.M., P. MILGROM, J. ROBERTS, und R. WILSON (1982): Rational cooperation in the finitely repeated prisoners' dilemma, *Journal of Economic Theory*, Vol.27, 245–252.

KREPS, D. und J. SCHEINKMAN (1983): Quantity precommitment and Bertrand competition yield Cournot outcomes, *Bell Journal of Economics*, Vol.14, 326–337.

KREPS, D.M. und R. WILSON (1982): Sequential equilibria, *Econometrica*, Vol. 50, 863–834.

LENSBERG, T. (1982): *Stability and the Nash solution*, Norwegian School of Economics and Business Administration, Bergen, Norway.

McKELVEY, R.D. und T. PALFREY (1992): An experimental study of the centipede game, *Econometrica*, Vol. 60, 803–836.

MAYNARD SMITH, J. und G.R. PRICE (1973): The logic of animal conflict, *Nature*, Vol. 246, 15–18.

MILGROM, P. (1989): Auctions and bidding: A primer, *Journal of Economic Perspectives*, Vol.3, No.3, 3–22.

MILGROM, P. (1993): Learning to bid, *Working paper for the Nobel Symposium on Game Theory 93*.

MILGROM, P. und R. WEBER (1982): A theory of auctions and competitive bidding, *Econometrica*, Vol.50, 1089–1122.

MYERSON. R.B. (1981): Optimal auction design, *Mathematics of Operations Research*, 58–73.

NASH, J.F. (1950): Equilibrium points in n–person games, *Proceedings of the National Academy of Sciences of the USA*, Vol. 36, 48–49.

NASH, J.F. (1950): The bargaining problem, *Econometrica*, Vol. 18, 361–382.

NASH, J.F. (1953): Two–person cooperative games, *Econometrica*, Vol. 21, 128–140.

NEELIN, J., H. SONNENSCHEIN und M. SPIEGEL (1989): A further test of noncooperative bargaining theory: A comment, *The American Economic Review* 78, 824–836.

NELSON, R. und S.G. WINTER (1982): *An evolutionary theory of economic change*, Belknap Press, Cambridge (Mass.) etc.

OCHS, J. und A.E. ROTH (1989): An experimental study of sequential bargaining, *The American Economic Review*, Vol. 79, 355–384.

OSBORNE, M.J. und A. RUBINSTEIN (1990): *Bargaining and markets*, Academic Press, San Diego, California.

PELEG, B. und S. TIJS (1993): The consistency principle for games in strategic form. *CentER–Discussion Paper* No.9306, University of Tilburg, Niederlande.

PLUM, M. (1992): Characterization and computation of Nash–equilibria for auctions with incomplete information, *International Journal of Game Theory*, Vol. 20, 393–418.

PONSSARD, J.P. (1976): On the concept of value of information in competitive situations, *Management Science*, Vol.22, 739–747.

RILEY, J.G. (1989): Expected revenue from open and sealed bid auctions, *Journal of Economic Perspectives*, Vol.3, No.3, 41–50.

RILEY, J.G. und W.F. SAMUELSON (1981): Optimal auctions, *Economic Review*, Vol. 71, 381–392.

ROBINSON, J. (1933): *The economics of imperfect competition*, London.

ROTH, A.E. (1994): Bargaining Experiments, in: *Handbook of Experimental Economics* (Hrsg. J. KAGEL and A.E. ROTH), Princeton University Press.

RUBINSTEIN, A. (1982): Perfect equilibrium in a bargaining model, *Econometrica*, Vol. 50, 97–109.

RUBINSTEIN, A. (1985): A bargaining model with incomplete information about time preferences, *Econometrica*, Vol. 53, 1151–1172.

SAUERMANN, H. und R. SELTEN (1962): Anspruchsanpassungstheorie der Unternehmung, *Zeitschrift für die gesamte Staatswissenschaft*, Vol. 118, 577–597.

SCHMALENSEE, R. und R.D. WILLIG (1989, Hrsg.): *Handbook of Industrial Organization*, North Holland.

SELTEN, R. (1965): Spieltheoretische Behandlung eines Oligopolmodells mit Nachfrageträgheit, *Zeitschrift für die gesamte Staatswissenschaft*, Vol.121, 301–324 und 667–689.

SELTEN, R. (1973): A simple model of imperfect competition where 4 are few and 6 are many, *International Journal of Game Theory*, Vol.2, 141–261.

SELTEN, R. (1978): The Chain Store Paradox, *Theory and Decision*, Vol. 9, 127–159.

SELTEN, R. (1975): Reexamination of the perfectness concept for equilibrium points in extensive games, *International Journal of Game Theory* 4, 25–55.

SELTEN, R. (1979): Experimentelle Wirtschaftsforschung, in: Rheinisch–Westfälische Akademie der Wissenschaften, Vorträge Nr. 287, Westdeutscher Verlag.

SELTEN R. (1983): Evolutionary stability in extensive two–person–games, *Mathematical Social Sciences*, Vol.5, 269–363.

SELTEN, R. (1988): Evolutionary stability in extensive two–person–games: Correction and further development, *Mathematical Social Sciences*, Vol.16, 223–266.

SELTEN, R. und W. GÜTH (1982): Equilibrium point selection in a class of market entry games, in: M. DEISTLER, E. FÜRST und G. SCHWÖDIAUER (Hrsg.): *Games, economic dynamics, and time series analysis – A symposium in memorian of Oskar Morgenstern*, Physica–Verlag, Würzburg etc.

SHUBIK, M. und R. LEVITAN (1980): *Market structure and behavior*, Harvard University Press, Cambridge (Mass.).

SPENCE, A.M. (1973): Job market signalling, *Quarterly Journal of Economics*, Vol.87, 355–374.

SPENCE, A.M. (1974): *Market signalling – Informational transfer in hiring and related screening processes*, Harvard University Press, Cambridge (Mass.).

STACKELBERG von, H. (1934): *Martkform und Gleichgewicht*, Julius Springer, Wien.

STÅHL, I. (1982): *Bargaining theory*. The Economic Research Institute, Stockholm.

SUTTON, J. (1991): *Sunk costs and market structure*, MIT Press, Cambridge (Mass.), etc.

THALER, R. (1987): Anomalies: The January Effect, *Journal of Economic Perspectives*, Vol. 1, No.1, 197–201.

THALER, R.H. (1988): The ultimatum game, *Journal of Economic Perspectives*, Vol.2, 195–206.

THEOCHARIS, R.D. (1960): On the stability of the Cournot solution of the Oligopoly problem, *Review of Economic Studies*, Vol. 27, 133–134.

THOMSON, W. (1990): *Bargaining theory: Axiomatic approach*, Academic Press, San Diego 1990.

TIETZ, R. (1978): Entscheidungsprinzipien der bilateralen Anspruchsanpassung. Neuere Entwicklungen in den Wirtschaftswissenschaften (Hrsg. E. HELMSTÄTTER), *Schriften des Vereins für Socialpolitik*, N.F., Vol. 98, 431–453.

TIETZ, R. (1983): Aspiration–Oriented Decision Making – In Memorian Heinz Sauermann –, in: R. TIETZ (Ed.), *Aspiration Levels in Bargaining and Economic Decision Making, Lecture Notes in Economics and Mathematical Systems, – Experimental Economics* –, Vol. 213, 1–7, Springer–Verlag, Berlin etc.

TIETZ, R. (1990): On bounded rationality: Experimental work at the University of Frankfurt/M., *Journal of Industrial and Theoretical Economics*, Vol. 146, 659–672.

TIROLE, J. (1989): *The theory of industrial organization*, MIT Press, Cambridge etc.

VAN DAMME. E.E.C. (1985): Fair allocation of an indivisible commodity, *Discussion paper*, Dept. of Mathematics, Delft University of Technology, Niederlande.

VAN DAMME, E.E.C. (1991): Stability and perfection of Nash equilibria, 2. Aufl., Springer–Verlag, Berlin.

VAN RAAIJ, W.F., VAN VELDHOVEN, G.M. und WÄRNERYD, K.E. (1988, Hrsg.): *Handbook of Economic Psychology.*

VARIAN, H.R. (1987): Fairness, in: *The New Palgrave*, Vol.I, 275–276.

VARIAN, H. (1991): *Grundzüge der Mikroökonomik*, 2. Aufl., Oldenbourg, München.

VICKREY, W. (1961): Counterspeculation, auctions, and competitive sealed tenders, *Journal of Finance*, Vol. 16, 8–37.

WILSON, R (1985): Game–theoretic analysis of trading processes, Advances in Economic Theory (Hrsg. T. BEWLEY), *Econometric Society Monographs*, No. 11, 33–70.

ZURMÜHL, R. (1964): *Matrizen und ihre technischen Anwendungen*, 4. Aufl., Springer–Verlag, Berlin.

Index

absatzpolitisches Instrumentarium 175
affine Nutzentransformationen 279
Agentennormalform 124
Aggregation individueller Angebotsmengen 47
aktive Spieler 281
alternierende Forderungen 267
amtliche Statistik 305
Angebotsfunktionen 21
Angebotsmonopol 20, 22, 76, 104, 205
Angebotsverknappung 169
Anonymitätserfordernisse 214
Anreizkompatibilität 211
Anspruchsanpassungstheorie 17
Anspruchserfüllung 302
Äquivalenzaussagen 216, 223
asymptotische Konvergenz 122, 269, 272
Auktionen 204
Auktionsregeln 208
Auktionsregeln, anreizkompatible 212
Ausschreibungen 204
Auszahlungsäquivalenz 216
Außenseiterproblematik 173
autonome Anbieter 38

Bayes-Regel 164, 194, 291
Behaviorismus 302
beliefs 160
Bertrand-Preiswettbewerb 31, 76
Börsen 260
break even-Punkt 27

Coase-Vermutung 115, 120
common value-Auktionen 245
Cournot-Lösungen 32, 57, 76, 78

dauerhafte Monopole 111
Diskontierungsfaktor 111, 182
Diversifizierung
Dividendenprodukt 279
dominierte Gebote 211
Drogenkonsum 125

Effizienz 263, 275, 279
ehrliches Bieten 211
eingeschränkte Rationalität 302, 308
Einigungsdividende 279
Einigungsmenge 261
Einstellungsverhandlungen 289
Einstimmigkeitsverhandlungen 261
Elastizitäten 6

Elementarspiele 281
empirische Markt- und Preistheorie 305
enge Oligopole 172
Entscheidungsfilter 302
Entscheidungsgenerator 302
Entscheidungstheorie 1
Erbschaftsstreitigkeiten 255
Erfahrungsprodukte 181
Erfolgskontrolle 302
erschöpfbare Ressourcen 106
evolutionär stabiles Verhalten 18
evolutionäre Ökonomik 306
experimentelle Wirtschaftsforschung 2, 16, 300, 305
extensive Spiele 74

faire Aufteilungsspiele 255
Finanzwissenschaft 206
Folk Theoreme 121
Formationen 297
Forschung und Entwicklung 136
freie Bieter 235

Gebotsstrategie 211, 217
gemischte Preisstrategien 81
generische Marktform 83
Gerechtigkeit 301
Gesamtangebotskurve 48
Gleichbehandlungsgrundsatz 209
Gleichgewicht siehe Gleichgewichtspunkt, perfektes Gleichgewicht, sequentielles Gleichgewicht, teilspielperfektes Gleichgewicht, uniform perfektes Gleichgewicht
Gleichgewichtsauswahltheorie 163, 280, 288
Gleichgewichtsbegriff der Spieltheorie 72, 264
Gleichgewichtspunkt 72
Gleichgewichtspunkt, strikter 281, 297

Handelsbetriebslehre 175
Harsanyi-Doktrin 246
Hauptauktion 234
hazard rate 285
heterogene Märkte 13, 20, 52, 76, 175
heterogenes Duopol 20, 55, 76
heterogenes Oligopol 20, 76, 83, 175
heterogenes Oligopol, Sonderformen 87
Heterogenitätsgrad 76
heteronome Anbieter 38
Hierarchie von Entscheidungsstufen 302
holländische Auktion 214
homogene Märkte 13, 20, 76, 141
homogene Oligopolmärkte 141
Hotelling-Regel 108

IID-Annahme 217
Imitationsprodukte 192
individuelle Angebotskurve 47
informationsmäßige Abgeschlossenheit 158
inkonsistente Erwartungen 128, 246

Insider 283
intertemporale Preisdifferenzierung 115
intrapersonale Konflikte 123
intrapersonaler Preiswettbewerb 115
Invarianz bezüglich der besten Antwortstruktur 281
Investitionsentscheidungen 162
irrelevante Alternative 279
Isogewinnkurve 61
Isomorphieinvarianz 263, 281

Kapazitätsschranken 94
Kapazitätswettbewerb 96
Kartellaußenseiter 235
Kartellbildung 168, 230, 259
Kartellbildung ohne Außenseiter 241
Kartelle mit Außenseitern
Kartellquoten 169
Kartellrepräsentant 235
Kartellstabilität 234
Kartellstabilität, externe 232
Kartellstabilität, interne 230
knockout 234
Kompensationszahlungen 236
komplementäre Güter 8, 53
Konfliktpunkt 261
Konkurrenzallokationen 210
Konsistenzaxiom 281
Konsumentenrente 26
kontrafaktische Überlegungen 217
kooperative Spiele 263
Kreuzpreiselastizität der Nachfrage 8

Markenartikel 191
Marketing 175
Marktabgrenzung 5, 305
Marktdefinition 10
Markteintritt 156
Markteintrittsschranken 146, 162
Markteintrittsspiel 161
Marktentscheidungsprozeß 74
Marktinstitutionen 13
Marktklassifikation 12, 75
Marktordnungen 204
Marktordnungspolitik 17
Marktwerbeeffekt 176
Marktwirtschaft 1
Mehrproduktunternehmen 8
Mengenanpasserverhalten 50
Mengenduopol 20, 76
Mengenkonkurrenz 20
Mengenoligopol 20, 76
Mengenpolitik 20, 80
Mengenpolitik auf homogenen Märkten 31
Mengenpolitik, als verkürzende Analyse 92
mengenwertige Lösungskonzepte 263
methodologischer Individualismus 258

Mimikry 292
Mindestansprüche 274
monopolistische Konkurrenz 20, 65, 76
Monopolspiele 103
Monotonieanforderungen 279, 281
Moral 192

Nachfragefunktionen 21
Nachfragegesetz 53
Nachfragemonopol 205
Nash–Verhandlungslösung 279, 282
Neidfreiheit 209
Niedrigstgebotspreisregel 229

öffentliche Ausschreibungen 205, 229
öffentliche Güter 173
ökonomische Psychologie 2, 16
Oligopolmärkte 63, 141, 175
Ordnungspolitik 253
Outsider 283

Partialanalyse 1
Patentrechte 136
Patentrennen 136
perfektes Gleichgewicht 160, 283
pooling–Gleichgewichte 250, 288, 292
Präsentationseffekte 17
Preisdiskriminierung 27
Preisduopol 20
Preisführerschaft 50, 146
Preiskonkurrenz 20
Preisoligopol 20
Preispolitik 20, 80
Preisregeln 215
Preisreklame 131
Preiswettbewerb auf homogenen Märkten 28, 76
private Information 223
private Signale 249
probalistische Erwartungen 157
Produktdifferenzierung 200
Produktqualität 181, 191
Produktstandards 200
Produzentenrente 26
Prohibitivpreis 22, 115
Psychologie 2

Rationalitätshypothese 1, 14, 16, 260, 300, 304
Reaktionsfunktion 33
Reaktionskurven 55
Refinementdebatte 288
Renormierung von Einheiten 23
Reparaturbetrieb, neoklassischer 300
Repertoire erfolgreicher Verhaltensweisen 302
Reputationseffekte 191
Reservationsnutzen 105
Reservationspreis 208, 235, 254

Restnachfrage 146
Revelationstheorem 253
rings 234
Risikoaversion 254
Risikoneutralität 254

Sättigungsmenge 22
Scheidungsstreitigkeiten 255
sealed bid—Auktionen 208
second best—Lösungen 253
sequentielle Rationalität 160
sequentielles Gleichgewicht 160, 286
sequentielles Überbieten 214
Serviceleistungen 192
Signale 186, 247
signaling—Gleichgewichte 249, 288, 292
Signalisierspiele 163, 286, 287
Sozialpsychologie 302
Spieltheorie 1, 15, 72, 258, 304, 307
Stabilitätskonzept 286
Stärkemaß 281
Stärkemaß, aggregiertes 282
stochastische Erwartungen 217
Strategie 74
Strategie, dominierte 264
Strategie, inferiore 264
Strategienvektor 72
substitutionale Güter 8, 53
Substitutionseffekt 176
survival of the fittest 306

Tangentenlösung 65, 70, 76
Tauschökonomien 210
teilspielkonsistente Lösungen 270
teilspielperfektes Gleichgewicht 72, 75, 266
Totalanalyse 1

ultimatives Verhandeln 265, 290, 302
ungestörtes Spiel 290
uniform gestörte Spiele 293
uniform perfekte Gleichgewichte 293
Unikate 208
unmoralisches Angebot 127
unteilbare Güter 204
Unterversorgung im Monopol 27
unvollständige Information 13, 282
unvollständige Information, inkonsistente 128, 246
unvollständige Information, über die Nachfrage 156
Utopia—Punkt 280

Verdingungsordnung für Bauleistungen 206, 229
verhaltenstheoretische Ansätze 15, 302
Verhandlungen 259
Verhandlungen, bei schrumpfendem Kuchen 267
Verhandlungen, durch Festlegung von (Mindest)Ansprüchen 274
Verhandlungen, durch Forderungen bei unvollständiger Information 282

Verhandlungen, ein Signalisierspiel 286
Verhandlungen, ultimative (siehe ultimative Verhandlungen)
Verhandlungstheorie 258
Verhandlungstheorie, kooperative 258, 261
Verhandlungstheorie, nichtkooperative 258, 259
vollständige Konkurrenz 46, 76, 141
von Stackelberg–Lösungen 32, 38, 58, 78
Vorauktion 234

wahre Werte 211, 243, 255
weite Oligopole 172
Werbeausgaben 176
Werbung 131, 176
Wertkonzepte 263
Wertschöpfung 26
winner's curse 245
Wirtschaftspsychologie 302
Wohlfahrtsökonomik 17

Zufallszüge, anfänglich fiktiv 158
Zweithöchstgebotsregel 208

B. Felderer, S. Homburg

Makroökonomik und neue Makroökonomik

6., verb. Aufl. 1994. XV, 455 S. 97 Abb. (Springer-Lehrbuch) Brosch. **DM 39,80**; öS 310,50; sFr. 39,80 ISBN 3-540-57553-7

Dieses Buch kann als ein Standardwerk bezeichnet werden. Anlaß für seinen Aufbau gab die Vielzahl konkurrierender Theorien auf dem Felde der Makroökonomik; deshalb unterscheidet sich das Buch von den gängigen Darstellungen durch seine doktrinenbezogene Orientierung.

B. Felderer, S. Homburg

Übungsbuch Makroökonomik

3., verb. Aufl. 1993. VIII, 145 S. 38 Abb. 11 Tab. (Springer-Lehrbuch) Brosch. **DM 19,80**; öS 154,50; sFr. 19.80 ISBN 3-540-56701-1

Das Übungsbuch behandelt in enger Anlehnung an das obige Lehrbuch den gesamten Stoff der makroökonomischen Theorie für das Grund- und Hauptstudium. Der Text besteht aus Quizfragen, die durch Ankreuzen beantwortbar sind, Aufgaben und Fragen mittlerer Komplexität sowie Kurzklausuren mit Problemen höherer Komplexität. Besonderen Wert wurde dabei auf ausführliche Lösungen und Antworten gelegt, so daß nicht nur das bereits Gelernte eingeübt und erweitert wird, sondern das Buch auch zum Selbststudium gut geeignet ist.

G. Dieckheuer

Makroökonomik
Theorie und Politik

1993. XVI, 454 S. 123 Abb. 24 Tab. (Springer-Lehrbuch) Brosch. **DM 45,-**; öS 351,-; sFr. 45.00.ISBN 3-540-56962-6

Dieses Buch ist sowohl eine Einführung in die Makroökonomik für das wirtschaftswissenschaftliche Grundstudium als auch geeignet zur Erweiterung und Vertiefung der makroökonomischen Teilgebiete im Hauptstudium.

G. Schmitt-Rink, D. Bender

Makroökonomie geschlossener und offener Volkswirtschaften

2., vollst. überarb. u. erw. Aufl. 1992. XII, 407 S. 128 Abb. (Springer-Lehrbuch) Brosch. **DM 36,-**; öS 280.80; sFr 36.00 ISBN 3-540-55905-1

Das Buch bietet eine systematische Darstellung der neoklassischen und keynesianischen Makrotheorie und der Ansätze zur Verknüpfung von neoklassischer und keynesianischer Theorie. Gegenüber der ersten Auflage ist das Buch um die außenwirtschaftlichen Beziehungen einer Volkswirtschaft erweitert.

Tm.BA94.4.05

J. Schumann
Grundzüge der mikroökonomischen Theorie
6., überarb. u. erw. Aufl. 1992. XVII, 486 S. 217 Abb. (Springer-Lehrbuch) Brosch. **DM 36,-**; öS 280.80; sFr 36.00. ISBN 3-540-55600-1

Dieses im deutschen Sprachgebiet weit verbreitete Buch ist für das wirtschaftswissenschaftliche Grund- und Hauptstudium gedacht. Es vermittelt solide Kenntnisse der mikroökonomischen Theorie und schafft Verständnis für das Funktionieren einer Marktwirtschaft.

W. Lachmann
Volkswirtschaftslehre
Band 1: Grundlagen
2., verb. Aufl. 1993. X, 284 S. 95 Abb. 6 Tab. (Springer-Lehrbuch) Brosch. **DM 29,80**; öS 232,50; sFr. 29.80 ISBN 3-540-56933-2

In diesem Buch werden sowohl wirtschaftstheoretische Grundlagen gelegt als auch wirtschaftspolitische Probleme eingehend diskutiert. Ebenso sind neuere Entwicklungen, wie die der Wirtschaftsethik, in dieses Buch aufgenommen worden. Die volkswirtschaftlichen Fragestellungen und Ergebnisse werden unter besonderer Beachtung des geschichtlichen Kontextes dargestellt.

A. Stobbe
Mikroökonomik
2., rev. Aufl. 1991. XV, 598 S. 100 Abb. 12 Tab.(Springer-Lehrbuch) Brosch. **DM 39,80**; öS 310.50; sFr 39.80. ISBN 3-540-54136-5

Das Buch liefert die Grundzüge der Theorie des privaten Haushaltes, des Produktionsunternehmens und des Marktes. Weiterführende Überlegungen über Grenzen und Mängel des marktwirtschaftlichen Systems sowie staatliche Eingriffe auf einzelwirtschaftlicher Ebene sind ebenfalls enthalten.

A. Heertje, H.-D. Wenzel
Grundlagen der Volkswirtschaftslehre
4., durchges. u. aktualisierte Aufl. 1993. XVI, 423 S. 119 Abb. 34 Tab. (Springer-Lehrbuch) Brosch. **DM 39,80**; öS 310,50; sFr. 39.80 ISBN 3-540-57147-7

Dieses Lehrbuch ist eine kompakte und verständliche Darstellung der Volkswirtschaftslehre. Es eignet sich als einführender Lehrtext ebenso wie als Nachschlagewerk für Studenten der Nachbardisziplinen und interessierte Praktiker.

Springer-Verlag und Umwelt

Als internationaler wissenschaftlicher Verlag sind wir uns unserer besonderen Verpflichtung der Umwelt gegenüber bewußt und beziehen umweltorientierte Grundsätze in Unternehmensentscheidungen mit ein.

Von unseren Geschäftspartnern (Druckereien, Papierfabriken, Verpackungsherstellern usw.) verlangen wir, daß sie sowohl beim Herstellungsprozeß selbst als auch beim Einsatz der zur Verwendung kommenden Materialien ökologische Gesichtspunkte berücksichtigen.

Das für dieses Buch verwendete Papier ist aus chlorfrei bzw. chlorarm hergestelltem Zellstoff gefertigt und im ph-Wert neutral.

MIX
Papier aus verantwortungsvollen Quellen
Paper from responsible sources
FSC® C105338

If you have any concerns about our products,
you can contact us on
ProductSafety@springernature.com

In case Publisher is established outside the EU,
the EU authorized representative is:
Springer Nature Customer Service Center GmbH
Europaplatz 3, 69115 Heidelberg, Germany

Printed by Libri Plureos GmbH
in Hamburg, Germany